!

불법 복사·스캔

저작권법 위반으로
처벌대상입니다

JN412113

외식경영 전략적 접근과 실무의 이해

3판 외식사업경영

외식경영 전략적 접근과 실무의 이해

초판 발행 2016년 3월 2일
2판 발행 2021년 3월 5일
3판 발행 2026년 2월 27일

지은이 양일선 외
펴낸이 류원식
펴낸곳 **교문사**

편집팀장 성혜진 | **책임진행** 윤정선 | **디자인** 신나리 | **본문편집** 우은영

주소 10881, 경기도 파주시 문발로 116
대표전화 031-955-6111 | **팩스** 031-955-0955
홈페이지 www.gyomoon.com | **이메일** genie@gyomoon.com
등록번호 1968.10.28. 제406-2006-000035호

ISBN 978-89-363-2734-7(93590)
정가 26,000원

저자와의 협의하에 인지를 생략합니다.
잘못된 책은 바꿔 드립니다.

불법 복사·스캔은 지적재산을 훔치는 범죄행위입니다.
저작권법 제136조의 제1항에 따라 위반자는 5년 이하의 징역 또는 5천만 원 이하의 벌금에 처하거나 이를 병과할 수 있습니다.

3판

외식사업경영

외식경영 전략적 접근과 실무의 이해

양일선 외 지음

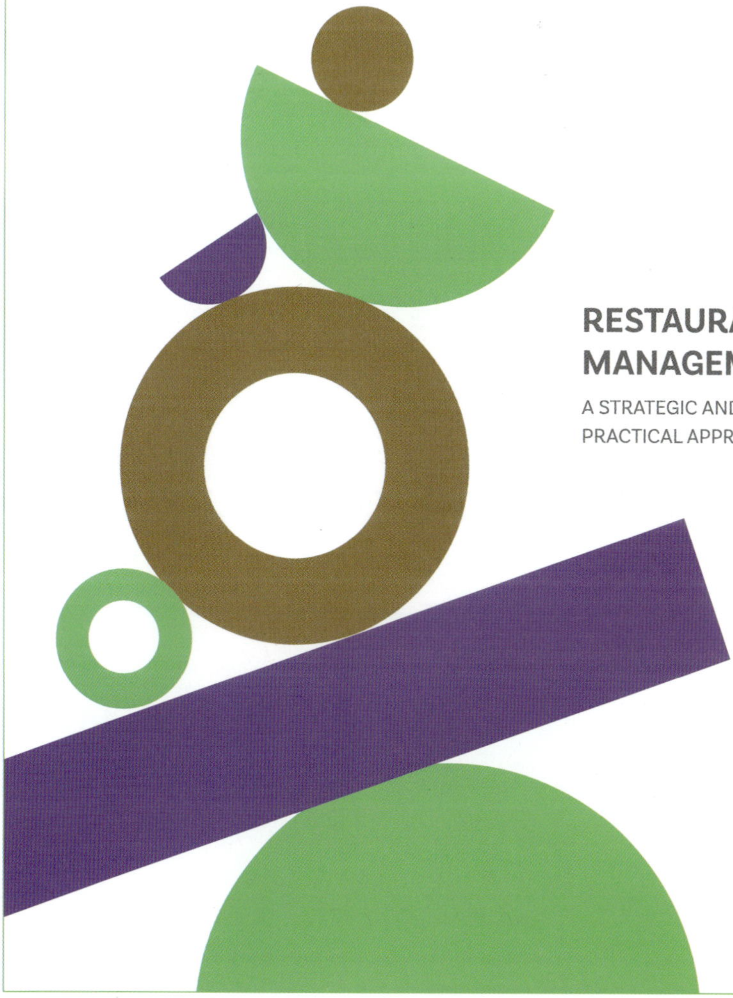

RESTAURANT MANAGEMENT

A STRATEGIC AND PRACTICAL APPROACH

머리말

외식은 현대인에게 중요하고도 필수적인 삶의 영역이다. 생존을 위한 한 끼 식사에 머물지 않고 개인의 가치관과 라이프스타일이 투영된 문화적 소비 행위로 변모하고 있다. 일상의 효율과 편의를 추구하는 실속형 소비부터 자신의 신념과 특별한 경험을 위해 기꺼이 고비용을 감수하는 가치 소비에 이르기까지, 소비자들은 까다롭고 정교하게 자신의 욕구를 초개인화하고 있다. AI 시대 디지털 전환의 소용돌이 속에 삶의 패턴은 빠르게 진화하고 있으며, 외식산업 또한 그 어느 때보다도 거대한 거시적 환경 변화의 국면에 접어들었다.

이러한 환경 변화 속에서 외식산업은 전례 없는 도전과 기회를 동시에 맞이하고 있다. 고물가, 최저임금 인상, 인력난 등 외식업계가 당면하고 있는 어려움은 전통적인 운영 방식의 한계를 명확히 드러내고 있다. 이제 외식업은 음식과 서비스라는 본질을 넘어 정교한 데이터 분석과 푸드테크 도입, 그리고 경영자의 통찰력 있는 의사결정이 생존을 결정짓는 전략의 시대로 진입했다.

이러한 시대적 요구를 반영하여 3판 외식사업경영에는 '외식경영 전략적 접근과 실무의 이해'라는 부제를 새롭게 덧붙였다. 복잡해진 시장 환경 속에서 경영자가 갖추어야 할 분석적 시각과 현장에서 적용 가능한 실무 지식을 습득할 수 있도록 다음과 같은 개정 사항을 반영하였다.

첫째, 디지털 전환과 인공지능의 시대상을 적극 반영하고자 했다. 키오스크와 서빙 로봇의 도입 단계를 넘어 AI를 활용한 수요 예측, 스마트 오더 시스템, 데이터 기반의 고객 경험 관리 등 최신 외식테크의 실무적 적용 사례들을 보강하여 외식 경영의 미래 청사진을 제시하고자 했다.

둘째, 변화된 소비 트렌드와 지속가능성에 주목했다. 고물가 시대의 생존 소비와 특별한 가치에 집중하는 경험 경제라는 양극화된 소비 행태를 분석하고, 업사이클링, 비건 메뉴, ESG 경영 등 환경적·윤리적 가치가 외식업의 새로운 경쟁 우위가 되는 최신 동향을 담았다.

셋째, 글로벌 영토 확장과 새로운 수익 모델을 조망했다. K-푸드의 세계화 흐름 속에서 외식업 해외 진출 전략을 살피고, 레스토랑 간편식, 구독 서비스 등 온·오프라인의 경계를 허무는 K-외식 비즈니스 모델의 진화를 소개하였다.

이 책은 기존 2판의 체제를 그대로 유지하면서도 각 장의 내용을 최신 통계와 실무 사례로 새롭게 채워 넣었다. 1부에서는 국내외 외식산업 변화와 새로운 트렌드를 정리하였으며, 2부에서는 외식 콘셉트 개발과 사업화 과정을, 3부에서는 메뉴, 위생 및 안전, 인적자원, 고객서비스, 마케팅 커뮤니케이션, 원가관리 등 외식 경영의 핵심 실무를 입체적으로 기술하였다.

본 교재의 집필진은 수십 년간 국내 외식산업의 성장을 지켜본 학자이자 전문가로서, 이 책이 대학에서 외식을 전공하는 학생들에게는 탄탄한 전략적 기초를 다지는 전공서가 되고, 현장의 경영자들에게는 위기를 기회로 바꾸는 든든한 실무 지침서로 활용되기를 기대한다.

3판이 나오기까지 한마음으로 참여하고 지원해 주신 연세대학교 급식외식경영연구실 출신 구성원에게 깊은 감사를 표한다. 그간 연구실에서 배출된 학문적 동지들이 국내외에서 교육과 연구·실무를 감당하며 서로에게 버팀목이 되어 주었기에 오늘의 뜻깊은 결실이 가능했다고 본다.

흔쾌히 개정판 출간을 수락해 주시고 아낌없이 후원해 주신 교문사 류원식 대표님과 임직원 여러분께도 진심으로 감사드린다. 집필에 전념할 수 있도록 묵묵히 응원해 준 사랑하는 가족들, 그리고 이 모든 과정의 시작과 끝을 주관해 주신 하나님께 영광을 돌린다.

2026년 1월

저자 일동

차례

PART 3
외식사업 운영의 실제

PART 1

외식사업의 이해

외식산업은 더 이상 단순히 음식을 제공하는 산업이 아니라, 고객의 라이프스타일과 사회적 흐름을 반영하는 종합 서비스 비즈니스로 자리 잡고 있다. 새로운 트렌드가 끊임없이 등장하고 디지털 기술과 소비문화가 빠르게 변하면서, 외식업을 둘러싼 환경은 어느 때보다 역동적이다. 이 파트에서는 외식산업의 범위와 분류, 현재의 시장 현황 그리고 외식업 경영자가 반드시 이해해야 할 외부 환경을 폭넓게 살펴본다. 또한 외식사업이 지니는 고유한 특성과 다양한 업종 유형을 탐구하며, 변화하는 소비자 요구에 대응하는 최신 트렌드까지 함께 살펴보고자 한다. PART 1을 통해 외식사업을 바라보는 기본 틀을 마련하고, 향후 장에서 다룰 세부 경영 요소들을 이해할 수 있는 기초를 갖추게 될 것이다.

CHAPTER

01

외식산업의 개요

현대사회에서 외식은 특별한 일이 아닌 생활의 일부가 되었다. 외식사업은 단순히 먹는다는 생리적 욕구 해결에서 벗어나 인간의 사회적·문화적 욕구를 충족시켜 주는 주요 사업 영역의 하나로 자리 잡았다. 외식사업은 고객에게 다양한 환경에서 음식을 경험할 수 있는 기회를 제공하며 인적 서비스를 통해 편익을 제공하는 대표적인 서비스업이다.

외식산업은 서비스산업, 호스피탈리티(hospitality) 산업, 식품제조 및 유통산업 등과 연계되어 성장·발전하고 있으며, 삶의 질 향상 및 웰빙 가치 추구 등에 의해 외식 관련 지출도 꾸준히 증가하고 있다. 본 장에서는 외식사업의 범위와 분류를 파악하고, 외식산업의 현황과 환경을 살펴봄으로써 외식사업 및 외식산업을 전반적으로 이해하고자 한다.

K-푸드 수출: 라면과 건강식품이 이끄는 글로벌 외식시장 변화

최근 10년간 한국 농식품(K-푸드) 수출액은 두 배 이상 증가하며 폭발적인 성장을 기록했다. 특히 후반 5년간 연평균 성장률이 9.0%에 달하며 그 속도를 더하고 있다. K-푸드 수출액은 2015년 35.1억 달러에서 2024년 70.2억 달러로 증가했다. 이러한 성장의 핵심 동력은 한류 확산과 해외 소비자들의 건강식 선호 트렌드가 결합한 결과로 분석된다.

K-푸드 수출액

(단위: 억 달러)

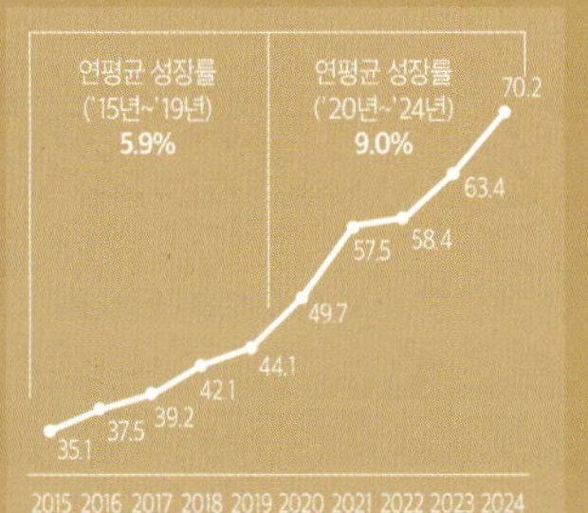

'24년 K-푸드 주요 품목군 수출액 및 최근 10년간(15~24년) 연평균 성장률 순위

순위	품목군	수출액 (억 달러)
1	라면	13.6
2	간편식*	9.8
3	음료	9.4
4	건강식품**	8.2
5	조미료	6.5
6	조미김	6.3
7	커피·코코아	3.9
8	주류	3.5
9	육가공품	3.3
10	김치	1.8
전체(14개)		70.2

순위	품목군	연평균 성장률(%)
1	라면	20.1
2	건강식품	11.9
3	조미김	11.3
4	아이스크림	10.6
5	김치	9.6
6	음료	8.8
7	간편식	8.8
8	기타	6.4
9	조미료	4.4
10	육가공품	3.9
전체(14개)		8.0

* 핫도그, 김밥, 볶음밥, 떡볶이, 만두 등 ** 유산균, 홍삼·인삼 등

K-푸드 수출액 및 연평균 성장률

품목별로 살펴보면, 2024년 수출 규모 면에서는 라면(약 14억 달러)이 연평균 성장률 20.1%로 성장률과 수출액에서 압도적인 1위를 차지하였고, 다음으로는 건강식품(11.9%)과 조미김(11.3%)이 높은 성장률을 보였다.

주요 수출국은 기존 1위였던 중국에서 미국으로 바뀌면서 북미 시장이 최대 소비국으로 부상했으며, 현지 대형 유통매장 입점 확대와 K-푸드 프랜차이즈 증가가 수출 증가에 크게 기여했다. 국가 권역별로는 여전히 아시아가 시장의 절반 이상을 차지하지만, 10년간 연평균 성장률은 북미(14.3%)와 유럽(12.9%) 지역이 가장 높아 시장 다변화의 가능성을 보여주었다.

K-푸드 수출은 라면과 간편식 등 외식산업과 밀접한 품목을 중심으로 성장하고 있으나, 특정 지역 및 품목 쏠림 현상을 극복하기 위해 수출 지역과 품목의 다변화 노력을 확대할 것으로 전망된다.

순위	국가	2024	2015	
		수출액	수출액	순위
1	미국	14.6	4.5	3
2	중국	12.7	7.9	1
3	일본	7.9	7.8	2
4	베트남	3.6	1.0	6
5	필리핀	2.7	1.0	7
6	홍콩	2.6	2.4	4
7	호주	2.1	0.8	9
8	대만	2.1	1.1	5
9	러시아	2.0	1.0	8
10	캐나다	1.9	0.5	13
전체(199개국)		70.2	35.1	

국가별 K-푸드 수출액 순위(단위: 억 달러)

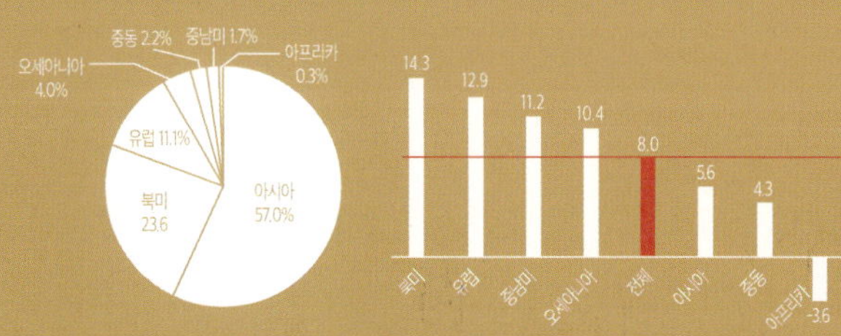

국가 권역별 K-푸드 수출 비중(%) 국가 권역별 K-푸드 수출액 연평균 성장률(%)

자료: 10년간 K-푸드 수출 동향과 시사점. 대한상공회의소 보도자료(2025. 3. 7.).

책을 10% 이상 복사/스캔하면 저작권법 위반으로 처벌받을 수 있습니다.

1. 외식산업의 범위와 분류

1) 외식의 기본 개념

'외식'이라는 단어를 들으면 무엇이 먼저 떠오르는가? 분위기 좋은 레스토랑에서의 멋진 식사? 커피 전문점에서 테이크아웃(take-out)한 커피를 들고 바쁘게 걸어가는 모습? 학교 식당에서의 급식서비스? 혹은 집에서 피자를 주문해 먹는 모습? 이처럼 현대인의 외식은 다양한 상황에서 다양한 형태로 나타나고 있다.

사전적 의미로 본다면 외식(外食, dining-out)은 내식(內食, 가정 내 조리 및 식사)과 구분되는 개념으로 '집에서 직접 만들지 않고 밖에서 음식을 사 먹음 또는 그런 식사'라고 정의할 수 있다. 「외식산업진흥법」에 따르면 외식이란 '가정에서 취사(炊事)를 통하여 음식을 마련하지 아니하고 음식점 등에서 음식을 사서 이루어지는 식사 형태'를 의미한다.

일본의 학자 미야 에이지(三家英治)는 조리 주체·조리 장소·식사 장소의 3가지 요소를 바탕으로 내식·외식·중식을 구분하여 정의하였다. **내식**은 조리 주체가 가정 내의 사람이고 조리 장소와 식사 장소가 원칙적으로 가정 내에서 이루어진다. 가정 내 구성원이 식품 전문점에서 식재료를 구매하고 가정에서 음식을 조리하여 식사를 하는 경우가 이에 해당된다.

외식은 조리 주체가 가정 외의 사람으로 조리의 장소는 원칙적으로 가정 외에 있으며, 식사 장소도 가정 외에서 이루어진다. 식생활과 생활 패턴의 변화로 인해 외식소비의 형태가 다양해지고 보편화되면서 외식의 범주는 더욱 넓어지고 있다.

중식(中食)은 조리 주체가 가정 외의 사람으로 조리 장소는 원칙적으로 가정 외에 있으며, 식사 장소가 가정 내인 식사를 의미한다. 중식은 가정 외에서 조리된 음식을 구입하여 가정에서 먹는 외식과 내식의 중간 형태로 할인점 및 백화점의 식품코너, 반찬가게, 테이크아웃, 주문 배달, 케이터링(연회, 출장서비스) 등이 중식의 범주에 해당한다.

따라서 외식이란 가정 외에서 조리된 음식을 먹는 것으로 가정 밖(레스토랑 등)에서의 식사뿐만 아니라 가정 외에서 조리된 음식을 테이크아웃, 주문 배달 등의 형태로 가져와 가정 내에서 식사를 해결하는 것, 즉 중식을 포함하는 광의의 개념으로 사용되고 있다. 오늘날에는 여성의 사회 진출 확대, 독신자의 증가, 편의와 간편성 추구, 라이프스타일의 변화 등으로 외식산업 내에서 중식시장이 차지하는 비중이 지속적으로 확대되고 있다.

2) 외식산업의 범위

외식사업(restaurant business)은 '고객들에게 외식상품을 판매하는 사업으로 외식산업과 관련된 경제활동'으로 정의된다. 이는 요식업, 식당업, 음식업의 명칭으로 다양하게 일컬어졌으나 외식시장의 기업화·규모화·전문화 추세에 따라 외식사업이라는 용어로 통일되어 보편화되었다.

「외식산업진흥법」(2021)에 의하면 **외식상품**은 '외식을 위하여 판매가 가능하도록 생산한 제품 및 외식과 관련된 서비스, 교육·훈련, 운영체계, 상표·서비스표' 등을 말한다. 또한 **외식산업(restaurant industry)**은 '외식상품의 기획·개발·생산·유통·소비·수출·수입·가맹사업 및 이에 관련된 서비스를 행하는 산업'으로 정의된다.

미국레스토랑협회(NRA)는 외식산업을 '가정 외에서 조리된 모든 식사(meals and snacks)의 제공과 관련된 산업'으로 규정하고, 일반음식점 외에도 테이크아웃, 주문 배달, 가정식 대용식(Home Meal Replacement, HMR), 단체급식(institutional food service), 케이터링 등을 포함하는 광범위한 산업으로 보고 있다.

외식산업은 식재료를 수급, 제조·가공하여 외식상품을 생산한다는 측면에서는 제조업과 관련이 있고, 소비자에게 외식상품을 유통·판매한다는 점에서 소매업으로 볼 수 있다. 외식

노트 외식산업과 호스피탈리티산업

외식산업은 호스피탈리티산업을 구성하고 있는 핵심산업이다. 개인의 여유시간과 가처분소득이 늘어남에 따라 삶의 질을 향상시키기 위한 지출활동이 증가하면서 하나의 산업으로 등장하게 된 것이 호스피탈리티산업이다.

'호스피탈리티(hospitality)'라는 말의 어원은 라틴어로 '손님(hospes)'이다. 이방인이나 손님에게 숙박이나 식사를 제공한다는 의미를 지니고 있다. 국내에서 호스피탈리티는 '환대'로 해석되는데 환대란 '반갑게 맞아 정성껏 대접한다.'는 뜻이다. 프랑스의 철학자 자크 데리다(Jacques Derrida)는 환대를 아무런 조건 없이 가진 것을 타인과 아낌없이 공유하는 무조건적 환대와 자신의 이익이나 대가를 획득하기 위한 의무적인 행위로서의 조건적 환대로 구별하였다. 현대사회에서 환대는 제공자와 수혜자의 상호 공생관계를 기반으로 하므로 조건적 환대에 해당된다.

호스피탈리티산업은 고객에게 최고의 환대를 제공함으로써 고객가치를 창출하는 것이 목표이다. 이 산업은 숙박(호텔, 모텔, 리조트 등)과 외식(레스토랑 등)이 주요 산업군이며, 이외에도 여가 및 관광산업 중 고객에게 서비스를 제공하는 오락시설, 카지노, 테마공원, 여객운송, 크루즈 등을 포함한다.

산업은 식음료의 생산뿐만 아니라 무형의 인적 서비스, 분위기 연출 및 이와 관련된 다양한 편익을 제공하는 제조업과 서비스업의 특징을 동시에 지니는 복합산업이라 할 수 있다.

3) 외식산업의 분류

외식산업은 국가기관 및 업계, 학계 등에서 메뉴의 특성, 서비스 제공 형태, 영리 추구 여부, 주류 판매 여부 등에 의해 다양하게 분류되고 있다. 국내 외식산업의 객관적인 분류는 한국표준산업분류,「식품위생법」상의 분류 등을 참조해서 살펴볼 수 있다.

한국표준산업분류는 UN국제산업분류를 기초로 작성한 것으로 외식산업은 대분류 〈I. 숙박 및 음식업〉 내 중분류 〈56. 음식점 및 주점업〉에 해당된다. 음식점 및 주점업은 소분류 〈561. 음식점업〉, 〈562. 주점 및 비알코올 음료점업〉으로 구분되며 세분류로 한식음식점업, 외국식 음식점업, 기관 구내식당업, 출장 및 이동음식점업, 기타 간이 음식점업, 주점업, 비알코올 음료점업으로 세분된다(**표 1-1**).

한국표준산업분류

사업체가 주로 수행하는 산업활동을 그 유사성에 따라 체계적으로 유형화(분류)한 것이다. 분류 구조는 대분류(알파벳 문자 사용, Sections), 중분류(2자리 숫자 사용, Divisions), 소분류(3자리 숫자 사용, Groups), 세분류(4자리 숫자 사용, Classes), 세세분류(5자리 숫자 사용, Sub-Classes)의 5단계이다.

표 1-1 한국표준산업분류에 의한 외식산업 분류

중분류	소분류	세분류	세세분류
56 음식점 및 주점업	561 음식점업	5611 한식 음식점업	56111 한식 일반 음식점업 56112 한식 면요리 전문점 56113 한식 육류요리 전문점 56114 한식 해산물요리 전문점
		5612 외국식 음식점업	56121 중식 음식점업 56122 일식 음식점업 56123 서양식 음식점업 56129 기타 외국식 음식점업

(계속)

저작권을 지켜 콘텐츠의 가치도 지키고 우리의 미래도 지켜주세요.

중분류	소분류	세분류	세세분류
56 음식점 및 주점업	561 음식점업	5613 기관 구내식당업	56130 기관 구내식당업
		5614 출장 및 이동 음식점업	56141 출장 음식 서비스업 56142 이동 음식점업
		5615 제과점업	56150 제과점업
		5616 피자, 햄버거 및 치킨 전문점	56161 피자, 햄버거, 샌드위치 및 유사 음식점업 56162 치킨 전문점
		5619 김밥 및 기타 간이 음식점업	56191 김밥 및 기타 간이 음식점업 56199 간이 음식 포장 판매 전문점
	562 주점 및 비알코올 음료점업	5621 주점업	56211 일반 유흥 주점업 56212 무도 유흥 주점업 56213 생맥주 전문점 56219 기타 주점업
		5622 비알코올 음료점업	56221 커피 전문점 56229 기타 비알코올 음료점업

자료: 한국표준산업분류(2024. 7. 1.) 통계청 고시 제2024-203호.

표 1-2 「식품위생법 시행령」에 의한 식품접객업 분류

구분	내용
휴게음식점영업	주로 다류(茶類), 아이스크림류 등을 조리·판매하거나 패스트푸드점, 분식점 형태의 영업 등 음식류를 조리·판매하는 영업으로서 음주행위가 허용되지 아니하는 영업. 다만, 편의점, 슈퍼마켓, 휴게소, 그 밖에 음식류를 판매하는 장소(만화가게 및 「게임산업진흥에 관한 법률」 제2조 제7호에 따른 인터넷컴퓨터게임시설제공업을 하는 영업소 등 음식류를 부수적으로 판매하는 장소를 포함한다)에서 컵라면, 일회용 다류 또는 그 밖의 음식류에 물을 부어 주는 경우는 제외한다.
일반음식점영업	음식류를 조리·판매하는 영업으로서 식사와 함께 부수적으로 음주행위가 허용되는 영업
단란주점영업	주로 주류를 조리·판매하는 영업으로서 손님이 노래를 부르는 행위가 허용되는 영업
유흥주점영업	주로 주류를 조리·판매하는 영업으로서 유흥종사자를 두거나 유흥시설을 설치할 수 있고 손님이 노래를 부르거나 춤을 추는 행위가 허용되는 영업
위탁급식영업	집단급식소를 설치·운영하는 자와의 계약에 따라 그 집단급식소에서 음식류를 조리하여 제공하는 영업
제과점영업	주로 빵, 떡, 과자 등을 제조·판매하는 영업으로서 음주행위가 허용되지 아니하는 영업

자료: 국가법령정보센터(2025).

「식품위생법 시행령」 제21조(2025. 10. 1. 시행)에 의하면 외식산업은 식품접객업에 해당되며 휴게음식점영업, 일반음식점영업, 단란주점영업, 유흥주점영업, 위탁급식영업, 제과점영업으로 분류되며 유흥종사자 유무에 따라 단란주점영업과 유흥주점영업으로 분류된다(**표 1-2**).

2. 외식산업의 현황

1) 국내 외식산업의 현황

국내 외식산업은 1986년 아시안게임과 1988년 서울올림픽 등 국제적인 행사를 계기로 급성장하였다. 1979년 일본 롯데리아와 합작 형태로 국내에 도입된 롯데리아를 시작으로 1980년대 버거킹(1982), KFC(1984), 피자헛(1985) 등 해외 브랜드의 국내 시장 진출이 본격화되면서 외식산업은 활기를 띠었다. 1990년대에는 대기업의 외식사업 진출과 TGIF(1992), 베니건스(1995) 등 해외 패밀리레스토랑의 국내 진출로 외식산업이 질적으로 성장했으며, 1990년대 중반부터 제너시스 BBQ, 놀부, 원앤원 등을 중심으로 프랜차이즈 업계가 성장하기 시작하였다.

국내 외식산업은 국민소득 수준의 향상, 주5일 근무제의 확산, 여성의 사회활동 참여 증가, 해외브랜드의 국내 시장 진출, 식생활 패턴의 변화 등으로 외식문화가 발달하면서 시장 규모가 점차 커지고 있다. 국가데이터처(통계청) 조사에 따르면 2022년 기준 부담되는 가계지출항목 1순위는 식비(식료품비)로 전체 지출의 30.53%로 다음 순위인 주거비(11.38%)와 비교할 때 높은 비율로 지출하고 있는 것으로 나타났다(국가통계포털, 2025).

음식점업의 사업체 수는 2020년 57만 4,938개에서 2023년 56만 2,916개로 2020년 이후 감소하고 있는 것으로 나타났다. 반면 음식점업 종사자 수는 2020년 약 149만여 명에서 2023년 160만 9,000여 명으로 증가한 것으로 나타났다. 매출액은 2020년 117조 1,000억 원에서 2023년 159조로 상승 추세이다(**표 1-3**, **그림 1-1**).

표 1-3 한국표준산업분류에 따른 음식점업 업종별 사업체 수와 종사자 수 및 매출액 현황

산업별	항목	2020년	2021년	2022년	2023년
음식점 및 주점업	사업체 수(개)	804,173	800,648	795,488	793,586
	종사자 수(명)	1,919,667	1,937,768	2,050,770	2,116,987
	매출액(백만 원)	139,889,581	150,763,234	177,122,646	191,741,335
음식점업	사업체 수(개)	574,938	572,550	569,760	562,916
	종사자 수(명)	1,491,559	1,494,373	1,555,574	1,609,134
	매출액(백만 원)	117,101,035	127,771,091	148,339,180	159,037,977
주점 및 비알코올 음료점업	사업체 수(개)	229,235	228,098	225,728	230,670
	종사자 수(명)	428,108	443,395	485,196	507,853
	매출액(백만 원)	22,788,546	22,992,143	28,783,466	32,703,358

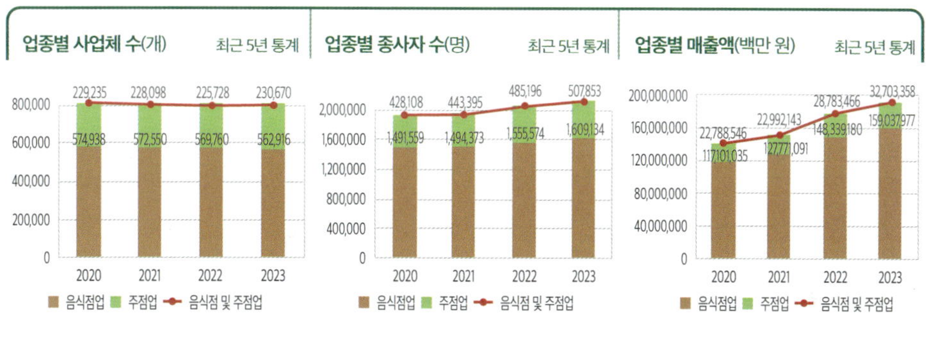

그림 1-1 음식점 및 주점업 사업체 수, 종사자 수 매출액 추이

자료: 외식산업현황. the외식(2025. 2. 28.).

한국표준산업분류에 따른 음식점업 사업체 수와 종사자 및 매출액 모두 한식 음식점업이 가장 많고 다음으로 기타 간이 음식점업 순으로 나타났다(**표 1-4**, **그림 1-2**).

표 1-4 한국표준산업분류에 따른 음식점업 업종별 사업체 수와 종사자 수 및 매출액 현황

산업별	사업체 수(개)	종사자 수(명)	매출액(백만 원)
음식점 및 주점업	793,586	2,116,987	191,741,335
음식점업	562,916	1,609,134	159,037,977
한식 음식점업	325,190	859,634	84,696,588
외국식 음식점업	74,875	263,580	24,734,932
기관 구내식당업	11,259	71,342	12,070,298
출장 및 이동 음식점업	1,150	2,954	261,329
기타 간이 음식점업	150,442	411,624	37,274,830

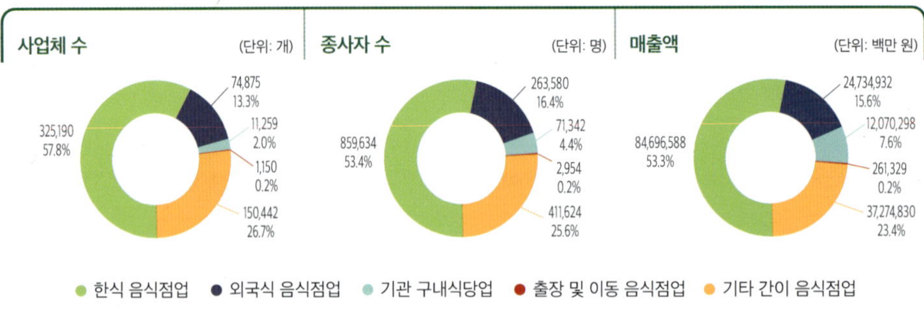

그림 1-2 음식점업 업종별 규모 비교

자료: 통계청(2025. 3.).

노트 각국의 1만 명당 외식 사업체 수는 얼마나 되는가?

2017년 기준 주요 국가별 인구 1만 명당 외식 사업체 수를 보면 한국이 다른 주요 국가에 비해 월등히 많다. 미국은 인구 1만 명당 20.8개, 일본은 58.3개, 중국이 66.4개에 비해 한국은 125.4개로 경쟁이 매우 치열한 상황임을 알 수 있다. 2017년 경제활동인구 2,772만 명을 기준으로 보더라도 전국적으로 69만 개의 음식점이 있으니 경제활동 인구 40명당 1개꼴이다.

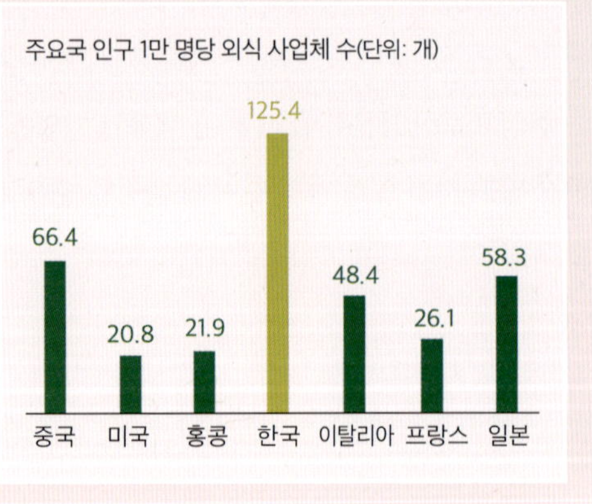

2019년 한국외식업중앙회 조사에 의하면

식당 창업 후 1년 내 폐업하는 확률이 31.3%, 창업 5년 내 5곳 중 1곳만 생존하는 것으로 나타났다. 특별한 기술이나 창업에 대한 준비 없이 외식업을 시작하는 것이 얼마나 위험한 일인지 잘 알 수 있다. 외식업은 농업, 식품제조업, 서비스 판매업 등의 복합산업의 성격을 갖고 있다. 경영에 대한 풍부한 지식을 갖춰야 성공할 수 있는 사업인 것이다.

자료: 유로모니터 인구통계(2017), 한국외식업중앙회(2019).

2) 해외 외식산업의 현황

(1) 미국

미국의 외식산업은 전체 GDP의 평균 3.25%를 차지하고 있으며, 미국 내 노동시장의 9% 이상을 차지하는 주요 취업 직군이다. 미국 외식산업은 2000~2008년 동안 연평균 4.7%

표 1-5 미국 외식산업 매출액 현황

(단위: 10억 달러)

연도 / 부문	2020	2021	2022	2023	2024	2025	2024~2025 % CHANGE	2024~2025 REAL% CHANGE
EATING & DRINKING PLACES	$605	$793	$913	$1,012	$1,060	$1,103	4.1%	0.3%
FULLSERVICE SEGMENT	$260	$376	$442	$490	$513	$533	3.9%	0.2%
LIMITED-SERVICE SEGMENT	$327	$390	$439	$486	$510	$532	4.3%	0.4%
BARS & TAVERNS	$18	$27	$32	$35	$37	$38	3.4%	0.2%
LODGING PLACES	$23	$34	$43	$53	$55	$57	4.2%	0.4%
RETAIL HOSTS	$118	$128	$143	$143	$148	$154	4.0%	0.4%
RECREATION & SPORTS	$26	$35	$44	$52	$55	$58	4.5%	0.6%
SCHOOLS & COLLEGES	$65	$64	$78	$120	$123	$128	3.8%	0.2%
ALL OTHER FOODSERVICE ESTABLISHMENTS	$18	$18	$23	$27	$28	$29	3.8%	0.2%
TOTAL	**$855**	**$1,071**	**$1,244**	**$1,407**	**$1,469**	**$1,528**	**4.1%**	**0.3%**

자료: 미국 레스토랑협회(2025).

주: 각 수치는 반올림되었으므로 열의 합계가 정확히 일치하지 않을 수 있음. 증감률(%) 계산은 반올림 전의 실제 데이터를 기준으로 하였으므로, 표에 기재된 반올림 수치를 바탕으로 계산한 결과와는 다를 수 있음.

의 성장률을 기록했으나 외식산업 성숙기 진입과 함께 금융위기로 인한 소비심리 위축으로 성장률이 감소하는 추세이다. 미국 레스토랑협회(NRA) 보고서에 따르면, 2025년 미국 외식산업 매출 규모는 1.5조 달러로 추정되며 전년 대비 연평균 4.1%의 성장률을 기록했다(**표 1-5**). 팬데믹 이후 매장에서의 식사(on-premises)뿐만 아니라 테이크아웃, 배달, 드라이브 스루 등 오프프레미스(off-premises) 채널을 통한 소비가 증가하고 있다. 외식업체 운영자들은 비용 상승 및 인력 압박 속에서도 생산성 향상과 운영 효율화를 통한 경쟁력 강화를 위해 디지털마케팅, 로열티 시스템, 직원교육 등 다양한 측면에서 기술 도입을 고려하고 있다. 또한 미국 레스토랑협회 What's Hot 2025 보고서에서는 지속가능성과 로컬 소싱, 동남아시아(한국, 베트남 등)요리 등이 주요 트렌드로 선정되었다.

(2) 중국

중국의 외식시장은 팬데믹의 영향으로 다소 주춤하였으나 엔데믹과 함께 정부의 소비 촉진 정책과 내수 회복의 영향으로 꾸준한 성장세를 보이고 있으며, 2025년에는 5조 5,635억 위안을 넘어설 것으로 추정된다(중국 통계국). KOTRA 해외시장뉴스에 따르면 중국의 외식시장은 중국 식당이 전체의 51%를 차지하며, '휴한간찬'(기존 패스트푸드 매장보다는 고급스러운 분위기에서 식사 및 커피를 즐길 수 있는 식당 및 카페)이 16%, 패스트푸드가 10% 순으로 비율이 높은 것으로 나타났다. 최근 각광을 받고 있는 휴한간찬은 신세대를 겨냥한 메뉴 개발 및 매장 분위기 전환 등 새로운 트렌드에 부합하면서 외식산업의 성장을 주도하고 있다.

중국의 외식 트렌드를 살펴보면, 개방 이후 경제 발전에 따라 소득 수준이 향상되고 젊은 여성층이 주요 외식 소비 계층으로 부상하면서 외식시장의 고급화, 전문화, 개성화 트렌드가 가속화되고 있다. 온라인 플랫폼을 통한 외식업체 검색, 예약, 주문 접수, 계산 및 영수증 발급까지 원스톱 체계로 운영하는 등 스마트 기기의 활용이 늘어나고 있고, 소셜커머스 산업은 급성장하고 있다. 그뿐만 아니라 웰빙, 친환경을 추구하는 소비자가 늘고 있으며, 팬데믹 이후 1인 식단과 혼밥이 주요 트렌드로 부상하고 있고, 가정간편식(HMR)과 밀키트(meal kit) 소비가 증가하고 있으며, AI 등을 활용한 스마트 레스토랑이 확대되는 등 외식업체의 디지털화가 외식업의 성장 동력으로 작용하고 있다.

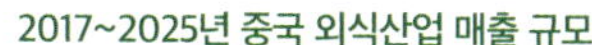
2017~2025년 중국 외식산업 매출 규모

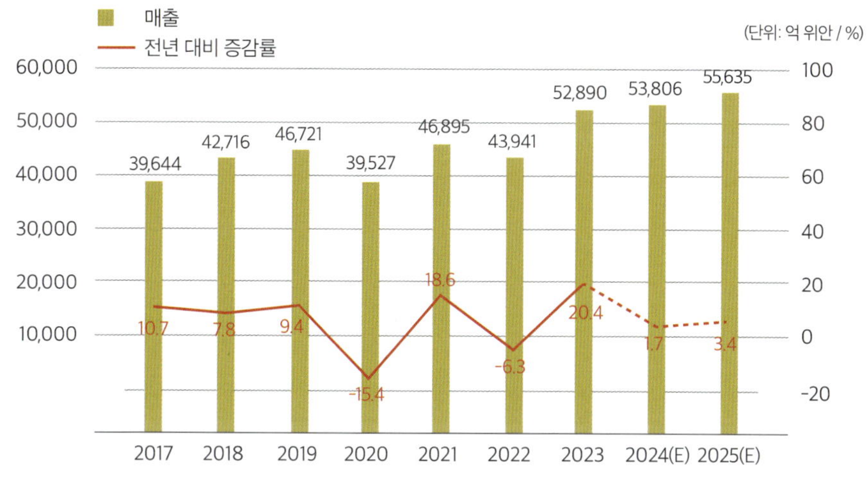

그림 1-3 중국 외식산업 시장 규모

자료: 농림축산식품부, 한국농수산식품유통공사 보고서(2024).

(3) 일본

2024년 일본푸드서비스협회의 발표에 따르면 최근 엔저 현상으로 외래 관광객 수가 증가하면서 일본 외식 시장 매출은 2023년 대비 9.3% 상승한 것으로 조사되었다.

다른 국가와 마찬가지로 건강지향적인 소비를 추구하고 있으며, 식품안전에 대한 소비자의 욕구가 증가함에 따라 정부에서도 식품안전규제 방안을 강화하고 있다. 고령화와 독신가구의 증가로 이들을 대상으로 한 다양한 외식상품이 인기를 끌고 있으며, 공정거래, 환경 중시, 지역사회에의 공헌 등 윤리적 소비 트렌드가 보편화되고 있다. 팬데믹 이후 테이크아웃과 배달 수요가 확대되고 있으며, 가게 내점 전에 스마트폰 앱으로 주문 및 결제를 끝내고 방문하여 음식을 픽업하는 형태인 모바일 오더와 점포에서 식사하지 않고 배달 주문을 하는 고객 수요에만 대응하도록 만들어진 고스트 레스토랑이 등장하였다. 또한 밀키트와 냉동식품 등 간편식이 전문화되고 배달과 포장이 일상화되면서 오프라인 매장에서는 높은 품질과 전문화된 메뉴에 대한 수요가 있을 것이라 전망된다.

3. 외식산업의 환경

외식산업은 다양한 경제·사회·문화·기술적 환경 요인에 의해 성장·발전하고 있다. 국민소득 증가, 여가생활 증대, 대기업의 외식산업 진출 등의 경제적 환경, 여성의 사회 진출, 레저 및 식생활 패턴의 다양화, 식습관의 서구화, 건강식에 대한 욕구 증대 등의 사회·문화적 환경, 첨단기술 도입 및 인터넷 마케팅 활성화 등 기술적 환경이 외식산업의 변화를 주도하고 있다. 외식산업을 둘러싼 법적·제도적 환경 변화 또한 외식업 창업 및 운영자라면 간과할 수 없는 부분이다.

1) 경제적 환경

그동안 우리나라 외식산업이 비약적으로 발전할 수 있었던 것은 경제 발달에 따른 국민소득 증가가 원동력이 되었기 때문이다. 국가의 경제 발전은 기업뿐만 아니라 개인의 삶의 방식과 지출 규모에도 많은 영향을 미친다.

사회 전반의 경제 상황과 소비자들의 외식비 지출 규모는 외식산업의 경기와 외식업의 성패를 좌우하는 중요한 요인이다. 한국농수산식품유통공사는 외식업에 대한 경기 수준을 측정하여 외식업경기지수를 발표함으로써 외식업 종사자들에게 실질적인 정보를 제공하고 있다.

국민소득과 소비, 가구별 가계수지 동향, 물가상승률, 실업률 등 외식산업에 영향을 주는 대내적 경제적 요인 이외에도 세계 경제동향, 기후 변화 및 환율 변동으로 인한 국제 곡물가 상승과 같은 대외적인 요인도 외식산업에 영향을 미친다. 국내 산업구조의 불안 요소와 해외 글로벌 경쟁 심화 등의 흐름은 국내 전 산업 분야에서 체계적인 위기관리와 글로벌 경쟁력 확보를 요구하고 있다.

노트 외식산업경기동향지수로 본 외식산업의 현황

농림축산식품부와 한국농수산식품유통공사(aT)는 외식산업경기동향지수(Korea Restaurant Business Index, KRBI)를 개발하여 외식산업의 경기상황과 전망을 국가데이터처의 승인을 받아 국가통계지표로 공표하고 있다. 과거에는 '외식산업경기전망지수'로 불렸으나, 2022년부터 현재 명칭으로 변경되었다.

매출액, 고객 수, 종업원 수 등 외식산업의 성장과 위축 정도에 따라 종사자들의 판단, 예측의 변화 추이를 측정하여 산업경기동향을 분기별로 보여주는 체감지표이다. 지수는 50~150을 가지며, 기준치는 100, 100 초과는 성장, 100 미만은 위축을 의미한다. 전년 동분기 대비 매출의 증가, 감소 사업체 수를 고려하여 업종별 지수를 세분화하여 측정하며, 한국표준산업분류 10차 개정에 따라 음식점업의 세부업종이 새롭게 분류되어 2019년 1분기부터 적용하고 있다.

$$\text{외식산업경기동향지수} = \frac{(\text{매출 증가 사업체 수} \times 0.5 - \text{매출 감소 사업체 수} \times 0.5)}{\text{전체 응답 사업체 수}} \times 100 + 100$$

- KRBI는 50~150 사이의 값을 가지며, 모든 사업체에 전년 동분기 대비 매출 증감이 없는 경우는 지수가 100이 된다. 지수 값이 100 미만인 경우는 매출이 감소한 사업체 수가 증가한 사업체 수보다 많다는 뜻이고 100 이상인 경우는 그 반대이다.

2025년 3분기 외식산업경기동향지수는 76.76으로 지난 2분기 대비 4.00p 상승한 것으로 나타났으며, 이는 3분기 여름철 외식산업의 성수기와 2025년 7월 중순부터 지급된 '민생회복 소비쿠폰'의 이용 비중이 외식산업에서 높게 나타난 점이 경기지수에 긍정적인 영향을 미친 것으로 보인다.

외식산업경기동향지수 추이

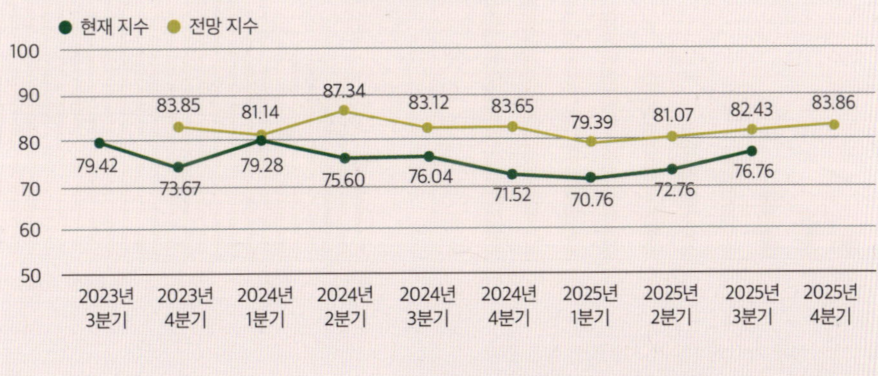

자료: 2025년 3분기 외식산업경기동향지수 보고서(2025).

2) 사회·문화적 환경

1인 가구와 맞벌이 가정의 증가, 노인 인구 증가와 같은 사회·문화적 환경 변화 역시 외식산업에 많은 영향을 준다. 여성의 사회 진출 증가로 높아진 외식 의존도가 국내 외식시장 성장에 결정적 기여를 한 것 또한 사실이다.

불황이 장기화되는 환경에서 1인 가구나 맞벌이 가구 수 증가는 외식시장에 부정적인 요소가 되기도 한다. 이른바 싱글족이라 불리는 1인 가구는 혼자 외식하는 것을 꺼리는 경향이 있으며, 시간적·경제적 여유가 부족한 맞벌이 가정에서는 편리하면서도 상대적으로 저렴하게 식사를 해결할 수 있는 가정간편식(HMR)을 선택하기 때문이다. 이와 같은 사회적 변화는 HMR 시장에는 긍정적이지만 이와 경쟁해야 하는 외식시장을 상대적으로 위축시키는 결과를 가져온다.

국가데이터처의 조사에 따르면 2010년 4가구당 1가구 수준(23.9%)이던 1인 가구 비

1인 가구 수 및 전체 가구 대비 변화 추이: 2015~2024년

(단위: 만 가구, %)

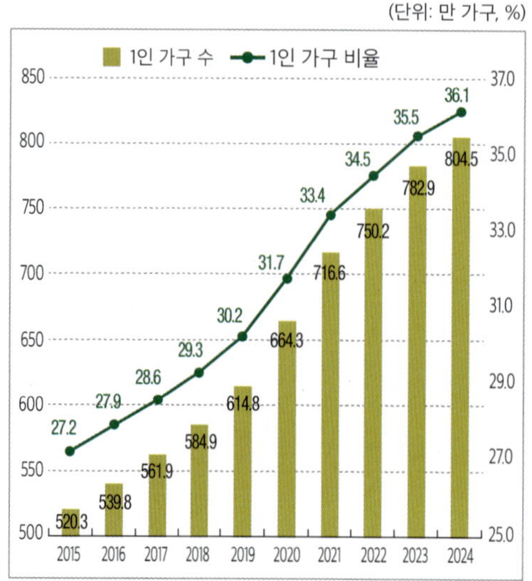

1인 가구 수 및 전체 가구 대비 비율 전망: 2025~2052년

(단위: 만 가구, %)

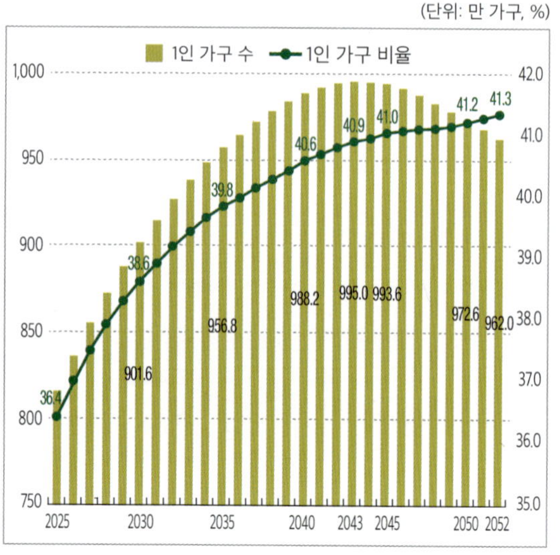

그림 1-4 전체 가구 중 1인 가구 비중 및 성장 전망

자료: 국회미래연구원(2025).

율은 예상보다 빠른 속도로 증가하여 2019년 30%를 넘어섰고, 2024년 전체 가구의 36.1%인 804만 5,000가구에 이른다. 1인 가구는 이미 한국 사회의 주된 가구 형태로 정착하고 있으며 2052년 전체 가구의 41.3%가 1인 가구가 될 것으로 전망되고 있다(그림 1-4). 총 인구의 자연 증가가 멈추고 감소하는 상황에도 불구하고 1인 가구의 규모는 증가하고 있어서 1인 가구의 생활 형태가 사회, 경제 전반에 미치는 영향은 더욱 확대될 것으로 전망된다.

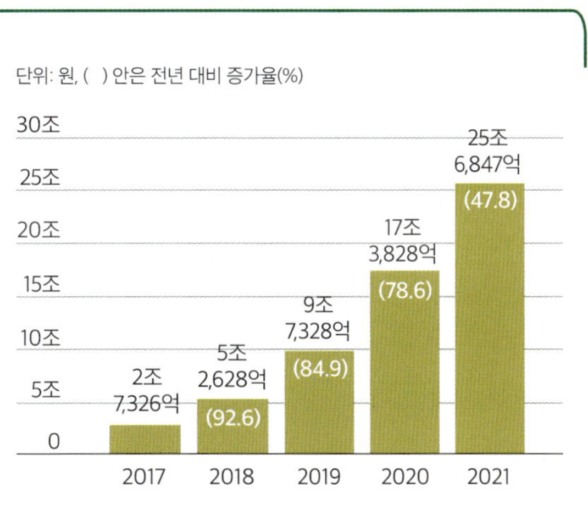

그림 1-5 음식 배달서비스 연간 거래액
자료: 통계청(2022).

배달음식 시장규모는 매년 증가하여, 2021년 음식 배달시장 규모는 25조 6,847억 원으로 2019년(9조 7,328억 원)과 비교하면 2.6배 이상 커졌다(중앙일보, 2022. 4. 26., 그림 1-5).

1인 가구에서 늘어나는 간편식이나 배달음식 소비는 외식시장에 많은 영향을 미치고 있다. 코로나19 팬데믹 이후 시장이 더욱 커진 배달음식 시장은 1인 가구의 혼밥, 혼술 소비를 홈밥, 홈술 문화로 바꿔 놓았고, 간편식을 먹더라도 건강하게 한 끼를 먹고자 하는 욕구는 더 커졌다. 편의점에서 소용량, 소포장 형태의 상품이 큰 인기를 끌고 있으며, 이른바 편리미엄 상품이 식생활에도 중요한 트렌드로 자리하게 되었다. 여기에 편의점이 배달 서비스까지 시작하면서 배달 음식점은 이제 편의점과도 경쟁해야 하는 시대가 도래하였다.

고령화로 인한 노년인구의 증가는 **실버마켓(silver market)**의 잠재력에 주목하도록 만든다. 선진국에서는 구매력 있는 노년층이 '골드 세대'로 부각되면서 이들을 겨냥한 사업이 급증하고 있다. 베이비붐 세대의 본격적인 은퇴로 등장한 액티브 시니어(active senior, 주로 50~64세로 경제력과 건강을 바탕으로 능동적인 삶을 추구하며 소비 수준이 높은 세대)들이 여가와 문화의 소비주체로 부상하고 있다.

채식 인구의 증가는 외식, 식품, 유통업계에 모두 신시장 개척의 기회가 되고 있다. 식물성 버거에서 비건 전문몰까지 대중에게 빠르게 저변을 넓혀가고 있는 채식은 이제 하나의 라이프스타일로 자리 잡았다.

자료: 롯데GRS 홈페이지, 베지푸드 홈페이지.

실버세대를 겨냥한 외식공간은 노년 소비자들의 건강지향성, 웰빙, 감성을 충족시킬 수 있는 독특한 메뉴 제안과 감각적 재미를 갖추어야 한다. 노년 소비자의 방문을 유도하기 위해서 접근의 용이성 및 주차의 편리함에도 신경 써야 한다. 외식업계는 노년 소비자의 행동 욕구 및 추구 가치에 영향을 미칠 수 있는 라이프스타일, 신체적·심리적 건강을 바탕으로 고객세분화 전략을 짜야 한다.

국내 실버푸드 시장 규모(단위: 원)

자료: 한국농수산식품유통공사.

식품사의 실버푸드 전략

현대그린푸드	정부 공인 고령친화우수식품 집중
풀무원	'#풀무원' 통해 정기구독 서비스 제공
CJ프레시웨이	고령자 특화 브랜드 제조·유통
대상웰라이프	당뇨 환자·고령층 영양 식품 집중

베이비붐 세대의 본격적인 은퇴가 시작되어 고령층 인구가 빠르게 늘고 이들을 대상으로 한 '실버푸드' 시장이 성장하자 식품업체들이 소화·흡수가 쉽거나 노인에 적합한 영양분을 고려한 상품 등을 확충하고 생산시설도 늘리고 있다. 식품업체들은 2025년 3조 원, 2030년 5조 원 등으로 성장할 것으로 보이는 실버푸드 시장에서 내수 부진의 탈출구를 찾고 성장동력을 발굴하려는 전략이다.

자료: 매일경제(2025. 11. 5.).

웰빙 라이프스타일(well-being lifestyle)과 로하스(Lifestyle of Health and Sustainability, LOHAS) 트렌드에 따른 슬로푸드(slow food), 로컬푸드(local food), 친환경 농수산물 소비의 증가도 전 연령과 소득층으로 확산되고 있다. 로하스족은 식품의 생산부터 소비까지 나타나는 일련의 과정에서 에너지와 자원 사용을 줄이고 온실가스 및 오염물질의 배출을 최소화하는 녹색 식생활을 추구하고 있다. 최근 환경에 대해 관심이 많아진 1030세대를 중심으로 채식인구도 점차 늘고 있다. 과거 40, 50대 이상에서 건강상의 이유로 채식을 하였지만 이제는 환경 문제와 동물 보호에 대한 가치관에 기반하여 채식주의를 선택하는 젊은 세대가 늘어났다. 채식에 대한 인식이 바뀌면서 비건 레스토랑이 아니어도 채식 메뉴를 적극 도입하여 선택권을 넓히고 있고, 식품업계에서는 새로운 채식 수요에 대응하기 위한 상품과 서비스를 개발하고 있다.

3) 기술적 환경

외식산업과 정보통신기술(ICT)이 접목된 **푸드테크(foodtech)** 산업의 활성화는 외식업체

영국의 Moley Robotics가 개발한 AI 기반 첨단 주방 시스템. 인공지능, 로봇공학, 센서 기술을 결합해 사람의 손동작을 그대로 재현하는 양팔 로봇을 개발했으며, 요리를 자동으로 수행하는 미래형 주방 솔루션을 선도하고 있다.

자료: Moley Robotics 홈페이지.

운영 전반의 변화를 주도하고 있다. 배달앱 사용과 키오스크 보급뿐만 아니라 3D 프린터로 만드는 요리, 로봇 셰프의 등장, 빅데이터와 인공지능을 활용한 마케팅, 푸드 업사이클링 및 친환경 포장 등 푸드테크는 날로 진화하고 있다.

기술의 발전으로 산업 간의 영역이나 경계도 점차 사라지고 있다. 제약·바이오 등 타 산업과의 융·복합을 통하여 식품·외식산업의 영역이 확대되고 있는 것이다. 네슬레, CJ와 같은 기업들은 기능성 식품, 제약, 화학 등으로 사업을 확장하고 듀퐁, 몬산토, 다우케미컬 같은 다른 산업에 종사하던 기업이 식품산업으로 진입하는 등 산업의 융·복합이 가속화되고 있다.

식품 제조업체들은 생산 사이클에서의 식량 낭비 감소를 위해 소포장, 지능형 스마트포장, 무균 포장 같은 혁신적 기술을 사용하고 있다. 포장기술의 발달은 친환경 및 편의성을 강조하는 소비행태를 지닌 소비자에게 만족감을 제공함과 동시에 점포관리 및 메뉴관리를 획기적으로 변화시켰다. 분자요리(molecular gastronomy), 수비드(sousvide, 저온조리), 초고압기술 등 조리기술 발달은 웰빙 트렌드 및 미식을 추구하는 소비자들의 욕구를 충족시키고 있다. 식품가공 기술이 발달하면서 **밀키트(meal kit)**, **레스토랑 간편식(Restaurant**

자료: 메디쏠라 홈페이지.

Meal Replacement, RMR) 등 간편식 제품이 다양한 형태로 출시되고 있다. 간편식 제품들은 레스토랑 메뉴 수준의 고품질 제품의 일상식으로 전환될 것으로 전망되고 있다.

메디쏠라는 의료진, 임상 영양전문가, 식품전문가, AI전문가가 함께 실증을 기반으로 최적의 영양 솔루션을 식단형 식품으로 제안하는 국내 대표 푸드케어 기업이다. 향후 AI 기반 식단 설계 알고리즘 고도화, 데이터 기반 식품소재 발굴, 디지털 식단 처방 기술 개발 등 디지털 헬스케어 영역으로 사업을 확장할 계획이다.

IT 기술의 발달은 외식업체의 주문 방식 및 마케팅 활동을 이전과는 다른 방식으로 전환시키고 있다. 최근에는 온라인·모바일 주문서비스, 프로슈머 마케팅(prosumer marketing) 등이 많이 이루어지며, SNS(Social Network Service)의 발달에 따라 이를 도입·활용하는 것이 보편화되었다. 팬데믹 이후 비대면, 온라인 중심의 소비방식 변화는 페이스북(Facebook), 인스타그램(Instagram), 유튜브(YouTube) 등 소셜미디어 플랫폼을 통한 디지털 소통을 활성화시키고 있다.

4) 법적·제도적 환경

법률의 제정 및 개정, 규제의 완화 및 강화 등의 법적·제도적 환경 변화는 외식업의 창업 및 영업에 직접적인 영향을 준다. 법과 제도는 기업의 활동에 적용되는 기준이나 규칙이 되며, 이에 따라 경영의 방식과 범위가 달라질 수 있다. 외식업 경영에 영향을 주는 법령으로는 「식품위생법」, 「식품안전기본법」, 「외식산업진흥법」, 「식품산업진흥법」, 「농수산물의 원산지 표시에 관한 법률」, 「유통산업발전법」 등이 있으며 영양표시제도, 동반성장위원회의 골목상권보호를 위한 중소기업적합업종 지정 등 외식업과 관련된 제도나 규제 등이 사회적인 이슈가 되면서 외식업 운영에 많은 변화가 생겨나고 있다.

외식산업 진흥의 기반을 조성하고 한식의 경쟁력 강화를 위해 외식산업 정책을 규정해 놓은 **「외식산업진흥법」**은 2011년에 제정되었다. 국제교류 및 해외시장 진출 지원, 외식상품 표준화 추진, 외식산업 전문인력의 양성, 연구 개발 사업의 추진 등 다양한 방면으로의 접근을 시도하고 있다.

식품·외식 경쟁력의 강화와 식문화 홍보 및 확산을 통한 한식의 세계화는 수출 증대, 고

음식점 원산지 표시제, 배달음식 확대 시행

통신판매를 통한 비대면 식품 소비가 급증함에 따라 배달음식에도 원산지를 의무적으로 표시하도록 「농수산물의 원산지 표시에 관한 법률」이 개정되었다(2020년 7월 시행). 일반음식점, 휴게음식점, 위탁급식영업, 집단급식소의 원산지 표시 의무화에 이어 온라인이나 배달앱을 통해 판매되는 음식에도 원산지 표시가 의무화된 것이다. 포장재에 표시하기 어려운 경우라면 전단, 스티커, 영수증 등에 원산지를 적어야 한다. 표시대상 품목은 쌀, 콩, 배추김치 등 농산물 3종, 소, 돼지, 닭 등 축산물 6종, 넙치, 낙지, 명태 등 수산물 15종 등이다. 원산지를 거짓으로 표시하면 7년 이하의 징역 또는 1억 원 이하의 벌금을 부과한다. 원산지를 표시하지 않거나 잘못 표시한 경우에는 1,000만 원 이하의 과태료가 부과된다.

자료: 법제처 홈페이지.

환경부·음식점·배달플랫폼, 포장·배달용 플라스틱 10% 감축 협약

환경부와 한국외식업중앙회 등 요식업 관련 단체, 배달플랫폼 등은 일회용 플라스틱 사용량을 줄이기 위한 자발적 협약을 체결하였다. 플라스틱 포장·배달 용기 폐기물량은 2020년 기준 14만 6,000여 t으로 가정에서 나오는 생활폐기물의 5%를 차지한다. 정부는 배달음식 분야 다회용기 보급을 위한 예산을 올해 89억 원에서 내년에 100억 원으로 증액하는 등 일회용품 감축에 힘쓸 예정이다.

자료: 연합뉴스TV(2024. 9. 27.).

'음식점 특화거리'를 골목형 상점가로 지정 육성

중소벤처기업부는 소상공인이 2,000m^2 이내에 30개 이상 밀집한 구역을 지방자치단체가 골목형 상점가로 지정할 수 있도록 「전통시장 및 상점가 육성을 위한 특별법」을 마련하였다. 이에 따라 음식점 밀집지역도 전통시장법에서 지원대상이 되는 골목형 상점가로 인정받게 되었다(2020년 8월 시행). 음식점 특화거리를 골목형 상점가로 지정하면 지자체의 홍보·마케팅 지원, 주차장 건립, 온누리 상품권 취급 등의 지원이 가능해진다.

자료: 식품저널 foodnews(2020. 5. 15.).

용 창출 등의 경제적 효과뿐만 아니라 식자재산업, 관광산업, 문화산업 등 연계 산업의 동반 성장이 가능하고 이는 국가 브랜드의 경쟁력 강화에 기여하고 있다. 한식 세계화의 주요 정책으로는 한식 세계화 콘텐츠 개발 및 보급, 한식 우수성·기능성 규명 연구, 스타 셰프 등의 전문인력 양성, 한식 문화 홍보, 해외 우수 한식당 추천제 및 한식 현지화 지원사업 등을 통한 한식당 경쟁력 강화 등이 있다.

세계적으로 대처해야 할 기후 변화, 환경오염 등의 문제 또한 외식산업의 법적·제도적 환경과 밀접하게 연관되어 있다. 유럽연합, 미국, 일본에서는 재활용 의무 및 유해물질 사용금지 규정을 강화하고 있으며, 국내에서도 생산자책임재활용제도(Extended Producer Responsibility, EPR) 시행에 따라 제품이나 포장재 폐기물 재활용을 의무화하고 일회용품 사용을 규제하고 있다.

STEP 1
활동 사례
ACTIVITY

버리는 식품 부산물의 재활용 '푸드 업사이클링(Food Upcycling)'

최근 온난화를 동반하는 기후변화가 심화되면서 환경보호의 중요성이 날로 커지고 있다. 환경을 보전하는 방법 가운데 대표적인 것이 있는데, 바로 '업사이클링(upcycling)'이라는 개념이다. 업사이클링은 '업그레이드'와 '리사이클링'의 합성어다. 버려지는 폐기물을 가치 상향식 재활용을 통해 기존보다 더 좋은 품질, 더 높은 수준의 제품으로 재탄생시키는 것을 말한다. 버려지는 제품을 단순히 재활용하는 데에만 그치는 것이 아니라 가치를 높인 제품으로 탈바꿈시키는 데에 업사이클링의 핵심이 있다.

전 세계적으로 푸드 업사이클링은 지속적인 성장세를 보이며 푸드테크의 한 축으로 자리 잡고 있다. 한국농수산식품유통공사(aT)에 따르면 지난해 551억 2,000만 달러였던 글로벌 푸드 업사이클링 시장 규모는 2033년엔 859억 500만 달러까지 55.9% 성장할 것으로 예측됐다. 이러한 성장세에 식품, 외식, 유통업체들은 ESG(환경, 사회, 지배구조)를 위해 앞다투어 업사이클링 식품을 선

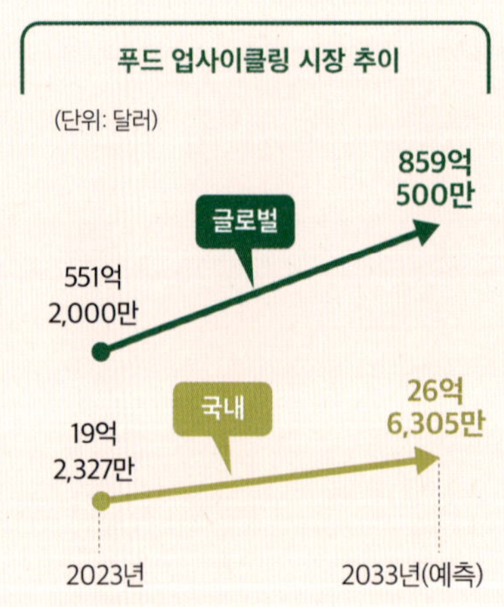

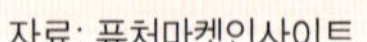
자료: 퓨처마켓인사이트.

깨진 쌀, 콩비지 등 식품부산물을 30% 함유, 재활용 페트병 포장재를 사용한 업사이클링 스낵

보이고 있다. 업사이클 식품의 원재료로는 맥주를 만들고 나온 보리 부산물이나 각종 곡물, 과일, 채소 및 생선 껍질 등이 있다. 국내에는 맥주, 식혜 부산물로 만든 에너지바와 병아리콩 껍질을 활용한 스낵과 같은 예가 있다. 국외에는 맥주 부산물을 활용한 쿠키 반죽, 닭고기와 맥주 및 채소 부산물로 만든 고단백 스낵 등이 있다. 단백질 파우더, 건강주스, 건조 과자 등도 업사이클링 방식으로 만들어진다. 푸드 업사이클링은 푸드테크의 주요 과제인 환경 문제를 해결해준다는 점에서 푸드테크의 핵심영역으로 성장세가 기대되는 분야라 전망된다.

자료: 동아일보(2024. 11. 8.), 경향신문(2024. 6. 9.) 재구성.

1. 푸드 업사이클링 식품의 주된 장점은 무엇인가?
2. 푸드 업사이클링 식품의 다양한 사례를 찾아보고, 소비자의 선택을 받는 업사이클링 식품의 핵심 요건에 대해 생각해보자.

STEP 2
연습 문제
REVIEW

1. 외식, 내식, 중식의 개념을 설명하고 각각을 구분하는 요소를 바탕으로 정의해보자.
2. 외식사업, 외식상품, 외식산업을 정의해보자.
3. 한국표준산업분류와 「식품위생법 시행령」에 의한 외식산업 분류를 비교해보자.
4. 국내 외식산업의 성장 과정을 사회·경제적 요인과 연결지어 서술해보자.
5. 외식산업경기동향지수가 게재되는 홈페이지를 방문하여 최근 3개월간의 외식경기전망을 알아보자.
6. 외식산업을 둘러싼 환경 요소를 나열하고, 이러한 환경이 외식산업에 어떠한 영향을 미치는지 설명해보자.
7. 외식업 경영주가 알아야 할 각종 법규와 내용을 조사해보자.
8. 기술적 환경이 외식산업에 영향을 미친 사례를 조사해보자.

STEP 3
용어 정리
KEYWORD

- **외식(外食)** 좁은 의미로는 가정에서 음식을 마련하지 않고 음식점 등에서 음식을 사서 먹는 형태를 말하지만 넓은 의미로는 가정 외에서 조리된 음식으로 가정 내에서 식사를 해결하는 중식을 포함
- **내식(內食)** 가정 내 구성원이 식재료를 구매하여 가정에서 음식을 조리하여 먹는 형태
- **중식(中食)** 가정 외에서 조리된 음식을 구입(테이크아웃, 주문 배달 등)하여 가정에서 먹는 외식과 내식의 중간 형태
- **외식사업** 고객에게 외식상품을 판매하는 사업으로 외식산업과 관련된 경제활동
- **외식상품** 외식을 위해 판매가 가능하도록 생산한 제품 및 외식과 관련된 서비스, 교육·훈련, 운영체계, 상표·서비스표
- **외식산업** 「외식산업진흥법」에 의하면 '외식상품의 기획·개발·생산·유통·소비·수출·수입·가맹사업 및 이에 관련된 서비스를 행하는 산업'으로 정의되며, 미국레스토랑협회에 의하면 '가정 외에서 조리된 모든 음식의 제공과 관련된 산업'으로 규정
- **외식산업 분류** 한국표준산업분류에서는 중분류 음식점 및 주점업에 속하는데 이 중에서도 음식점업으로 일반음식점업, 기관 구내식당업, 출장 및 이동음식업, 기타 음식점업으로 구분하고 있음. 「식품위생법」에 의하면 식품접객업에 해당되며 음식점과 주점으로 구분
- **외식산업의 환경** 경제적 환경, 사회·문화적 환경, 기술적 환경, 법적·제도적 환경 등 다양한 환경 요소의 영향을 받음

Restaurant Management:

A Strategic and Practical Approach

CHAPTER

02

외식사업의 특성과 트렌드

국내 및 글로벌 경제·사회·문화적 환경의 변화로 산업계는 빠르게 변화하고 있다. 최근에 가속화된 테크놀로지의 발달은 산업계의 혁신을 불러일으켰고, 소비자의 욕구를 충족시키는 데 큰 몫을 했다. 푸드서비스 마켓을 정확하게 이해하려면 외식환경의 변화와 소비 트렌드의 변화 흐름을 파악하여야 한다. 본 장에서는 외식사업의 특성과 유형에 대해 설명하고, 외식업의 국내외 최신 트렌드에 대해 살펴보고자 한다.

K-푸드 세계화 사례

K-푸드는 한류 확산을 배경으로 수출과 외식 산업을 중심으로 글로벌 식품 산업에서 영향력을 확대하고 있다. 정부의 수출 지원 정책과 민간 기업의 적극적인 해외 진출, 그리고 현지화 전략을 기반으로 K-푸드는 세계 각국에서 경쟁력을 확대하고 있으며, 이는 외식산업 구조 변화와 글로벌 소비 트렌드를 동시에 반영하는 대표적인 사례라 할 수 있다.

2025년 10월 기준, K-푸드 플러스(K-Food+) 수출액은 112.4억 달러로 전년 대비 5.7% 증가하였다. 특히 중동(GCC, 20.4%), 유럽연합(EU+영국, 14.8%), 북미(13.9%) 지역에서 높은 성장률을 기록하며, 한국 식품이 특정 국가나 문화권에 국한되지 않고 글로벌 시장 전반으로 확산되고 있음을 보여준다. 이러한 수출 증가는 단순한 식품 판매 확대가 아니라, 한국 음식에 대한 인식 변화와 소비자층 확대의 결과로 해석할 수 있다.

수출 품목 또한 가공식품을 중심으로 빠르게 다양화되고 있다.

7~10월 주요 품목별 수출 실적을 보면 라면(523.7백만 달러, +21.7%), 커피조제품(+21.3%), 조제품 기타(건강기능식품 등, +13.6%) 등이 두드러진 성장세를 보였으며, 김치, 아이스크림, 과일류 역시 안정적인 수요를 확보하고 있다.

뉴욕 로어 이스트 사이드의 'Kisa(기사식당)'
자료: https://lh3.googleusercontent.com

외식 분야에서도 K-푸드의 세계화가 구체적인 형태로 나타나고 있다. 돼지곰탕 전문점 '옥동식'은 뉴욕에서의 성공을 바탕으로 2025년 프랑스 파리에 진출하며 한국식 국물 요리를 유럽 외식 시장에 소개하였다. 이 과정에서 한국의 조리 방식과 맛의 정체성은 유지하되, 현지 식재료를 적극 활용하는 전략을 통해 진입 장벽을 낮췄다. 이는 전통 한식이 고급 외식 콘텐츠로 재해석되며 세계 시장에서 수용될 수 있음을 보여주는 사례이다.

프랑스 파리의 '옥동식'
자료: https://lh3.googleusercontent.com

한식의 일상식 문화 역시 해외 시장에서 새로운 형태로 수용되고 있다. 뉴욕 맨해튼에 문을 연 한국식 기사식당 'Kisa'는 제철 반찬 중심의 백반 메뉴와 합리적인 가격을 앞세워 현지 소비자들에게 새로운 한식 경험을 제공하고 있다. 1980년대 한국 기사식당 문화를 현대적으로 재해석한 이 사례는, 한식이 고급화 전략뿐만 아니라 일상식 문화로도 글로벌 시장에 안착할 수 있음을 보여준다.

프랜차이즈 분야에서는 K-치킨과 K-베이커리, K-커피 브랜드가 K-푸드 세계화를 주도하고 있다. BBQ, bhc, 교촌 등 K-치킨 브랜드는 미국과 동남아를 중심으로 빠르게 매장을 확대하며, 합리적인 가격과 현지화된 메뉴 전략을 통해 글로벌 외식 시장에서 입지를 강화하고 있다. 파리바게뜨와 뚜레쥬르 역시 한인 상권을 넘어 북미·유럽 시장으로 확장되며 프리미엄 이미지와 대중성을 동시에 확보하고 있다. 커피 분야에서는 가격 경쟁력을 갖춘 컴포즈커피, 메가커피, 이디야커피 등 카페 브랜드들이 동남아 시장을 중심으로 해외 진출을 확대하고 있다.

베트남 호찌민시의 '파리바게뜨 카오 탕(Cao Thang)점'
자료: 머니투데이.

이와 함께 가공식품 분야에서는 국내 식품기업들이 글로벌 공급망 구축에 적극적으로 나서고 있다. CJ제일제당, 삼양식품, 농심 등 식품기업들이 해외 생산기지 확대와 수출 전용 공장 운영을 통해 글로벌 공급망을 강화하고 있다. K-간편식은 전 세계적인 K-컬처 확산, 외식보다 내식을 선호하는 소비 트렌드, 그리고 현지 유통망 확보를 기반으로 지속적인 성장세를 보이고 있다.

1. 외식사업의 특성과 유형

1) 외식사업의 특성

(1) 사람 중심

외식사업은 고객, 종사원, 경영진의 상호작용이 중요한 **사람(people) 중심**의 사업이다. 또한 식음료의 생산·조리와 인적 서비스 제공 등 인적자원의 활용도가 높고, 생산자동화의 한계성을 가진 노동집약적 사업이다. 고객과 종사원의 대면 접촉을 통해 고객의 욕구 및 선호를 파악하고 기대 수준을 충족시킴으로써 고객가치를 창출해야 하는 고객지향적 사업이기도 하다.

경영주의 고객 중심 경영철학은 조직문화를 좌우하며 내부 종사원들의 고객지향적 서비스 마인드를 고취시키고, 동기 부여를 이끌어낸다. 종사원에 대한 서비스 역량 강화 훈련 및 지원, 효과적 보상은 내부 서비스 품질 수준 및 생산성을 향상시켜 고객만족을 유도하고 충성고객을 확보하게 하며, 기업의 긍정적인 경영 성과로 연계된다.

(2) 서비스 지향성

외식사업은 유형의 상품(음식)과 무형의 서비스가 결합된 형태로 서비스업의 특성을 그대로 지닌다. 서비스는 기본적으로 무형성(intangibility), 비분리성 (inseparability), 이질성(heterogeneity), 저장불능성(perishability)이라는 4가지 특성이 있다.

서비스 무형성이란 실체가 없기 때문에 구매 전에 보거나 만질 수 없다는 것을 의미한다. 외식 고객은 서비스를 받기 이전에는 그 가치를 파악하기 어렵다.

외식서비스는 서비스 종사원에 의해 제공됨과 동시에 고객에 의해 소비되는데, 이를 **서비스 비분리성**이라 한다. 고객과 접촉하는 서비스 종사원의 능력, 친절도뿐만 아니라 서비스 생산과정에 직접 참여하는 고객의 역할도 서비스의 종합적 평가에 영향을 미치게 된다.

서비스 품질은 누가, 언제, 어디서, 어떻게 서비스를 제공하느냐에 따라 달라지는데, 이러한 **서비스 이질성**으로 인해 서비스 품질 통제가 어렵게 된다. 레스토랑에서 점심때 팔지 못한 좌석은 저녁에 사용하기 위해 저장할 수 없는데 이는 **서비스 저장불능성**에 의한 것으로 예약한 고객이 나타나지 않으면 그 좌석의 가치는 사라지게 된다.

이러한 서비스의 4가지 특성에 따른 대응 전략은 8장에서 자세히 다루도록 한다.

(3) 입지 의존성

외식사업은 점포의 위치가 사업의 성패를 좌우할 만큼 입지 의존성이 높다. 따라서 동일한 상호라 해도 입지에 따라 매출에 차이가 난다. 일단 입지가 정해지고 나면 많은 고정자본이 투입되어 변경이 어려우므로 체계적인 환경 및 상권 분석에 기초한 점포의 입지 선정이 요구된다.

(4) 높은 경쟁강도와 낮은 진입장벽

외식사업이 기업화되면서 대기업의 진출이 늘고 있지만 여전히 생계형 자영업이 주를 이루고 있다. 외식사업은 창업에 특별한 자격요건이 필요하지 않고 진입장벽이 낮아 폐업과 재창업이 빈번하게 일어난다. 경제적인 문제뿐만 아니라 과잉 창업, 경영 노하우 부족으로 창업한 지 3~5년 내에 폐업하는 비율이 높다.

국내 외식업체 수는 매년 늘어나고 있으며 전체 매출은 증가하는 추세지만, 점포당 매출은 크게 줄고 있다. 이러한 상황이 수년간 지속된다면 일본의 경우처럼 업체 수가 줄어들면서 전체 외식업계의 매출이 함께 하락하는 상황이 올 것으로 보인다.

2) 외식사업의 유형

외식사업의 유형은 서비스 제공 방식 및 수준에 따라 크게 풀 서비스(full service) 레스토랑과 제한된 서비스(limited service) 레스토랑으로 구분되며, 객단가, 제공 메뉴 등에 따라 세분화된다. 풀 서비스 레스토랑에는 파인 다이닝, 캐주얼 다이닝 등이 있으며, 제한된 서비스 레스토랑에는 패스트 캐주얼, 패스트푸드, 테이크아웃·드라이브 스루·배달식 서비스 등이 있다.

(1) 풀 서비스 레스토랑

풀 서비스 레스토랑(full service restaurant)이란 서비스 직원의 안내에 따라 테이블에 착석한 후 식음료를 주문하면 서비스 직원이 직접 테이블에 음식을 서빙하고, 식사 후 계산도 테이블에서 이루어지는 서비스 방식의 레스토랑이다. 다양한 메뉴와 알코올 음료를 제공하며, 테이크아웃 서비스가 이루어지기도 한다. 주문부터 식사, 정산까지 모든 서비스가 테이블에서 이루어지므로 테이블서비스 레스토랑이라 부르기도 한다.

① 파인 다이닝 레스토랑

파인 다이닝 레스토랑(fine dining restaurant)에서는 고급 식재료에 섬세한 데커레이션으로 구성된 특별 요리를 그에 걸맞는 인테리어와 분위기에서 숙련된 종사원들의 서비스를 받으며 즐길 수 있다. 가격이 비싼 편이며 고객에게도 테이블 매너를 지키는 것이 요구된다. 일반적으로 풀코스 요리와 와인 등 고급 정찬을 제공한다.

② 캐주얼 다이닝 레스토랑

캐주얼 다이닝 레스토랑(casual dining restaurant)은 파인 다이닝 레스토랑보다는 캐주얼한 분위기와 중간 수준 가격대(moderately price)의 다양한 메뉴와 테이블 서비스가 제공되는 레스토랑이다. 파인 다이닝 레스토랑과 달리 고객 복장에 대한 규제가 없으며, 테이블 매너도 엄격하지 않아 식사를 편하게 즐길 수 있다. 메뉴 품질, 가격, 분위기 등이 고급 레스토랑과 패스트푸드의 중간 수준이며, 다양한 알코올 음료와 한정된 와인 메뉴를 갖추고 있다.

국내에서 흔히 패밀리레스토랑으로 불리는 아웃백스테이크하우스(Outback Steakhouse), 빕스(VIPS), 애슐리(Ashley) 등은 캐주얼 다이닝 레스토랑에 속한다. 패밀리레스토랑은 커피, 음료 및 간단한 식사를 곁들여 판매하는 미국의 커피숍 스타일 레스토랑(커피전문점)이 발전된 형태로, 모든 연령대의 가족이 편하게 식사할 수 있기 때문에 패밀리레스토랑으로 불린다. 캐주얼 다이닝 레스토랑은 다양한 메뉴, 부담 없는 가격, 정형화된 풀 서비스, 편안한 분위기 등이 특징이다.

(2) 제한된 서비스 레스토랑

제한된 서비스 레스토랑(limited service restaurant)에서는 풀 서비스 레스토랑과 달리 고객이 직접 카운터에서 음식을 주문하고 테이블로 운반하며 식사한 후 남은 음식을 스스로 처리하는 등 제한적인 서비스가 이루어진다.

① 패스트 캐주얼 레스토랑

패스트 캐주얼 레스토랑(fast casual restaurant)은 패스트푸드와 캐주얼 다이닝 레스토랑의 중간 형태로, 캐주얼 다이닝 레스토랑 수준의 메뉴와 서비스를 패스트푸드 레스토랑과 유사한 가격대와 신속한 서비스로 제공한다. 패스트푸드와 캐주얼 다이닝의 장점을 동시에 갖춘 새로운 형태의 레스토랑으로 고품질의 식재료 사용, 주문 후 생산(made to order) 시스템, 다양한 건강식 제공, 셀프 서비스, 매장 내 식사 또는 테이크아웃 등이 특징이다.

② 패스트푸드 레스토랑

패스트푸드 레스토랑(fast food restaurant)은 신속한 서비스 제공을 특징으로 하며, 퀵서비스(quick service) 레스토랑이라고도 한다. 저렴한 객단가로 한정된 메뉴(주로 샌드위치, 햄버거, 치킨 등의 패스트푸드)를 고객이 직접 서비스카운터에서 주문 후 직접 테이블로 가져가 식사하는 셀프서비스 방식으로 서비스가 이루어지며, 테이크아웃 서비스도 함께 제공한다.

③ 테이크아웃, 드라이브 스루, 배달식

레스토랑에서의 식사와 같이 음식의 생산과 소비가 같은 장소에서 이루어지는 경우를 온-프리미스(on-premise)라고 하며, 생산은 주방에서 소비는 생산이 이루어진 곳이 아닌 고객이 원하는 장소 및 가정에서 이루어지는 형태를 오프-프리미스(off-premise)라고 한다. 오프-프리미스의 대표적인 형태로는 테이크아웃(take-out), 드라이브 스루(drive-through), 배달식(delivery)이 있다.

- **테이크아웃**은 고객이 주문한 메뉴를 레스토랑 안에서(eatingin)에서 먹는 것과 대비되는 개념으로, 가지고 다니면서 먹을 수 있도록 음식을 포장해서 판매하는 것으로 캐리아웃(carry-out) 혹은 투고(to-go) 서비스라고도 한다. 패스트푸드 레스토랑 및 커피 전문점에서 일반적으로 제공되는 서비스 방식이다. 저렴한 가격 및 편이성 등의 장점으로 최근에는 캐주얼 다이닝 레스토랑 등 풀 서비스 레스토랑에서도 테이크아웃 서비스를 제공하고 있다.
- **드라이브 스루**는 차에 탄 채 음식을 주문하고 테이크아웃 서비스를 제공받는 것으로 맥도날드의 맥드라이브, 스타벅스의 드라이브 스루 등이 있다.

- **배달식**은 오프-프리미스 서비스의 가장 대표적인 형태로 전화, 인터넷, 모바일 등을 이용하여 음식을 주문하면 원하는 장소로 배달해주는 서비스이다. 이는 편리함을 추구하는 소비 패턴에 따라 더욱 확장되는 추세이다.

2. 외식 트렌드

외식산업은 코로나19 팬데믹 이후 **뉴노멀(New Normal)** 시대를 거쳐, 몇 년이 지나면서 또 다른 변화를 겪고 있다. 최근 트렌드는 외식테크, 수요 양극화, 사업다각화, 디지털 전환, 경험 중심 차별화, 건강시향 소비, 간편식의 고급화로 요약된다. 외식테크는 ICT·AI·로봇·데이터 기술을 주문·조리·결제·운영 전반에 적용하여 인력난과 비대면 소비 확대에 대응하는 산업의 새로운 표준으로 자리 잡고 있다. 특히 주문·결제 자동화와 데이터 기반 경영은 운영 효율성과 서비스 일관성을 높이며 외식업을 기술 기반 산업으로 전환시키고 있다. 다만 기업 규모에 따른 디지털 활용 격차는 향후 외식산업 구조 변화의 중요한 변수로 작용할 가능성이 있다.

시장 측면에서는 가성비와 경험 중심 프리미엄 소비가 동시에 확대되며 수요가 양극화되고, 경쟁력을 갖춘 상위 기업으로 고객이 집중되는 승자독식 구조가 강화되고 있다. 이에 따라 외식기업은 명확한 포지셔닝을 기반으로 운영 효율화 또는 차별화된 경험 설계를 추진해야 한다. 동시에 제품·채널 확장을 통한 사업다각화는 수익 안정성과 환경 변화 대응력을 높이는 전략으로 부상하고 있다. 한편 소비자는 건강을 일상적 식사 기준으로 인식하고 있으며, 간편식은 편의 중심 대체식에서 품질과 영양을 갖춘 일상식으로 발전하고 있다. 결과적으로 외식산업은 기술, 경험, 건강, 효율성을 중심으로 구조적 전환을 지속하고 있다.

1) 외식테크

외식테크(foodservice technology)란 외식산업(foodservice industry)에 정보통신기술(ICT), 인공지능(AI), 로봇, 빅데이터 등 첨단 기술이 결합된 형태를 의미한다. 이는 단순한 기계화나 자동화를 넘어, 주문·조리·서빙·결제·고객 관리 등 외식업 전반에 기술 접목을 포괄하는 개념이다. 외식테크는 외식산업의 효율성을 높이는 동시에, 소비자 경험을 재구성하고 있다.

외식테크의 확산 배경에는 인건비 상승과 인력난이라는 현실적인 과제가 있다. 특히 외식업은 노동집약적 산업으로, 숙련 인력에 대한 의존도가 높아 인건비 부담이 높으며, 최근 인력난은 외식업의 운영을 더욱 힘들게 하고 있다. 한편 코로나19 팬데믹을 계기로 소비자들의 비대면 소비가 일상화되면서, 외식업계 역시 운영 방식의 전환을 요구받으며 외식테크는 선택이 아닌 생존 전략으로 부상하고 있다.

외식테크는 적용 영역에 따라 주문·결제 기술, 주방 자동화 기술, 데이터 기반 운영 관리 기술 등으로 구분할 수 있다. 키오스크와 모바일 주문 시스템은 대표적인 주문·결제 기술로, 고객 대면 시간을 줄여 인건비 감축에 기여하고 있다. 또한 매장 내 인력은 주문 응대 및 결제에서 벗어나 음식 품질 관리나 고객 서비스에 보다 집중할 수 있게 되었으며, 이는 전반적인 서비스 효율 개선으로 이어질 수 있다.

주방에서도 외식테크의 도입이 빠르게 진행되고 있다. 자동 튀김기, 스마트 오븐, 조리

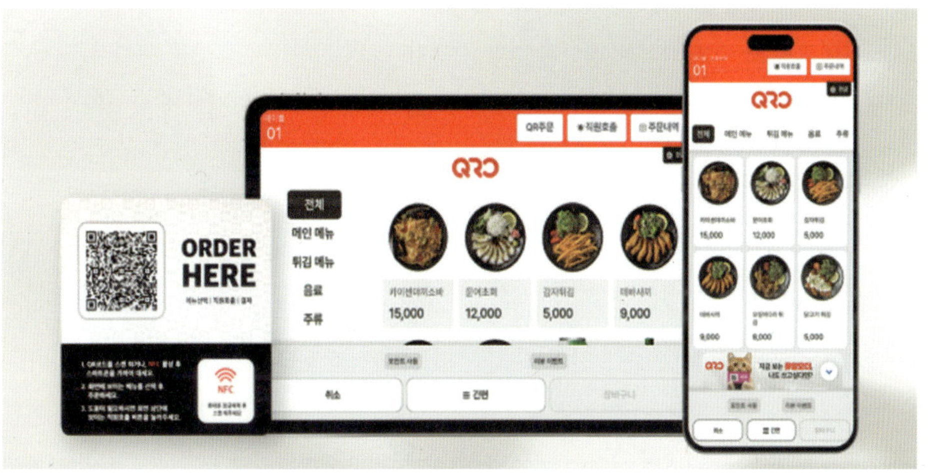

프랜차이즈 매장 운영 효율을 높여주는 AI 마케팅 솔루션 결합 테이블오더 서비스 '큐로(QRO)'
올해 3월 기준, 지난 6개월간 서울 소재 매장 대상 시범 운영 결과, 도입 이전 대비 고객 재방문율 32% 상승.
QR코드를 통해 대기, 주문, 결제, 리뷰 작성 등 매장 이용의 전 과정을 간편하게 처리 가능
자료: 시사저널e.

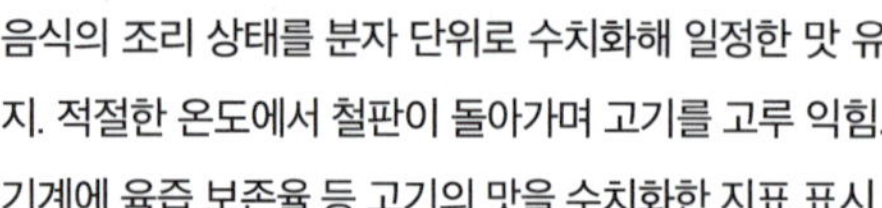

음식의 조리 상태를 분자 단위로 수치화해 일정한 맛 유지. 적절한 온도에서 철판이 돌아가며 고기를 고루 익힘. 기계에 육즙 보존율 등 고기의 맛을 수치화한 지표 표시

논공휴게소에 조리로봇 5대 도입. 돈가스, 우동, 라면 등 5가지 넘게 조리 가능. 24시간 푸드코트 운영 가능

자료: 동아일보, 연합뉴스.

공정 표준화 장비 등은 인력의 숙련도에 따른 품질 편차를 줄이고, 조리 효율화에 기여한다. 특히 프랜차이즈 외식업체에서는 조리 자동화 기술을 통해 메뉴의 일관성을 확보하고, 신규 인력의 교육 부담을 완화하는 효과를 얻고 있다.

외식테크의 또 다른 핵심은 데이터 기반 경영이다. POS 시스템과 주문 데이터, 고객 이용 패턴이 데이터로 축적되면서 매출을 예측하고, 재고 관리와 메뉴 개발에 활용되고 있다. 소비자의 주문 시간대, 선호 메뉴, 재구매 빈도 등을 분석하여 외식업체가 보다 정교한 마케팅 전략을 수립하는 데 중요한 자료로도 활용된다.

글로벌 외식산업에서도 외식테크는 주요 흐름으로 자리 잡았다. 로봇 서빙, 무인 매장, AI 기반 주문 시스템이 빠르게 도입되고 있다, '사람 중심 산업'으로 인식되던 외식업은 기술을 매개로 새로운 형태의 서비스 산업으로 재편되며 외식업의 구조 변화를 가져오고 있다.

향후 외식테크는 위생·안전 관리 영역에서도 그 중요성이 더욱 커질 것으로 예상된다. 조리 공정의 자동화, 비대면 서비스 등 식품 안전에 대한 소비자의 요구를 충족시키는 동시에 외식업체의 신뢰도를 높이는 수단이 될 수 있다. 외식테크는 일시적 유행이 아닌, 외식산업의 새로운 표준(new normal)으로 자리 잡을 가능성이 크다.

2) 수요 양극화

최근 외식시장은 소비가 저가(가성비)와 프리미엄(가심비·경험) 양쪽으로 이동하며 양극화가 뚜렷해지고 있다. 고물가로 인해 일상 소비에서는 '가능한 한 저렴하게'를 추구하는 경향이 강화되는 반면, 특정 상황(주말·기념일·여가)에서는 '비싸더라도 특별한 만족'을 선택하는 수요도 함께 확대된다. 이 과정에서 표준화·규모의 경제·브랜드 자산·플랫폼 노출 경쟁력을 갖춘 상위 사업자에게 고객과 이익이 집중되는 승자독식 구조도 강화된다.

(1) 저가 축의 확대: '가성비'의 일상화

양극화의 저가 축은 저가 커피, 편의점 커피, 초저가 점심 사례에서 대표적으로 나타난다. 저가 커피 브랜드는 소형 매장·단순 메뉴·고회전 운영을 통해 가격 경쟁력을 확보하며 빠르게 확장해 왔다. 또한 커피 프랜차이즈의 가격 인상 국면에서는 편의점 커피처럼 '가성비'를 앞세운 대안 채널의 수요가 증가하는 모습이 관찰된다.

점심 물가 부담이 커지는 상황에서는 이른바 '런치플레이션'이 나타나며, 학생·직장인 중심으로 초저가 점심 상품이 주목받는다. 특정 편의점의 초저가 김밥 상품이 단기간에 높은 판매량을 기록한 사례는, 고물가 환경에서 '저가 한 끼'가 강력한 유입(traffic) 상품으로 작동할 수 있음을 보여준다.

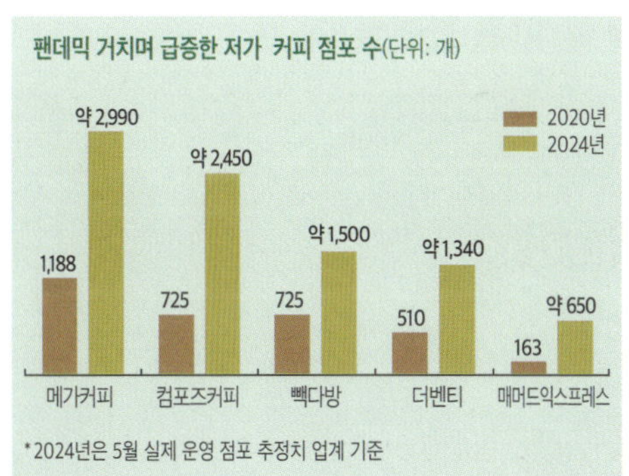

저가 커피 브랜드 확산과 시장 재편

자료: 매일경제.

런치플레이션 속 초저가 점심 상품의 등장

자료: 뉴스1.

(2) 프리미엄 축의 성장: '가심비·경험'의 강화

양극화의 다른 축은 **프리미엄**(차별화된 맛·공간·브랜드 경험)이다. '비싸더라도 특별한 만족'을 추구하는 수요는 프리미엄 버거, 디저트, 체험형 매장 등에서 뚜렷하며, 일부 브랜드는 높은 가격에도 불구하고 강한 대기 수요와 화제성을 바탕으로 빠르게 존재감을 확대했다.

또한 프리미엄 전략은 반드시 '고가'만을 의미하지 않는다. 예를 들어, 런치 세트나 합리적 가격의 뷔페(1~2만 원대 구성)처럼, 소비자가 체감하는 가치(맛·구성·경험)를 높이면서도 가격 부담을 낮춘 '가성비 프리미엄' 포맷이 확산되는 점은 주목할 만하다. 이는 양극화 국면에서 프리미엄이 '대중화된 방식'으로 구현될 수 있음을 시사한다.

(3) 승자독식의 확장: PB 강화와 외주·공급망 집중

승자독식은 브랜드 매출 쏠림뿐만 아니라 유통·공급망에서도 나타난다. 주요 편의점들이 PB 상품 중심으로 초저가 정책을 강화하고, PB 매출 비중이 꾸준히 확대되는 흐름은 유통사의 기획력과 가격 통제력을 강화시키는 요인이다. PB가 강해질수록 제조·납품 구조 또한 상위 사업자 중심으로 재편될 가능성이 커진다.

한편 외식업의 표준화·속도 경쟁은 외주(outsourcing) 확대와 맞물린다. 소스·반가공

고물가엔 '가성비'가 우선…편의점 'PB 확대'로 정면돌파

주요 편의점 PB 매출 비중 확대…커피도 '편의점 PB'
PB 상품 확대 통해 고객 확보…PB 가격 인하 사례도

문창석 기자
업데이트 2025.03.05 오전 09:43

유통업의 승자독식: PB 확대와 초저가 전략

자료: 뉴스1.

품 등 핵심 원부자재를 전문 공급사가 생산하고, 외식기업은 생산비용을 낮추는 동시에 브랜드 기획·마케팅에 집중하는 구조가 확산되고 있다. 다만 외주·공급망이 특정 기업에 과도하게 집중될 경우, 가격·수급 변동이나 품질 이슈에 대한 리스크도 커질 수 있으므로 관리가 필요하다.

(4) 시사점: '포지셔닝 선명화'와 '구조 설계'

양극화·승자독식 트렌드에서 외식기업의 핵심 과제는 중간지대에서의 모호한 운영을 줄이고, 포지셔닝을 선명하게 설계하는 것이다.

- **저가 전략(가성비)**: 메뉴·공정 단순화, 회전율 관리, 원가·폐기율 통제, 소형 매장/테이크아웃 최적화 등 운영 효율이 성패를 좌우한다.
- **프리미엄 전략(가심비)**: 시그니처 메뉴, 스토리·공간·서비스의 일관성, 한정·콜라보·경험 설계를 통해 "비싸도 선택받는 이유"를 구축해야 한다.
- **승자독식 대응**: 플랫폼·PB·외주가 확대될수록 단일 채널/단일 공급망 의존을 점검하고, 대체 가능성(복수 공급처, 자체 채널 강화, 핵심 품목 내재화 등)을 확보하는 것이 중요하다.

3) 사업다각화

사업다각화는 기존의 핵심 사업을 기반으로 새로운 제품, 서비스, 유통 채널 또는 수익원을 확장하는 전략을 의미한다. 외식산업에서의 사업다각화는 외식업의 경계를 확장하고 위험을 분산시키는 경영 전략으로 자리 잡고 있다. 이는 외식업이 계절성, 유행, 경기 변동, 감염병 등 외부 환경 변화에 특히 취약한 산업이라는 점과 밀접한 관련이 있다.

외식산업에서 나타나는 대표적인 사업다각화 형태 중 하나는 제품 다각화이다. 이는 외식 메뉴를 가정용 간편식(HMR), 밀키트, 소스, 냉동식품 등으로 상품화하여 소매 유통 채널로 확장하는 방식이다. 외식업체가 보유한 레시피와 브랜드 이미지는 제품화 과정에서 중요한 경쟁력이 된다. 소비자는 매장에서 경험한 맛을 가정에서도 재현할 수 있다는 점에서 긍정적으로 반응하며, 외식업체는 매장 운영에 대한 의존도를 벗어나 새로운 수익을 창출할 수 있다.

유통 채널 다각화 역시 외식업 사업다각화의 방법 중 하나이다. 전통적인 오프라인 매장 중심 구조에서 벗어나, 온라인 쇼핑몰, 구독 서비스, 배달 플랫폼, 라이브 커머스 등 다양한 채널을 통해 소비자와의 접점을 넓히고 있다. 특히 온라인 유통채널을 통하여 외식업은 지역적 한계를 넘어 브랜드를 확장할 수 있는 수단으로 작용할 수 있으며, 소규모 외식업체도 효율적으로 성장할 수 있는 기회를 제공한다.

사업다각화는 수익 구조의 안정화 측면에서도 중요한 의미를 가진다. 매장 매출이 감소하더라도 제품 판매, 온라인 유통, B2B 납품 등 다른 수익원이 이를 보완할 수 있다. 이는 외

'이디야 커피' 케이터링 서비스

'맥도날드' 온라인 굿즈숍 'Golden Arches Unlimited'

케이터링, 기프트카드, 브랜드 굿즈 등으로 수익원을 다양화하여 예상치 못한 어려움을 극복하고 있음

자료: BrandBrief, 식품저널.

식업체가 장기적인 경영 안정성을 확보하는 데 기여하며, 외부 환경 변화에 대한 탄력성 높인다는 점에서 사업다각화의 전략적 가치는 크다.

그러나 사업다각화가 항상 긍정적인 결과만을 가져오는 것은 아니다. 무분별한 확장은 브랜드 정체성을 약화시키고, 운영 복잡성을 증가시킬 수 있다. 외식업체는 자신이 보유한 핵심 역량이 무엇인지 명확히 인식하고, 이를 확장하는 방향으로 다각화를 추진할 필요가 있다. 메뉴 경쟁력, 조리 기술, 브랜드 이미지 등 기존 강점을 기반으로 한 선택적 다각화가 중요하다.

외식업은 사업다각화를 통하여 더 이상 '식사를 제공하는 공간'에 머무르지 않고, 제품·서비스·경험을 종합적으로 제공하는 복합 산업으로 진화하고 있다.

4) 디지털 전환

외식산업은 코로나19 팬데믹 이후 비대면·디지털 중심의 소비 환경으로 전환되었으며, 이에 따라 기존 운영 방식만으로는 변화된 환경에 충분히 대응하기 어려운 상황이 나타났다. 이러한 변화 속에서 디지털 기술 도입은 외식업의 지속 가능성과 경쟁력 확보를 위한 필수 요소로 자리 잡았다.

(1) 디지털 전환의 구조적 배경

외식업 디지털 가속화는 비대면·재택 소비의 확산, 인건비 부담 증가, 신기술 도입 확대라는 구조적 환경 변화에 기인한다. 팬데믹 이후 배달과 온라인 주문, 비대면 서비스에 대한 소비자 수요는 지속적으로 유지되고 있으며, 인력 의존도가 높은 외식업 구조에서 인건비 상승은 자동화 기술 도입을 촉진하는 핵심 요인으로 작용하고 있다. 여기에 AI·로봇 등 신기술의 확산은 외식업 디지털 전환의 적용 범위와 가능성을 한층 확대시키고 있다.

(2) 주문·결제 자동화의 확산

외식업의 디지털 가속화는 주문·결제 영역에서 가장 먼저 가시화되고 있다. 키오스크와 테이블오더 시스템은 주문·결제 기능을 넘어 POS 시스템과 연동된 매출 관리, 주문 데이터 축적, 판매 분석까지 통합적으로 수행할 수 있는 구조로 발전하고 있다. 특히 초기 도입 비

테이블오더 브랜드

티오더	30개 이상의 POS(판매 관련 정보관리 서비스) 시스템 연동으로 초기 비용 부담이 적고 선후결제 전환이 가능함. 시장 점유율 60% 이상으로 1위를 차지
payhere	클라우드 기반의 포스 시스템으로, 태블릿, 스마트폰 등 다양한 기기에 자유롭게 설치할 수 있는 올인원 매장관리 솔루션을 제공. 가맹점 수는 66,000개 이상
kt 하이오더	KT의 인터넷 연결성과 서빙로봇 연동 등의 강점을 내세워 출시 한 달 만에 1만 대의 태블릿을 판매. 시장 점유율 2위를 확보

자료: 티오더, 페이히어, KT 하이오더 각 사 공식 홈페이지 및 공개 자료 종합(2024).

용 부담 완화와 시스템 연동 환경의 개선은 소규모 외식업체의 디지털 진입 장벽을 낮추는 요인으로 작용하며, 자동화된 주문 환경의 확산을 촉진하고 있다.

(3) 디지털 활용 수준과 전환 격차

대기업과 프랜차이즈 외식기업은 주문·결제·매장 운영 전반에 디지털 기술을 적극 활용하고 있는 반면, 중소·영세 외식업체의 디지털 활용 수준은 아직 제한적인 단계에 머물러 있다. 그러나 디지털 전환의 필요성에 대한 인식은 비교적 높아, 외식업 현장에서는 인식과 실제 활용 간의 격차가 나타나고 있다. 이는 외식업 디지털 전환이 과도기적 단계에 있음을 보여주며, 향후 제도적 지원과 기술 환경 개선에 따라 디지털 기술 도입은 점진적으로 확대될 가능성이 있다.

(4) 경영 효율성과 산업 구조 변화

외식업에서의 디지털 가속화는 경영 효율성 제고와 비용 구조 개선 측면에서 긍정적인 효과를 가져오고 있다. 주문·결제 자동화는 인력 운영 부담을 완화하고 매장 운영의 안정성을 높이며, 고객 응대의 일관성을 확보함으로써 소비자 경험의 질을 향상시키는 역할을 수행한다. 나아가 디지털 기술의 확산은 데이터 기반 운영, 스마트 매장, 플랫폼 연계 등 새로운 사업 영역을 확대하며, 외식업을 전통적인 서비스 산업에서 기술 기반 산업으로 전환시키는 구조적 변화를 이끌고 있다.

5) 경험 중심 차별화

외식산업은 '무엇을 먹느냐'보다 어떤 경험을 하느냐가 경쟁력을 좌우하는 시대로 전환되었다. 인구구조 변화와 외식 빈도 감소, 배달·HMR 시장의 성장으로 인해 소비자는 더 이상 일상적 식사를 위해 외식업소를 찾지 않는다. 이에 따라 외식업체들은 특화 매장을 핵심 전략으로 삼아 차별화를 시도하고 있다.

특화 매장이란 고객에게 가보고 싶은 특별함을 제공하는 매장으로, 브랜드의 정체성과 미래 방향성을 공간·서비스·메뉴 전반에 걸쳐 구현한 형태를 의미한다. 이는 단순한 메뉴 차별화를 넘어, 매장에서만 가능한 서비스, 공간 연출, 스토리텔링을 포함하며 기존 고객 유지와 신규 고객 유입을 동시에 목표로 한다.

최근 외식 트렌드의 핵심은 체험형 소비의 강화이다. 음식 소비와 함께 놀이·관람·참여 요소를 결합한 매장은 강한 기억을 남겨 재방문과 구전 효과로 이어진다. 또한 일부 매장은 테스트베드나 체험형 워크숍 공간으로 활용되어, 고객이 신메뉴 개발 과정과 브랜드 철학에 직접 참여하는 참여형 브랜드 경험을 제공하고 있다.

이와 함께 무인운영과 테이블오더는 특화 매장의 경험 가치를 강화하는 핵심 요소로 자리 잡고 있다. 테이블오더는 대기 시간을 줄이고 주문의 자율성을 높여 고객 몰입도를 향상시키며, 무인결제·무인안내 시스템은 운영 효율성을 높이는 동시에 미래지향적 이미지를 형성한다. 이는 인건비 절감 수단을 넘어, 디지털 친화적 고객 경험을 완성하는 장치로 기능한다.

한편, 외식시장은 '콘셉트 전쟁'이라 불릴 만큼 경쟁이 치열하다. 콘셉트 특화란 특정 테마를 중심으로 인테리어, 메뉴, 스토리텔링을 유기적으로 결합하는 전략으로, 공간 자체를 하나의 콘텐츠로 만들어 SNS 확산 효과를 창출한다. 특히 MZ세대와 외국인 관광객을 겨냥한 매장은 '사진을 찍기 위해 방문하는 공간'으로서의 역할도 수행한다.

여기서 중요한 것은 공간과 메뉴의 일관성이다. 콘셉트에 부합하는 시그니처 메뉴와 매장 전용 메뉴는 경험의 완성도를 높이며, 평균 객단가 상승과 브랜드 이미지 제고로 이어진다. 특히 가성비보다 가심비를 중시하는 소비 성향이 강화되면서, 가격보다 경험의 가치가 선택 기준이 되고 있다.

매드포갈릭 미드센츄리콘셉트 매장
현대적인 모던미드센츄리콘셉트+고급스러운 이탈리안 분위기
자료: 우먼타임스.

워크숍 by 배스킨라빈스
도슨트 프로그램을 활용하여 브랜드 스토리텔러가 들려주는 비하인드스토리, 아이스크림 테이스팅 기회
자료: 배스킨라빈스 공식 홈페이지.

결국 외식산업에서 특화 매장은 선택이 아닌 필수 전략이다. 이색적 체험, 콘셉트 중심 공간 기획, 무인운영과 테이블오더를 결합한 효율적 서비스는 단기적 화제성을 넘어 브랜드 정체성과 장기적 고객 관계를 구축하는 핵심 수단이 되고 있다.

6) 건강지향 소비

최근 식생활 환경에서 **건강식(healthy food)**은 특정 집단이나 상황에 한정된 선택지가 아니라, 일상 식사의 기본 기준으로 자리 잡고 있다. 과거 건강식이 질병 관리나 체중 조절을 위한 제한적 식단으로 인식되었다면, 현재의 건강식은 외식·가정식·간편식을 포함한 전반적인 식생활에 적용되는 보편적 식사 원칙으로 확장되고 있다. 이는 건강식이 더 이상 '특별한 식사'가 아니라, 일상적 식생활의 전제가 되고 있음을 의미한다.

이러한 변화는 고령화 사회 진입과 만성질환 증가, 건강 수명에 대한 관심 확대, 식품 안전과 환경 문제에 대한 인식 제고 등 사회·환경적 요인이 복합적으로 작용한 결과이다. 소비자는 음식 섭취를 통해 단순한 포만감을 넘어 장기적인 건강 유지와 삶의 질 향상을 기대하게 되었으며, 이 과정에서 건강식은 식생활 구조 전반을 재편하는 핵심 개념으로 부상하였다.

건강식에 대한 인식 변화의 핵심은 '특별 관리 식사'에서 '일상 관리 식사'로의 전환이다. 과거에는 병원식, 치료식, 다이어트식이 건강식의 대표적 이미지였다면, 현재는 일상적인 외식 메뉴, 편의점 식품, 가정간편식(HMR)에서도 기본적인 건강 요소를 갖추는 것이 일반화되고 있다. 소비자는 식품 선택 시 열량, 당류, 나트륨, 지방 함량을 자연스럽게 비교하고 영양성분표를 참고하며, 건강성은 맛이나 가격 이전의 기본 판단 기준으로 작동한다. 이는 식생활 관리가 개인의 책임 영역으로 이동하고 있음을 보여주며, 건강식은 자기관리(self-management)의 핵심 수단으로 기능한다.

현대 식생활에서 건강식은 단일 기준이 아닌 다층적 의미 구조를 가진다. 생리적 측면에서는 정상적인 대사 기능과 면역 기능 유지를 목표로 하여, 탄수화물·단백질·지방의 균형과 식이섬유·비타민·무기질의 충분한 섭취를 기본 전제로 한다. 질병 예방 관점에서는 저염·저당·저포화지방 식단을 통해 고혈압, 당뇨, 심혈관질환 등 만성질환 위험을 낮추는 예방영양학적 접근이 강화된다. 이로 인해 건강식은 치료 이전 단계에서의 사전 관리 전략으로 인식된다.

정신·정서적 차원에서 식사는 스트레스 완화와 만족감 제공이라는 기능을 수행하며, 건강식 역시 금욕적 식단이 아니라 지속 가능하고 즐거운 식사를 지향하게 된다. 이는 건강과 즐거움을 동시에 추구하는 헬시플레저(healthy pleasure) 트렌드로 구체화되며, 풍미는 유지하되 부담을 줄인 조리법과 대체 식재료 활용으로 나타난다. 또한 건강식은 환경·윤리·식품 시스템의 안정성과 연결되며, 식물성 식단, 로컬 식재료 활용, 식품 폐기 감소 등은 개인의 건강을 넘어 사회적 가치 실현의 수단으로 기능한다.

아울러 건강식은 개인의 연령, 성별, 건강 상태, 생활 패턴에 따라 차별화되며, 동일한 '건강식'이라 하더라도 대상에 따라 요구되는 영양 설계는 달라진다. 이러한 흐름은 건강식의 개인화(personalization)를 가속화하고 있으며, 건강식이 획일적 기준이 아닌 맞춤형 식생

건강식 샐러드 이제 한 끼 식사로

자료: 인더스트리뉴스.

식품업계 '제로 열풍' 지속… "뺄수록 잘 팔린다"

자료: 아시아경제.

활 구조로 진화하고 있음을 보여준다.

7) 간편식의 고급화

최근 식생활 환경에서 **간편식**(Home Meal Replacement, HMR)은 단순히 조리 시간을 줄이기 위한 '편의적 대체 식사'의 개념을 넘어, 일상 식생활을 구성하는 핵심적인 식사 유형으로 자리 잡고 있다. 과거 간편식이 바쁜 일상 속에서 불가피하게 선택되는 차선의 식사로 인식되었다면, 현재의 간편식은 가정식과 외식의 경계를 넘나들며 식사의 질과 경험을 동시에 충족하는 대안적 식생활 형태로 확장되고 있다.

이러한 변화는 1인 가구 및 맞벌이 가구의 증가, 조리 노동에 대한 부담 확대, 외식 비용 상승, 코로나19 팬데믹 이후 가정 내 식사 비중 증가 등 구조적 요인이 복합적으로 작용한 결과이다. 소비자는 간편식을 통해 단순한 편의성뿐만 아니라 맛, 영양, 안전성, 만족감까지 동시에 기대하게 되었으며, 이로 인해 간편식은 식생활 구조 전반에서 독립적인 위상을 갖게 되었다.

간편식에 대한 인식 변화의 핵심은 '임시적 대체 식사'에서 '지속 가능한 일상 식사'로의 전환이다. 과거 간편식은 조리 시간이 부족한 상황에서 예외적으로 선택되는 식사였으나, 현재는 반복 소비가 가능한 한 끼 식사로 정착하고 있다. 소비자는 간편식을 선택할 때 조리 편의성뿐만 아니라 가격 대비 품질, 영양 정보, 식재료 구성, 조리 완성도 등을 종합적으로 고려하며, 이러한 선택 기준의 고도화는 간편식에 대한 기대 수준을 크게 높이고 있다. 이는 식사 준비와 조리의 부담이 개인에서 식품·외식 산업으로 이전되고 있음을 의미하며, 간편식은 시간 관리(time management)와 식생활 효율화의 핵심 수단으로 기능한다.

현대 간편식의 고급화는 단순한 가격 상승이 아니라, 식공학적·영양학적 설계 수준이 향상되는 과정으로 이해할 수 있다. 급속 동결, 저온 유통, MAP(Modified Atmosphere Packaging) 같은 저장·유통 기술의 발전은 간편식의 식감과 신선도를 크게 개선하였으며, 이는 외식형 간편식과 프리미엄 밀키트 확산의 기반이 되었다. 영양 측면에서도 간편식은 단순한 열량 공급원이 아니라, 단백질·식이섬유·미량영양소를 고려한 영양 균형 식사로 설계되고 있다. 조리·가열 과정에서의 영양소 손실을 최소화하고 특정 영양소를 강화하는 전략이 적용되면서, 간편식은 건강 관리 식사의 한 형태로 인식되고 있다.

간편식의 다양화는 소비자의 식생활 가치관 변화와 밀접하게 연결된다. 간편식은 연령, 건강 상태, 라이프스타일에 따라 세분화되며, 고단백, 저당·저염, 비건 간편식 등 다양한 유형으로 확장되고 있다. 또한 밀키트는 단순히 음식을 제공하는 제품을 넘어 조리 과정 자체를 하나의 경험으로 전환하며, 식사가 영양 섭취를 넘어 가족·개인 활동과 연결되는 사회적 행위임을 강화한다. 더 나아가 친환경 포장, 로컬 식재료 활용, 식품 폐기 감소를 고려한 간편식은 윤리·환경·지역성과 결합되며, 간편식이 개인의 가치관과 정체성을 반영하는 소비 선택으로 기능하게 한다.

뉴욕 미쉐린 스타 셰프와 손잡은 프리미엄 한식 밀키트

자료: 비즈니스플러스.

건강지능(HQ) 시대 온다! '더건강 간편식 시리즈'

자료: 한국경제.

STEP 1
활동 사례
ACTIVITY

외식로봇 도입, 외식산업 운영 구조의 변화

외식산업은 인력난 심화와 인건비 부담 증가로 기존 인력 중심 운영 구조에 뚜렷한 한계를 드러내고 있다. 2026년 최저임금은 시간당 10,320원으로, 이는 2025년 대비 약 2.9% 인상된 수준이다. 이러한 인건비 상승과 함께 열악한 근로환경 및 업종 기피 현상이 지속되면서 외식업체는 구인난을 동시에 직면하고 있다. 한국농수산식품유통공사가 음식점·주점업 사업체 3,000곳을 대상으로 실시한 조사에서 60.8%의 외식업체가 직원 채용이 어렵다고 응답했으며, 과반 이상은 앞으로도 인력 확보에 어려움을 겪을 것으로 전망했다. 이에 정부는 2024년부터 고용허가제(E-9) 외국인 근로자의 음식점업 고용을 허용하는 등 외국인 인력 도입을 확대하고 있다.

외식업 인력 운영 여건의 변화와 맞물려 테크 산업의 발전은 코로나19 팬데믹 이후 더욱 가속화되었다. 비대면 서비스 수요의 증가와 디지털 기기 활용의 일상화는 외식 매장의 운영 방식 전반에 변화를 가져오며, 주문·조리·서빙 등 전 과정에 자동화 기술을 적용할 수 있는 환경을 조성하였다. 특히 주문 처리나 반복적인 업무 수행과 같은 핵심 운영 과정에서 기술 활용에 대한 시도가 확대되고 있다. 이러한 흐름은 외식업 전반에서 운영 효율성 제고와 노동 부담 완화가 주요 과제로 부상함에 따라, 비대면 주문 시스템과 조리·서빙 로봇 도입이 확산되는 배경이 되고 있다.

키오스크와 테이블오더 시스템은 외식업 자동화의 첫 단계로 빠르게 확산되고 있다. 주문과 결제를 비대면으로 처리하여 주문 오류를 줄이고, 카운터 및 홀 주문 인력의 업무를 상당 부분 대체함으로써 피크타임 인력 부담을 완화한다. 실제로 중소기업중앙회가 외식업체를 대상으로 실시한 실태조사에 따르면, 키오스크 도입 후 평균 종업원 수가 약 1.2명 감소했으며, 월평균 약 138만 원 수준의 인건비 절감 효과가 나타난 것으로 조사되었다. 국내 키오스크 및 테이블오더 등 무인 주문기 도입률은 코로나19 팬데믹 이전 대비 5배 이상 증가한 수준이며, 쿠폰·멤버십·간편결제 연동을 통해 고객 데이터와 매출 데이터를 동시에 축적하는 디지털 허브로 기능하고 있다.

조리로봇은 외식업 주방에서 반복적이고 고열·고위험의 조리 공정을 자동화함으로써 조리 효율과 품질 일관성을 확보하는 역할을 수행한다. 튀김이나 패티 굽기와 같이 표준화가 가능한 공정을 로봇이 담당함으로써 조리자의 신체적 부담과 안전 리스크를 줄이고, 조리 시간과 온도, 작업 동작을 일정하게 유지해 제품 품질의 편차를 최소화한다. 이러한 조리로봇 도입 사례로 국내 치킨 프랜차이즈 시장에서는 bhc치킨이 LG전자와 공동 개발한 자동튀김 로봇 '튀봇'을 다수 매장에 적용해 튀김 공정을 자동화하고 있으며, 교촌치킨 역시 로봇 전문기업과 협업해 조리 자동화 시스템을 확대하고 있다. 햄버거 업종에서도 국내 로봇 기업 에니아이가 개발한 패티 조리 로봇이 롯데리아, 맘스터치, 뉴욕버거 등 일부 매장에서 시범 적용 및 테스트 운영되고 있다.

서빙로봇은 음식과 식기를 테이블까지 운반하는 역할을 수행하며, 홀 서비스 인력 부족 문제에 대응하기 위한 기술로 활용되고 있다. 또한 매장 내 이동 동선을 표준화하고 반복 운반 시간을 단축함으로써, 회전율 개선과 서비스 안정성 확보에 기여한다. 국내에서는 2021년 약 3,500대 수준이던 서빙로봇 보급 대수가 2025년에는 누적 약 1만 9,000대에 이른 것으로 조사되었다. 실제로 일부 전통 외식점과 대형 매장에서는 다수의 서빙로봇을 배치하여 직원은 주문 상담과 고객 응대, 추천 판매 등 고부가가치 서비스에 집중하는 방식으로 역할을 재구성하고 있다.

이와 같이 무인 주문 시스템, 조리로봇, 서빙로봇이 도입되면서 외식업의 운영 구조는 주문-조

맥도날드 키오스크

자료: 식품저널.

페이히어 테이블오더

자료: 매일일보.

bhc치킨 튀봇 매장

자료: 뉴시스.

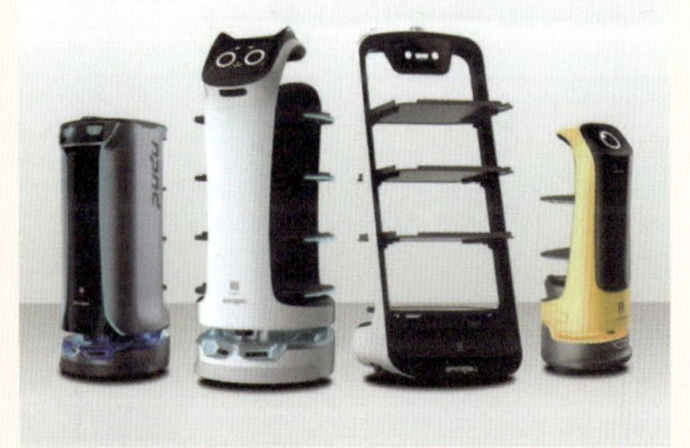

브이디컴퍼니 서빙로봇

자료: 머니투데이.

리–서비스 전 과정에 걸쳐 인력과 기술이 역할을 분담하는 구조로 전환되고 있다. 더 나아가 해외에서는 Google Cloud와 Wendy's가 협력해 AI가 고객의 음성 주문을 직접 인식하고 처리하는 드라이브 스루 주문 시스템을 도입하는 등, 주문 단계의 자동화 수준도 한층 고도화되고 있다. 이러한 사례는 외식로봇과 자동화 기술이 단순히 인력을 대체하는 수단을 넘어, 외식업의 생산성을 높이고 서비스 경쟁력을 강화하는 핵심 운영 인프라로 발전하고 있음을 보여준다.

1. 외식로봇과 무인 주문 시스템 도입이 외식업의 서비스 품질과 고객 경험에 미치는 긍정적·부정적 영향에 대해 논의해보자.
2. 주문·조리·서빙 로봇의 도입이 향후 외식업 종사자의 역할과 요구 역량에 어떠한 변화를 가져올지 논의해보자.

STEP 2
연습 문제
REVIEW

1. 외식사업의 4가지 특성을 서술해보자.
2. 외식사업 특성 중 서비스의 기본 특성인 무형성, 불가분성, 이질성, 소멸성을 극복하기 위한 실제 사례를 간략하게 설명해보자.
3. 외식서비스 제공 방식 및 수준에 따라 외식사업의 유형을 구분하고 각 유형에 속하는 형태를 설명해보자.
4. 최근의 외식 트렌드를 몇 가지 키워드로 정리하고 이것이 어떠한 형태로 나타나는지 조사해보자.
5. 외식 트렌드 중 하나를 선택하여, 해당 트렌드를 반영하는 외식업체에서는 어떠한 경영상의 변화를 추구해야 하는지 생각해보자.
6. 국내외 외식 트렌드의 공통점과 차이점을 조사해보자.
7. 한식에 대한 인지도가 높아지고 있는 상황에서 외식업체가 해외 시장에 성공적으로 정착하기 위해서는 어떠한 전략을 세워야 하는지 생각해보고, 해외 진출 전략을 발표해보자.

STEP 3
용어 정리
KEYWORD

- **외식사업의 특성** 사람 중심, 서비스 지향성, 입지 의존성, 높은 경쟁강도와 낮은 진입장벽
- **서비스 특성** 무형성, 비분리성, 이질성, 저장불능성
- **풀 서비스 레스토랑** 서비스 직원의 안내에 따라 테이블 착석 후 식음료 주문하고, 주문한 식음료를 서비스 직원으로부터 제공받으며, 식사 후 계산도 테이블에서 이루어지는 서비스 방식의 레스토랑. 파인 다이닝 레스토랑과 캐주얼 다이닝 레스토랑이 풀 서비스 레스토랑에 포함
- **제한된 서비스 레스토랑** 고객이 직접 카운터에서 음식을 주문, 테이블로 운반하며 식사 후 남은 음식을 스스로 처리하는 등 서비스가 제한적으로 이루어지는 레스토랑. 패스트 캐주얼 레스토랑, 패스트푸드 레스토랑, 테이크아웃, 드라이브 스루, 배달식을 포함
- **외식테크** 외식산업에 정보통신기술(ICT), 인공지능(AI), 로봇, 빅데이터 등 첨단 기술이 결합된 형태
- **양극화** 소비가 저가/고가(또는 기능/경험) 등 양 끝단으로 분화되는 현상
- **승자독식** 상위 소수 사업자에게 수요·이익이 집중되는 시장 구조
- **가성비/가심비** 가격 대비 효용/가격 대비 심리적 만족
- **런치플레이션** 점심 외식비 상승에 따른 체감 물가 부담
- **PB(Private Brand)** 유통사가 기획·브랜드를 보유한 자체 상품
- **외주(Outsourcing)** 일부 생산·공정을 외부 전문기업에 맡겨 비용·품질·속도를 최적화하는 방식
- **디지털 전환** 외식산업에서 주문·결제·운영 관리 등 경영 전반에 디지털 기술이 빠르게 확산되며, 전통적인 인력 중심 운영 방식이 데이터와 시스템 기반으로 전환되는 현상

PART 2

외식사업 기획

성공적인 외식사업은 단순한 아이디어에서 출발하지 않는다. 고객의 니즈, 시장의 흐름, 공간의 경험 가치가 서로 유기적으로 연결될 때 비로소 경쟁력 있는 브랜드가 탄생한다. 이 파트에서는 외식 브랜드 콘셉트를 어떻게 도출하고 구체화할 것인지, 그리고 사업화 과정에서 반드시 검토해야 할 입지와 사업성 분석 방법을 살펴본다. 더불어 고객의 체류 경험을 결정짓는 외식공간 디자인의 기본 개념과 실내·실외 공간계획 요소를 다각도로 이해하고자 한다. PART 2를 통해 외식사업 기획의 전체 흐름을 파악하고, 실무에서 활용 가능한 콘셉트 개발과 공간 전략의 기초를 마련하게 될 것이다.

CHAPTER

03

브랜드 콘셉트 개발과 사업화

외식업체가 고객들의 선택을 받기 위해서는 다른 경쟁 외식업체들과 차별화되는 특징이 있어야 한다. 이러한 차별화를 가능하게 하는 것이 바로 콘셉트이다. 명확하고 개성 있는 콘셉트가 정해지면 외식업체의 외관, 내부 인테리어, 메뉴, 서비스, 마케팅 등 모든 요소를 콘셉트를 중심으로 설계함으로써 목표고객에게 정확한 이미지와 메시지를 전달할 수 있다. 외식산업이 발달하고 개인 중심, 가족 중심의 경영 형태로 운영되던 외식업이 시스템화·기업화되면서 외식산업에 '브랜드' 개념이 도입되고, 체계적인 개발 프로세스에 따라 치밀하게 계획된 외식브랜드들이 외식시장을 주도하고 있다. 향후 개별 외식업체의 브랜드화는 더욱 가속화될 것으로 전망된다.

본 장에서는 '브랜드 콘셉트 개발(brand concept development)'의 관점에서 브랜드 콘셉트를 도출하고 구체화하는 프로세스를 이해하고자 한다.

외식업계, 경험 중시 소비 트렌드 반영한 브랜드 리뉴얼로 차별화 매장 전략 추진

외식업계는 경험을 중시하는 소비 트렌드를 반영하여 매장 경쟁력을 강화하기 위해 외식 매장 차별화 추진에 박차를 가하고 있다. 매장은 단순히 식사 공간의 의미를 넘어서 새로운 경험과 만족을 제공하는 공간으로, 소비자가 브랜드와 만나는 접점이자 브랜드 가치를 전달하는 핵심 채널이다.
이러한 변화의 사례로 KFC는 새로운 매장 포트폴리오를 수립하고 브랜드 정체성을 담은 특화 매장을 오픈하였다. 특화 매장은 매장마다 다른 특징의 콘셉트를 사용하였는데, A매장은 그래피티 아티스트 제바(XEVA)와 협업한 아트월과 농구게임기 등을 통해 대학가의 활기찬 에너지를 반영하였으며, B매장은 브랜드 색상인 빨간색을 활용한 인테리어와 효율적인 동선 설계를 적용하였다.

매드포갈릭은 '가장 한국적인 이탈리안 레스토랑'을 표방하며 전면적인 리브랜딩을 시도하였다. 마늘과 와인에 특화한 콘셉트를 유지해 온 매드포갈릭은 이탈리아 레스토랑의 정체성을 유지하면서도 한국 고유의 식문화와 감성을 살리는 방향으로 브랜드의 변화를 가져왔다. 새로운 매장은 기존 매장과 달리 밝고 현대적인 인테리어를 적용해 전 연령대 고객을 아우르고자 했다. 과감한 메뉴 개편도 단행하여 인기가 많은 기존 11개 메뉴를 제외한 나머지 메뉴를 모두 새롭게 변경하고 기존 메뉴도 식재료 구성을 바꾸어 품질을 높였다.
스타벅스 코리아는 거점별, 지역별 특성을 살린 특화 매장 '스페셜 스토어'를 운영하고 있다. 스페셜 스토어는 '더(THE) 매장'과 '콘셉트 매장'으로 구분되는데, 더 매장은 자연 경관과 감각적인 인테리어, 콘셉트를 통해 해당 지역의 랜드마크 역할을 목표로 한다. 콘셉트 매장은 100년 고택, 전통시장 등 이색적인 공간에 위치하여 고객에게 새로운 영감을 주거나 재생의 가치를 되새기도록 기획되었다.

자료: 이뉴스투데이(2025. 1. 9.) 재구성.

1. 외식 브랜드 콘셉트

1) 외식 브랜드 콘셉트의 중요성

외식업체는 단순히 음식과 서비스를 제공하는 곳이 아니라 문화적 체험의 장이며 즐거움을 경험하게 하여 삶을 더욱 윤택하게 하는 복합문화공간이다. 다른 외식업체와의 경쟁에서 이겨 고객의 선택을 받기 위해서는 어떤 요소에서든 차별성이 있어야 하고 고객이 독특한 무엇인가를 느낄 수 있게 하는 전략이 필요하다.

브랜드 콘셉트란 한 브랜드가 가지는 특별한 개성적 이미지로 해당 브랜드를 같은 제품군 내의 다른 브랜드와 구별짓게 하는 개념이다. 이러한 차별화 전략의 핵심이 바로 브랜드 콘셉트(brand concept)이다. 강력한 콘셉트가 있는 외식업체는 메뉴, 서비스, 인테리어뿐만 아니라 광고나 캠페인 등도 콘셉트에 맞게 개발되기 때문에 브랜드에 강한 개성이 느껴지고, 이에 호응하는 감성적인 사람들을 고객으로 만들 수 있다(**표 3-1**).

2) 외식 브랜드 콘셉트의 역할

그림 3-1에 보이는 것과 같이 외식 브랜드 개발과정에서 브랜드 콘셉트는 핵심적인 역할을 한다. 외식업체는 브랜드 콘셉트를 통해 자신만의 차별화된 가치와 개성을 고객들에게 전달할 수 있게 된다.

표 3-1 외식 브랜드 콘셉트 사례

브랜드	투썸플레이스	빚은	크리스피 프레시
콘셉트	나만의 즐거움을 만날 수 있는 프리미엄 디저트 카페	우리 전통 떡을 현대적 감각에 맞추어 재해석한 현대인의 건강 간식	깨끗한 수경재배 채소에 건강한 슈퍼푸드를 더해 만드는 프리미엄 샐러드
이미지	A TWOSOME PLACE COFFEE & DESSERT	빚은 정성스레 빚은 떡	crispyfresh.

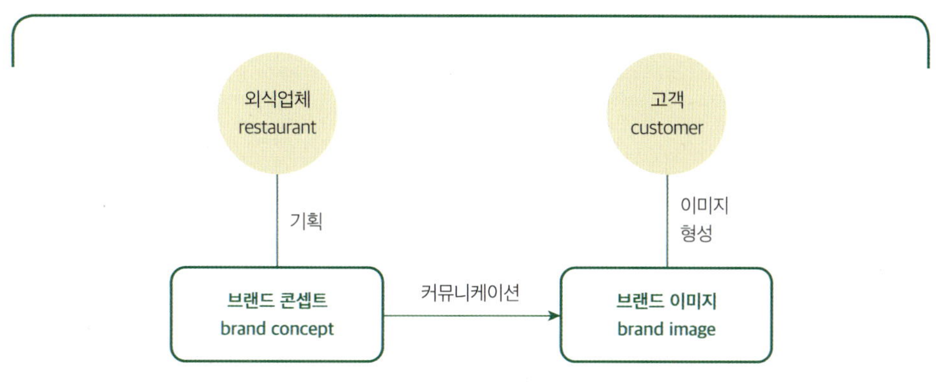

그림 3-1 브랜드 콘셉트의 역할

고객들은 외식 브랜드를 이용하거나 외식업체와의 커뮤니케이션을 통해 브랜드 이미지를 형성하게 되고 이렇게 형성된 브랜드 이미지는 고객의 행동에 영향을 주게 된다. 외식업체가 의도하는 브랜드 콘셉트를 일관성 있고 명확하게 전달하기 위해서는 고객들과 커뮤니케이션을 해야 한다. 외식 브랜드가 타 브랜드와 차별화되고 고객들이 긍정적인 브랜드 이미지를 갖게 되면, 해당 브랜드의 방문 및 추천이 늘어나고, 매출이 증대된다.

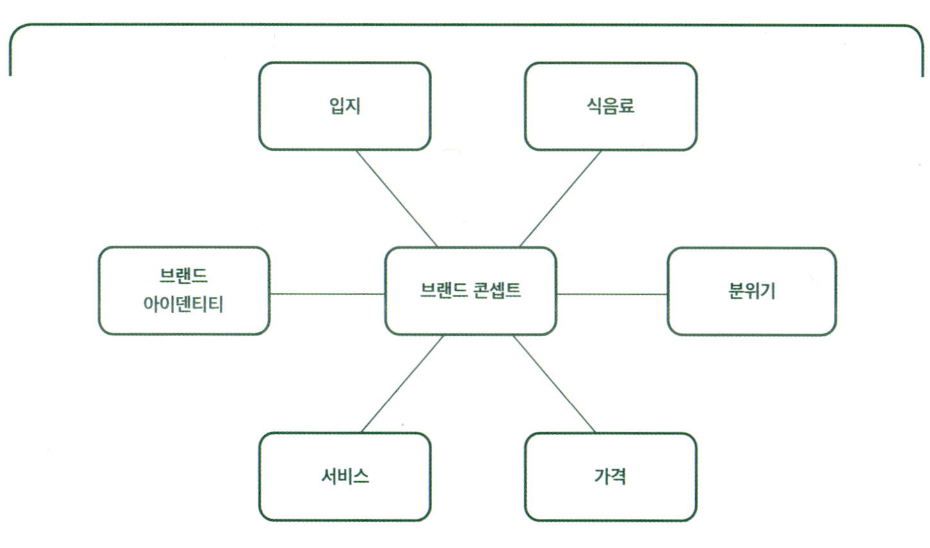

그림 3-2 브랜드 콘셉트의 구성 요소

외식 브랜드는 **식사경험(dining experience)**을 구성하는 유·무형의 구성 요소들이 유기적으로 통합된 상품이다(그림 3-2). 여기서 식사경험이란 고객이 외식업체에 들어서면서부터 떠날 때까지 경험하는 일련의 사건들로, 식사경험을 구성하는 요소는 크게 '식음료', '서비스', '분위기'이다. 세부적으로는 식음료의 품질 및 메뉴의 다양성, 종업원 및 서비스 수준, 내·외부 디자인 및 분위기 등이 있으며 입지, 포장서비스, 배달, 홈페이지, 발레파킹 등도 식사경험에 포함된다.

3) 외식 브랜드 콘셉트의 개발 프로세스

콘셉트를 개발할 때의 접근 방법은 크게 2가지로 나누어진다. 브랜드 콘셉트를 먼저 개발한 후 그 콘셉트가 수용될 수 있는 입지를 찾는 방법과 브랜드가 위치할 입지를 먼저 선정하고 그곳에 적합한 브랜드를 개발하는 방법이다. 실제로 외식산업에서 두 접근 방법이 모두 사용되고 있다. 어떠한 접근 방법을 사용하더라도 콘셉트는 철저히 고객 중심, 즉 시장지향적

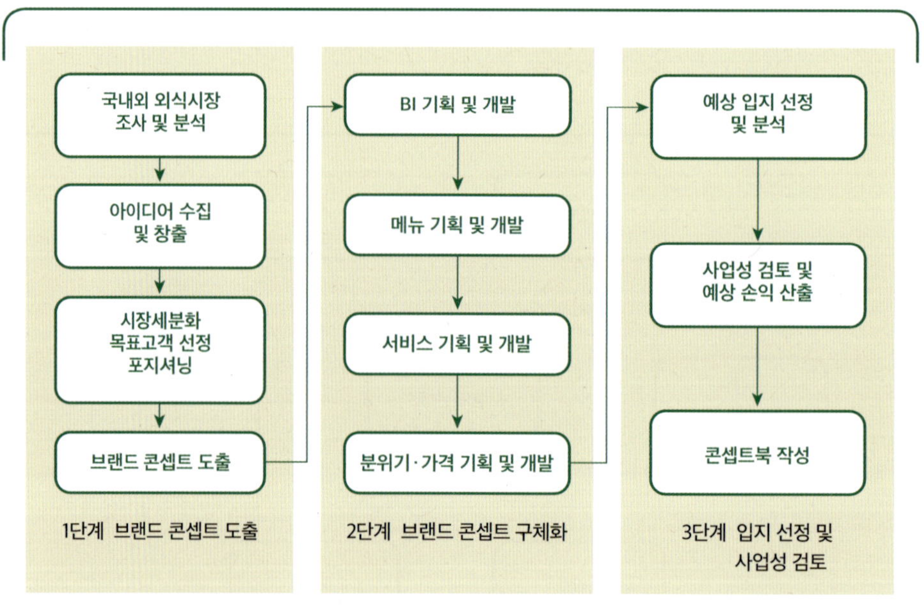

그림 3-3 브랜드 콘셉트 개발 프로세스

이어야 한다.

여기서는 2가지 접근 방법 중 콘셉트를 먼저 개발하고 상권을 찾아가는 과정을 중심으로 살펴본다. **외식 브랜드 콘셉트 개발 프로세스(concept development process)**는 세 단계로 나누어 설명할 수 있다(그림 3-3).

첫 번째는 **브랜드 콘셉트 도출** 단계이다. 콘셉트는 고객의 니즈에서 출발하기 때문에 우선 시장 환경을 분석하고 국내외 벤치마킹(benchmarking)을 통해 시장 기회를 탐색해야 한다. 그 다음에는 목표고객을 선정하고 타 브랜드와 차별성을 가질 수 있는 방향으로 브랜드 포지셔닝(positioning)을 한다. 차별화 결과를 통해 브랜드 콘셉트를 도출한다.

두 번째는 **브랜드 콘셉트 구체화** 단계이다. 전 단계에서 도출된 콘셉트를 중심으로 고객들에게 어떠한 가치를 제공할 수 있는지를 파악하고 브랜드 아이덴티티(Brand Identity, BI)를 결정한다. 그 다음으로는 이를 시각적으로 보여줄 수 있는 BI와 메뉴, 서비스, 분위기, 가격 콘셉트를 개발한다.

세 번째는 **입지 선정 및 사업성 검토** 단계이다. 이 단계에서는 상권 및 입지분석을 실시하여 개발된 콘셉트의 사업화에 적합한 입지를 탐색하고 사업성 검토를 통해 브랜드 콘셉트를 사업화하는 것이 타당한지 파악한다. 아무리 독창적이고 차별화된 콘셉트라 하더라도 사업성이 없으면 외식시장에서 살아남을 수 없기 때문이다. 최종적으로는 지금까지의 모든 과정을 정리하여 콘셉트북(concept book)을 작성하게 된다. 콘셉트북은 개발된 콘셉트를 실제적인 외식 브랜드로 만드는 기준과 지침이 될 뿐만 아니라 투자자, 건축가, 인테리어 디자이너, 그래픽 디자이너, 마케팅 커뮤니케이션 전문가 등 여러 사람과 의사소통을 할 때 필요한 중요 자료가 된다.

이와 같은 콘셉트 개발 프로세스를 통해 외식시장에서 통할 수 있는 성공적인 콘셉트(strong concept)를 만들기 위해서는 개발자의 창의적인 사고(creative thinking)와 분석적인 사고(analytical thinking)가 동시에 필요하다. 이제 각 단계에서 이루어지는 일을 보다 세부적으로 살펴보자.

2. 외식 브랜드 콘셉트의 도출

1) 외식시장 조사 및 아이디어 수집 단계

최근 모든 분야에서 일어나고 있는 급격한 경영 환경의 변화는 콘셉트 개발자에게 신속한 소비자의 요구 파악과 이를 구체적으로 새로운 외식 콘셉트에 적용할 수 있는 통찰력을 요구하고 있다. 새로운 브랜드의 기회 창출을 위해서는 자사(company), 고객(consumer), 경쟁사(competitor), 유통채널(channel) 등 미시 환경과 정치(political), 경제(economic), 사회·문화(socio-cultural), 기술(technological) 등 거시 환경에 대한 최신 정보를 조사하고 분석하는 선략적 과정이 반드시 필요하다. 특히, 우리나라의 외식산업은 매우 빠르게 발전하고, 고객 또한 트렌드에 매우 민감하기 때문에 외식산업의 트렌드를 제대로 읽고자 하는 자세가 콘셉트 개발과정에서 매우 중요하다.

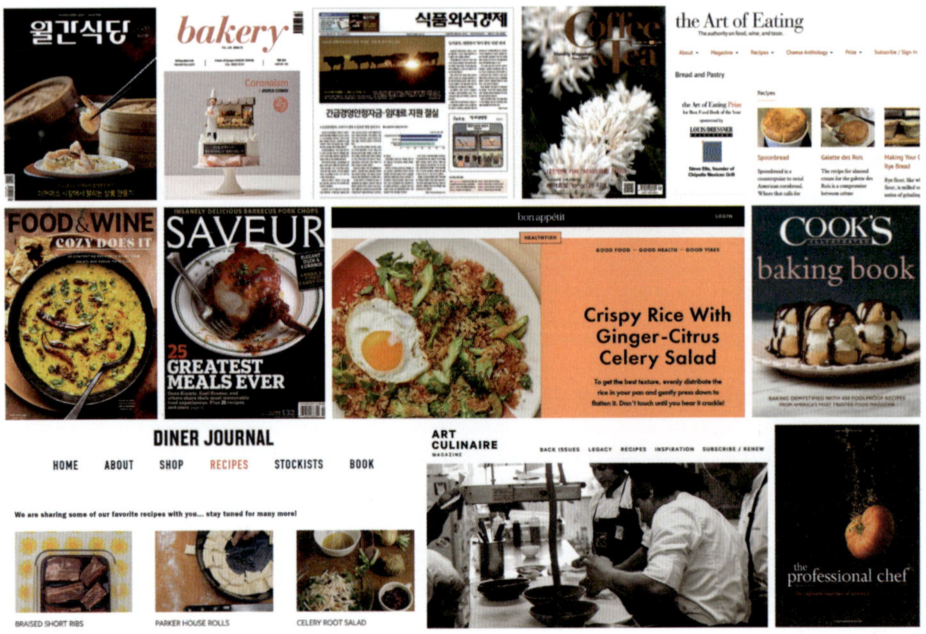

브랜드 콘셉트 아이디어를 도출하는 과정에서 국내외 방송의 요리 프로그램이나 각종 잡지, 요리책, 블로그, 해외 유명 레스토랑 홈페이지 등은 유용한 정보원이 된다.

외식 브랜드 콘셉트에 대한 아이디어 도출은 다양한 채널을 통한 자료 수집과 분석에 의해 이루어진다. 소비자의 요구를 파악하고 새로운 외식 브랜드 콘셉트에 적용할 수 있는 최신 정보의 조사·분석과정은 각종 통계 자료, 언론매체, 전문 서적, 인터넷 등의 자료분석(desk search), 전문가 인터뷰 및 국내외 우수업체 벤치마킹 등 다양한 방법으로 진행된다.

벤치마킹은 어느 특정 분야에서 우수한 상대를 표적으로 삼아 자기 기업과의 성과 차이를 비교하고, 이를 극복하기 위해 그들의 뛰어난 운영 프로세스를 배우면서 부단히 자기혁신을 추구하는 경영 기법이다. 외식 브랜드의 콘셉트 개발과정에서의 벤치마킹은 국내외 외식산업에서 지속적으로 우수한 경영 성과를 보이는 브랜드나, 새롭게 등장하여 고객의 관심을 받고 있는 브랜드를 선정하여 이들의 성공 요소를 면밀히 분석함으로써 새로운 브랜드 요소를 개발하는 데 참조하는 것이다. 또한 이들과의 차별점을 찾아봄으로써 기존 성공 브랜드와의 경쟁에서 경쟁우위를 점유할 수 있는 경쟁력 포인트를 발견할 수 있다.

2) 시장세분화, 목표고객 선정, 포지셔닝

외식 브랜드의 콘셉트를 개발하기 위해서는 '어디에 위치한, 누구를 대상으로, 어떠한 음식을 제공하는, 어떠한 분위기'의 외식업체를 만들 것인지에 대한 고민이 계속되어야 한다. 누구나 와서 즐길 수 있는 외식 브랜드도 있겠지만, 목표로 하는 명확한 고객을 파악하지 못하고 콘셉트를 개발하면 특징 없는 콘셉트가 만들어지기 쉽다. 따라서 외식시장의 고객을 어떠한 특징에 따라 **시장세분화(segmentation)**하고, 그중 어떠한 목표고객을 타깃으로 영업을 하는 공간을 만들 것인지 결정해야 한다. 이러한 과정을 **타기팅(targeting)** 또는 **목표고객 선정**이라고 한다. 시장세분화와 목표고객 선정 후에는 목표고객에 대한 프로필을 파악해야 한다. 이때 목표고객에 대한 인구통계학적 특성 외에 라이프스타일에 대한 분석도 필수적이다(그림 3-4).

다음 단계는 **포지셔닝(positioning)**이다. 포지셔닝은 외식 브랜드가 고객들의 마음속에 어떻게 인식되도록 할 것인지를 결정하는 작업이다. 이는 개발 중인 브랜드의 특성 및 경쟁상품과의 관계, 자사의 기업 이미지 등 각종 요소를 평가·분석하여 그 브랜드 콘셉트를 외식시장에서 어떤 특정한 위치에 설정하는 것이다. 이때 유용한 도구가 **포지셔닝 맵(positioning map)**이다. 포지셔닝 맵은 고객의 인지를 기준으로 만들어지기 때문에 인

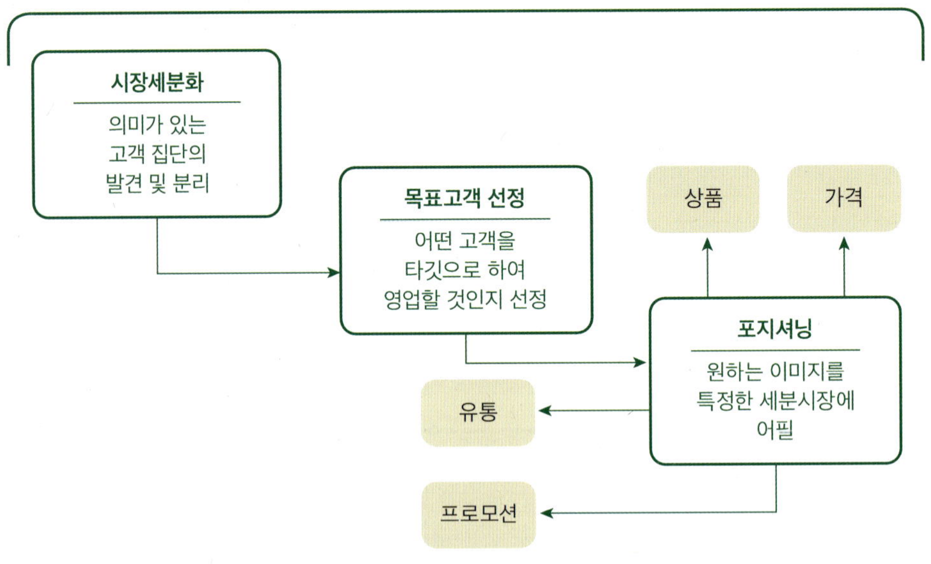

그림 3-4 시장세분화, 목표고객 선정, 포지셔닝

그림 3-5 아이스크림 브랜드 포지셔닝 맵

지도(perceptual map)라 부르기도 한다. 포지셔닝 맵은 브랜드에 대한 고객의 지각을 2차원이나 3차원의 그래프로 표시한 것으로, 고객의 머릿속에 인식되어 있는 경쟁 브랜드와 개발하려고 하는 브랜드의 포지션을 나타낸다. 이렇듯 포지셔닝 맵은 경쟁 브랜드와 개발하려고 하는 브랜드의 콘셉트 차별점을 찾는 데 유용하게 쓰인다(그림 3-5).

3) 브랜드 콘셉트 도출

브랜드 포지셔닝을 결정한 후에는 브랜드 콘셉트를 표현할 수 있는 **브랜드 콘셉트 키워드 (brand concept keyword)**를 도출한다(그림 3-6). 콘셉트 키워드는 간결하고 함축적으로 브랜드를 표현할 수 있어야 하며, 때로는 이를 브랜드 콘셉트 스토리로 작성하기도 한다.

외식 브랜드의 콘셉트 개발에서 고려해야 할 요소는 외식업 유형, 목표고객, 메뉴, 서비스 스타일, 서비스 속도, 평균 객단가, 분위기, 이미지, 경영철학, 예산 등 다양하다. 이러한 여러 요소들을 고려하면서 타 브랜드와 차별화된 포지셔닝이 가능한 브랜드 콘셉트 키워드를 도출해야 한다.

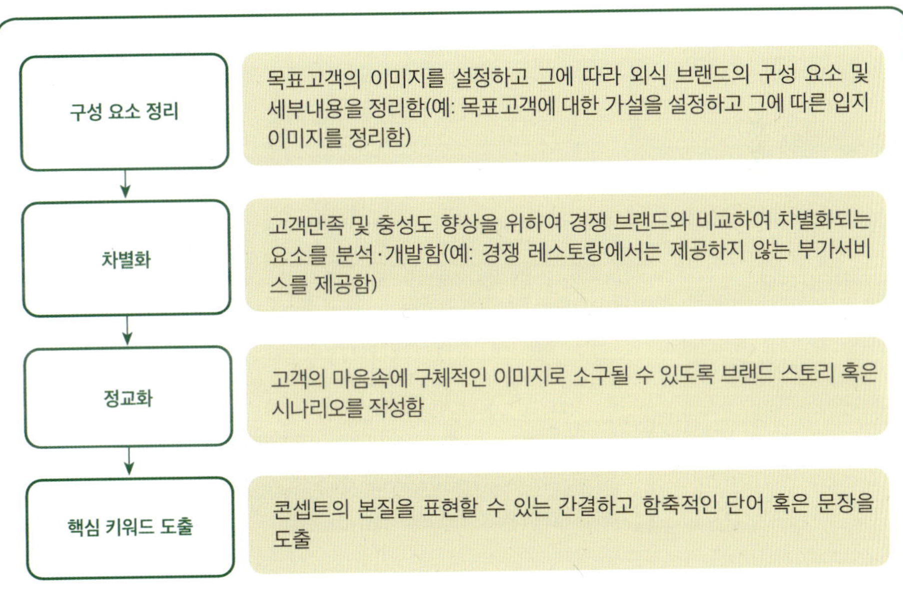

그림 3-6 콘셉트 키워드의 도출과정

사례 새로운 외식사업의 등장

외식산업 발전에 따라 새로운 콘셉트와 형태의 외식사업이 등장하고 있다. 최근에 두드러지게 성장하고 있는 외식사업의 형태는 식품을 판매하는 식품점과 음식을 먹을 수 있는 공간인 외식사업의 결합이다. 그로서-란트(Groceries + Restaurants = Grocerants), 슈퍼-란트(Supermarket + Restaurants = Superants), 레스트-마켓(Restaurants + Supermarkets = Restaumarkets) 등 다양하고 흥미로운 외식공간들의 등장으로 고객들은 더욱 풍성한 외식 형태를 즐길 수 있게 되었다.

최근에는 국내외 대형마트나 백화점 식품관에 레스토랑과 판매장이 결합된 그로서란트가 도입되었다.

표 3-2 브랜드 콘셉트 키워드의 예

키워드	내용
다양성	메뉴와 이벤트의 다양성
통일성	각 매장 간 메뉴의 맛, 인테리어의 동질성
합리성	가격 대비 맛과 양, 서비스의 만족감
신속성	시간 절약
전문성	네이밍에서의 전문성, 메뉴의 전문성
편리성	접근과 이용, 서비스의 편리성
신선함	음식의 신선함, 신선한 식자재, 이벤트와 제공 방식(홀서비스)의 새로움
생동감	동적이고 활발한 분위기, 생동감 있는 인테리어
젊음	매장 분위기, 주된 색상, 방문하는 고객과 직원의 젊음
친근함	고급스럽지 않고 대중적이며 부담스럽지 않은 친근함
즐거움	밝고 화사한 인테리어와 가격대비 맛과 양이 좋은 것에서 오는 즐거움
정겨움	오픈된 주방이나 인테리어, 함께 나눠 먹는 정겨움
편안함	인테리어의 편안함, 위치의 편안함, 서비스나 가격 등의 심리적 편안함
재미	이벤트의 재미, 메뉴를 고르는 재미, 홀서비스의 재미
독특함	홀서비스의 독특함, 패밀리레스토랑과는 다른 분위기와 서비스
공유성	음식을 나눔으로써 얻게 되는 정서의 공유

콘셉트 키워드에서 사용되는 단어나 문구는 **표 3-2**에 나타나는 것처럼 일반적으로 사용되는 단어지만 타 브랜드와 어떻게 차별화되는지, 어떻게 차별화된 포지셔닝이 가능한지 설명해주는 것이 중요하다. 예를 들면, '정겨움'의 사전적 의미는 '정이 넘칠 정도로 매우 다정하다'라는 의미지만, 레스토랑의 '정겨움'의 의미는 오픈 주방이나 인테리어를 통해, 그리고 함께 음식을 나눠먹는다는 것이다. 다음의 **그림 3-7**은 스타벅스의 콘셉트 도출 사례이다.

3. 외식 브랜드 콘셉트의 구체화

외식 브랜드 콘셉트의 구체화 단계에서는 브랜드 콘셉트를 중심으로 외식 브랜드의 구성 요소를 일관성 있게 기획한다. 외식 브랜드의 구성 요소는 브랜드 아이덴티티, 메뉴, 서비스,

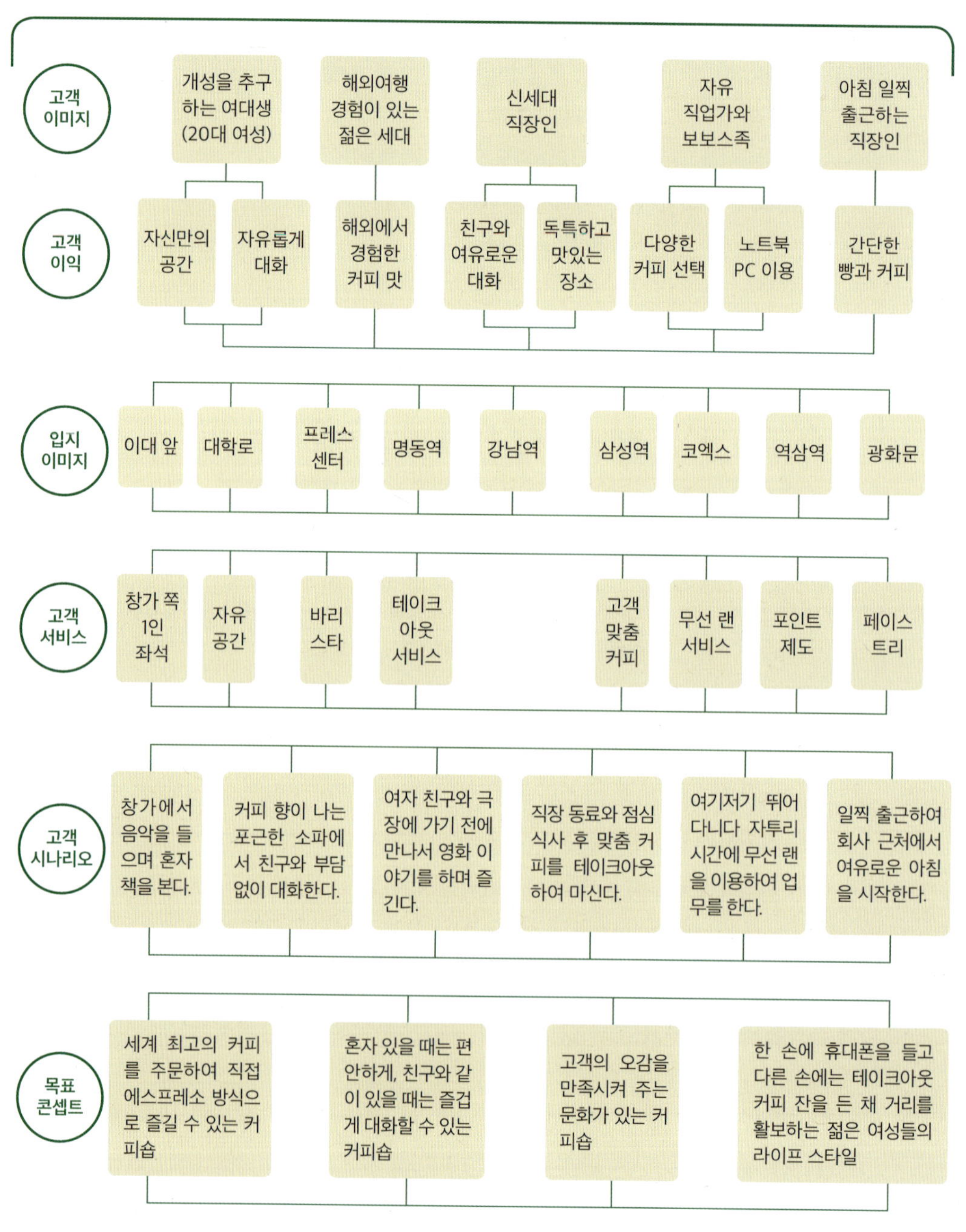

그림 3-7 '스타벅스'의 콘셉트 도출 사례

그림 3-8 외식 브랜드의 구성 요소

분위기, 입지, 가격 등이다(그림 3-8). 여기에서는 개략적으로 브랜드 콘셉트와 연결하여 이들 요소를 개발하는 과정만을 다루고, 보다 세부적인 내용은 이후 각 장에서 자세히 다루기로 한다.

1) 브랜드 아이덴티티

콘셉트 키워드를 중심으로 외식 브랜드가 고객에게 줄 수 있는 구체적인 혜택(benefit)을 기능적 속성(functional attributes), 이성적 혜택(rational benefit), 감성적 혜택(emotional benefit)으로 구체화하고, 그 결과를 함축하여 브랜드 성격(brand personality)을 도출했다면, 이러한 브랜드 성격을 가진 **브랜드 아이덴티티(Brand Identity, BI)**를 명문화한다. 브랜드 아이덴티티라고 하면 흔히 로고를 떠올리는데 브랜드 아이덴티티는 시각적인 로고만을 의미하지 않는다. 브랜드 아이덴티티는 한 브랜드가 잠재고객에게 인식되기를 바라는 모습이며, 경쟁자로부터의 브랜드 차별화를 나타내는 것이다. 다음 그림 3-9는 브랜드 아이덴티티 도출의 예이다.

브랜드의 성격이 독특함(unique), 공유성(sharing), 편안함(cozy)으로 결정되었다면 마케팅 커뮤니케이션, 홍보, 광고, 브랜드 로고, 슬로건 등에 사용되는 제작물 디자인, 인테리어 디자인, 메뉴 개발 등의 모든 작업은 브랜드의 성격인 독특함, 공유성, 편안함을 기준으로 이루어져야 한다.

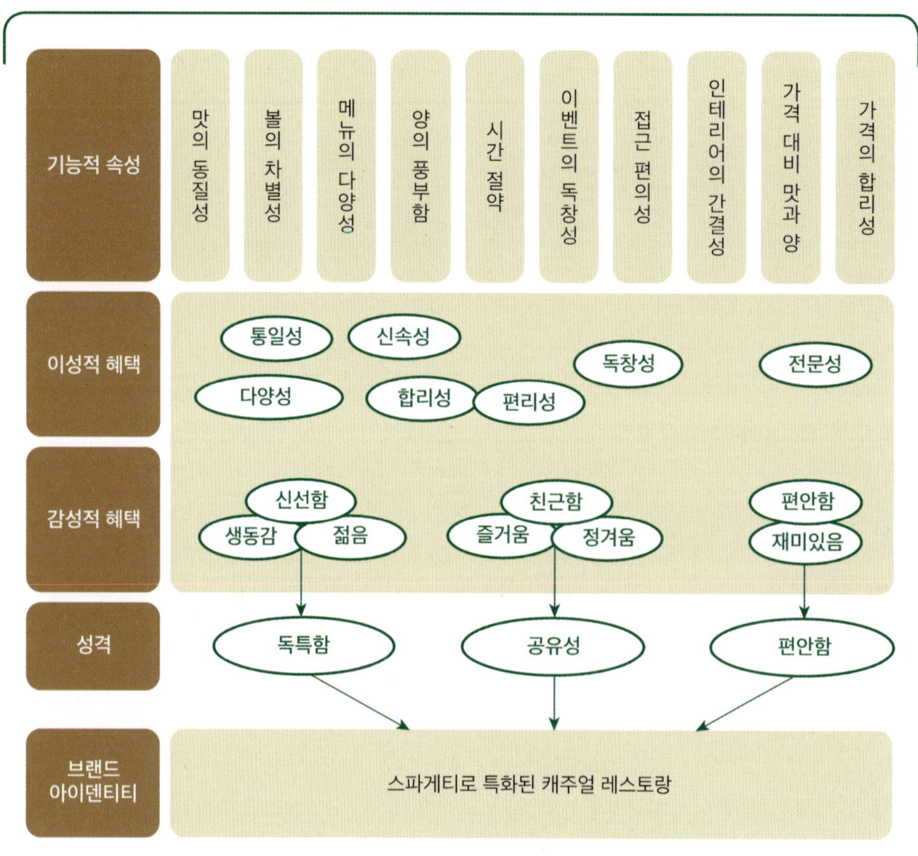

그림 3-9 브랜드 아이덴티티 도출의 예

브랜드 아이덴티티와 브랜드 콘셉트를 통해 고객에게 전달하고자 하는 혜택들이 명확하게 규명되었다면, 이제는 이러한 콘셉트를 시각적으로 보여줄 수 있는 콘셉트 표현 요소로 개발해야 한다. 콘셉트 표현 요소는 비주얼적인 것으로 컬러, 형태, 레이아웃, 서체 등이며 이는 표현매체인 로고, 심벌, 패키지, 광고, 웹사이트, 디지털 디바이스 등에 적용된다.

브랜드 네이밍(brand naming)은 콘셉트 표현 요소 개발의 핵심이 되는 작업으로 브랜드 아이덴티티를 함축적으로 표현하는 브랜드 네이밍을 찾기 위해서는 수많은 노력이 필요하다. 브랜드 네이밍은 수백 가지의 후보 거론과 여러 차례의 회의를 통해 선정되며 공간 아이덴티티 및 메뉴 아이덴티티를 결정하는 과정에서 변경되기도 한다. 외식기업의 브랜드 네

롯데리아

롯데리아(LOTTERIA)의 'L'과 'O'의 형태를 상징

자료: 롯데리아 홈페이지.

본그룹

맛있는 음식을 먹을 때 고객들이 환하게 웃는 입 모양 표현

자료: 본푸드 홈페이지.

CJ푸드빌

건강, 편리, 즐거움을 의미하는 3가지 컬러 사용, 고객에게 언제나 새롭고 친근하게 다가가는 기업의 이미지 상징

자료: CJ푸드빌 홈페이지.

엔제리너스

대표이니셜 'A'는 브랜드 네임의 첫 알파벳으로 항상(Always) 고객의 일상에 함께하고 싶음을 의미

자료: 엔제리너스 홈페이지.

그림 3-10 브랜드를 상징하는 로고 및 심벌 예시

임 및 로고 사례는 그림 3-10에 제시되어 있다.

슬로건(slogan)은 브랜드 네이밍과 같이 표기되어 브랜드의 특징을 함축적으로 표현하는 부제의 역할을 한다. 파스쿠찌(Pascucci)의 슬로건 "언제나 센스 있게, 이탈리아스럽게"는 고객의 일상 속에서 이탈리아 특유의 감각을 구현하고자 하는 브랜드 비전과 맞닿아 있다. 영문 로고에는 에스프레소의 황금빛 크레마를 연상시키는 골드 컬러를 적용해 세련되고 고급스러운 이미지를 강조하였다.

한편, 푸라닭 치킨(Puradak Chicken)의 슬로건 "치킨, 그 이상의 가치"는 단순한 음식 브랜드가 아닌 '가치 있는 경험'을 제공하는 브랜드 정체성을 표현한다. 로고는 다이아몬드를 위에서 내려다본 형태로, 다양한 시각에서 고객의 니즈를 충족한다는 의미를 담고 있다. 또한 골드·실버·화이트 컬러를 사용하여 고급스러움을 부각하고, 로고의 모티브인 다이아몬드의 강인함과 부드러움을 조화시킨 '푸라닭 젠틀 고딕' 폰트를 통해 차별화된 프리미엄 이미지를 보여주고 있다.

2) 메뉴 콘셉트

메뉴 콘셉트 역시 브랜드 아이덴티티에 기초를 두고 개발해야 한다. 브랜드 아이덴티티가 기업 입장에서 소비자에게 전달하고자 하는 것이라면, 브랜드 이미지는 소비자에게 형성된

MEGA YELLOW
PANTONE Yellow 012 C

CMYK C 0 / M 13 / Y 100 / K 0
RGB R 255 / G 222 / B 0

MEGA BLACK
PANTONE Black C

CMYK C 0 / M 5 / Y 0 / K 100
RGB R 0 / G 0 / B 0

자료: 메가MGC커피 홈페이지.

SPC BLUE	
PANTONE	298
CMYK	70/4/0/0
RGB	61/183/228
HEX	3DB7E4

SPC YELLOW	
PANTONE	7406
CMYK	0/24/96/0
RGB	235/183/0
HEX	EBB700

SPC GRAY	
PANTONE	424
CMYK	0/1/1/55
RGB	114/113/113
HEX	727171

자료: SPC 홈페이지.

자료: 푸라닭 홈페이지.

그림 3-11 브랜드 슬로건 및 로고 사례

매드포갈릭 브랜드 네이밍에 나타난 갈릭(garlic) 테마가 메뉴 콘셉트에도 일관성 있게 반영되었다.

것으로 브랜드 아이덴티티와 브랜드 이미지가 일치할 때 강력한 브랜딩이 구축된다.

레스토랑 매드포갈릭은 브랜드 네이밍에서도 알 수 있듯이, 마늘을 테마로 한 메뉴 콘셉트를 개발한 것이다. 갈릭 테마(garlic-themed)라는 브랜드 아이덴티티의 일관성상에서, 이 레스토랑의 주력 메뉴는 '갈릭 스테이크'로 고기 위에 간 마늘, 통마늘, 구운 마늘, 마늘 플레이크가 듬뿍 올라간다. 메뉴 콘셉트 개발의 요소는 메뉴명, 주요 식재료, 조리 방법, 프레젠테이션, 메뉴 제공 방식으로 구성되는데, 특히 메뉴명과 프레젠테이션은 고객에게 직관적으로 보여지므로 매우 중요하다.

메뉴 콘셉트는 브랜드 아이덴티티에 근간을 두지만, 외식 트렌드를 간과할 수 없기 때문에 트렌드를 함께 고려하여 개발한다(그림 3-12). 외식 트렌드는 케이블 TV나 주문형 비디오(Video On Demand, VOD)를 통해 해외 각종 요리 전문 프로그램 자료를 이용하여 손쉽게 구할 수 있을 뿐만 아니라, 해외 요리 관련 홈페이지, 신문, 잡지 등 다양한 매체를 통해 수집할 수 있다. 만약 웰빙, 다이어트, 오가닉(organic), 채식, 생식, 비타민 등이 외식 트렌드의 키워드라면 각종 자료를 수집하여 메뉴 콘셉트를 개발할 수 있다. 이 경우 브랜드 아이덴티티는 그린(green), 오가닉, 프레시(fresh)로 메뉴 카테고리 중 샐러드 메뉴 콘셉트를 개발하는 것을 제시하고 있다. 콘셉트를 효과적으로 전달하기 위해서는 메뉴를 담는 식기와 샐러드를 덜어 먹을 수 있는 서비스 도구에도 콘셉트를 표현하는 것이 중요하다.

이와 더불어 메뉴 개발에서 간과하지 말아야 할 것이 바로 커뮤니케이션이다. 보통 외

참고자료

ORGANIC Kitchen and Garden

THE ORGANIC SALAD GARDEN
Joy Larkcom

Salad Leaves for all seasons
ORGANIC GROWING FROM POT TO PLOT
Charles Dowding

메뉴 카테고리
샐러드
+
브랜드 아이덴티티
그린 + 오가닉 + 프레시

그린
오가닉
건강한
프레시

그림 3-12 외식 트렌드 형성 키워드의 예

식 전문 기업의 경우 메뉴 기획, 개발을 담당하는 R&D(research & development)팀, 재료 수·발주 및 재료비를 관리하는 구매팀, 레스토랑 영업장 현장의 오퍼레이션을 관리하는 영업팀, 영업장 직원의 트레이닝을 담당하는 교육팀, 그리고 메뉴의 홍보와 광고·프로모션·메뉴판 및 각종 디자인 제작물을 담당하는 마케팅팀 등 팀의 역할과 책임이 구분되어 있다. 그러나 메뉴 개발은 각 팀의 담당자가 하나의 TFT(task-force team)를 구성하여 하나의 팀처럼 운영되어야 한다. 아무리 메뉴 콘셉트가 명확하고 기획 개발이 잘 이루어졌더라도 각각의 팀이 콘셉트를 잘 이해하지 못하거나 메뉴판, 홍보 등 고객에게 전달하는 과정에서 오류가 생겨 영업장 현장에서 제대로 판매하지 못한다면 브랜드 구축이 실패할 뿐만 아니라 수익을 창출할 수 없다. 따라서 메뉴가 출시되기 약 2~3주 전부터 영업장 주방의 메뉴 조리 교육, 홀의 서버 교육뿐만 아니라 반드시 메뉴 콘셉트 교육을 병행해야 한다. 무엇보다 메뉴 품질에 기본이 되는 레시피(recipe)는 상세 재료(ingredients)와 함께 실제 영업장에서 사용하고 있는 계측단위로 양과 부피를 명기해야 하며, 조리에 사용하는 조리도구와 조리시간은 물론 보관 방법까지 상세히 기술하여 메뉴 개발자뿐만 아니라 주방에서 근무하는 모든 직원이 교육 후 메뉴를 쉽게 만들 수 있어야 한다.

3) 분위기 콘셉트

분위기 콘셉트는 브랜드 아이덴티티를 정립하고 브랜드 전략을 전개하는 브랜딩 과정에서 함께 개발되어야 한다. 레스토랑의 분위기를 구성하는 요소는 SI(Store Identity), 가구, 음

브랜드 콘셉트와 분위기 콘셉트 구성 요소들이 조화를 이루어야 브랜드 콘셉트를 고객에게 효과적으로 각인시킬 수 있다.

악, 조도, 종업원의 유니폼, 다른 고객 등으로 메뉴를 제외한 모든 요소라고 할 수 있다. 이들 모든 요소가 브랜드 콘셉트와 일치하고 다른 요소와 조화를 이루어야 고객에게 브랜드 콘셉트를 효과적으로 각인시킬 수 있다. 분위기 요소는 고객에게 직관적으로 보여지는 것으로 트렌드를 무시할 수 없으나, 향후 몇 년간 지속적으로 사용되어야 하므로 지나치게 트렌드

분위기 콘셉트를 개발하는 가장 유용한 방법은 사진, 그림 등 비주얼 커뮤니케이션 자료를 활용하는 것이다.

를 반영하는 것은 지양해야 한다.

분위기 콘셉트를 개발할 때 가장 유용한 방법은 비주얼 커뮤니케이션(visual communication)이다. 비주얼 커뮤니케이션은 음성언어나 문자언어 대신 사진, 그림 등 비주얼 자료를 활용하여 콘셉트를 잡는 것이다.

이러한 비주얼 자료는 브랜딩 과정에서 주요 콘셉트 키워드를 추출할 때 찾아 인테리어 콘셉트 개발에 응용할 수 있는 1차 자료로 쓴다. 이때 자료의 형태가 꼭 인테리어 실사일 필요는 없다. 오히려 영화의 한 장면이나 어느 화가의 그림, 혹은 관광지의 풍경을 담은 사진엽서 등 일상생활에서 흔히 접할 수 있는 자료를 통해 결정적인 콘셉트 구성 요소의 힌트를 얻을 수 있다.

4) 서비스 콘셉트

목표고객의 특성과 브랜드 콘셉트하에서 서비스 제공 정도 및 스타일 등 **서비스 콘셉트**를 규정하게 된다. 예를 들어, 스타벅스는 제3의 장소(집, 직장 그리고 스타벅스)를 지향하기 때문에 고객의 얼굴과 그들의 취향을 기억하여 친근감을 표현하는 서비스를 제공하며, 비비고는 '웰빙 패스트푸드'라는 콘셉트 부각을 위해 세미셀프(semi-self) 방식의 서비스를 제

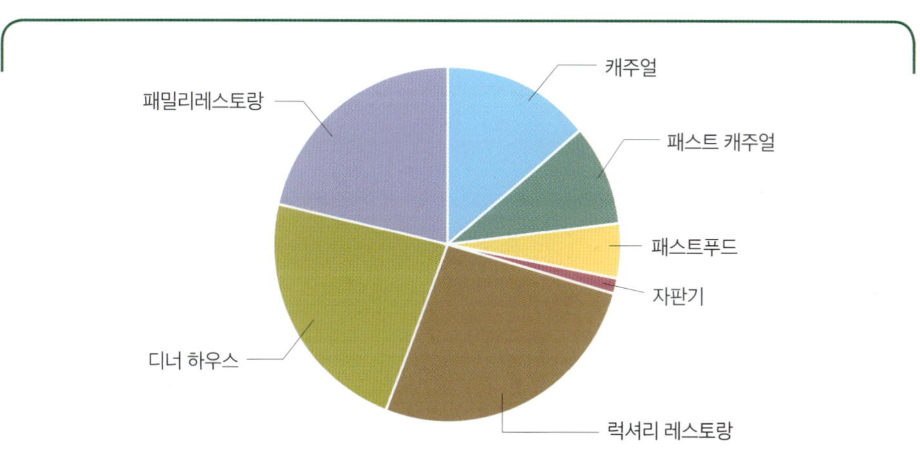

그림 3-13 다양한 외식업에서 요구되는 서비스 수준

공하고 있다. 즉, 주문은 셀프서비스로 하고 메뉴의 제공은 착석 후 서버가 진행하는 방식으로, 이는 서비스 제공 정도가 패스트푸드 서비스보다는 많고 캐주얼 다이닝 서비스보다는 적다. 그림 3-13은 다양한 외식업에서 요구되는 서비스 정도를 보여주고 있다.

5) 입지 콘셉트

경쟁이 점차 치열해지는 외식시장에서 입지의 중요성이 더욱 부각되고 있다. "입지도 전략이다."라는 말이 있을 정도로 입지 선정에 있어서는 다각적인 분석과 사고가 필요하다. 입지는 목표고객의 특성 및 브랜드 콘셉트를 반영함과 동시에 레스토랑 수익성에 지대한 영향을 미치기 때문에 임내료 수준 등의 현실적인 조건을 고려해야 한다. 스타벅스는 프리미엄 커피전문점의 목표고객을 '20대 여성'으로 설정하여 1호점을 1999년에 이화여자대학교 부근에 출점하였다. 빕스(VIPS)는 브랜드 및 점포 이미지를 고객의 머릿속에 명확하게 각인시키기 위해 초기에는 독립점포(free-standing)의 형태로만 출점하였다.

6) 가격 콘셉트

가격은 업태, 목표고객, 경쟁사 및 브랜드 콘셉트에 부합해야 고객에게 브랜드를 일관되게 각인시킬 수 있으며 나아가 고객만족 및 충성도를 이끌어낼 수 있다. 예를 들어, '고급제품과 기술을 갖춘 대중적인 점포'라는 브랜드 콘셉트를 지닌 파리크라상은 가격을 파리바게뜨보다 높은 수준으로 책정하고 있다. 그러나 현실적으로는 좌석회전율, 식재료비, 인건비, 임대료 수준 등의 조건들이 가격 책정에 더욱 결정적인 요소이다. 따라서 가격은 브랜드 콘셉트에서 크게 벗어나지 않는 방향에서 메뉴, 서비스 및 분위기 등의 콘셉트를 세부적으로 가감하여 조정되기도 한다. 최근에는 고객만족을 배가시키기 위한 다양한 할인정책 역시 브랜드 콘셉트에 따라 그 규모 및 종류를 정하고 제휴업체 선정 등을 진행하고 있다.

사례 K-치킨, 이색적 특화 매장 경쟁

국내 대표 치킨 브랜드인 BHC, BBQ, 교촌치킨 등이 최근 이색적인 특화 매장을 운영하고 있다. 브랜드의 정체성을 직접 체험할 수 있는 복합 문화공간으로 발전하고 있는 플래그십 스토어들은 변화하는 소비 트렌드, 비대면 중심 소비 문화의 반작용, 체험형 콘텐츠의 확대, 브랜드 충성도를 높이기 위한 외식 브랜드들의 전략적 움직임의 결과이다.

교촌치킨은 서울 이태원에 스피크이지 콘셉트의 플래그십 '교촌필방'을 운영하고 있다. 전통 붓질 조리법을 테마로 꾸민 매장은 무형문화재 필장이 제작한 붓과 옻칠한 한지 인테리어로 공간을 구성하였다. 메뉴는 필방 시그니처 4종 플래터, 본초치킨, 필방 고추튀김, 꾸븐 떡볶이 등으로 차별화하였다. 해외 매장의 경우 국가별 특성을 반영하였는데, 허니시나몬 윙, 버팔로 교촌스타일 윙, 교촌 치킨 라이스볼 등의 메뉴를 운영 중이며, 말레이시아, 인도네시아 등에서는 할랄 인증 메뉴로 현지화 전략을 전개하고 있다.

BHC는 전용 콘셉트 매장 'BHC pop'을 선보였는데, BHC 브랜드 철학을 시각적으로 구현한 콘셉트형 매장으로 대표 메뉴인 콜팝의 브랜드 정체성을 공간으로 확장했다.

BBQ의 글로벌 전략에서도 플래그십 스토어는 핵심 거점 역할을 하고 있다. 뉴욕 타임스퀘어 중심가에 자리한 BBQ 글로벌 플래그십은 외국인 관광객을 집중 공략하기 위해 'K-치킨', '한식', '한류 감성'이라는 3요소를 결합해 매장을 구성하였다. 해당 매장에서는 김치프라이드라이스, 불고기치킨타코, 치킨김밥, 한류 스타 굿즈 등 다양한 콘텐츠가 구현되어 있다.

자료: 주간한국(2025. 7. 29.) 재구성.

4. 입지 선정 및 사업성 검토

1) 예상 입지 선정 및 분석

외식사업을 시작할 때는 우선 입지를 확정하고 그 입지에 적합한 브랜드 콘셉트를 개발하는 접근 방법과, 콘셉트를 먼저 개발하고 그 콘셉트가 수용될 수 있는 입지를 찾는 2가지 접근 방법을 생각할 수 있다. 어떠한 방법이든 간에 외식업에서 '입지'가 사업 성공에 결정적인 역할을 한다는 사실은 불변의 진리이다. 입지를 분석한다는 것은 외식업체가 속해 있는 지역, 장소, 권역의 상권력과 특성을 분석하는 것이다.

외식산업에서 **입지**는 점포가 소재하고 있는 위치(location) 조건을 말한다. 소비자가 생산지까지 직접 방문하여 소비하는 외식산업의 특성상 입지는 고객의 점포 선택에 결정적인 역할을 한다. 아무리 좋은 메뉴를 판매하더라도 입지에 따라 성패가 좌우되며, 입지 자체가 판매상품이자 고객을 유인하는 수단이 된다. 또한 입지는 전 세계에 단 하나만 존재하는 독점성을 가진다. 이러한 독점성 때문에 창업 시 입지는 매우 신중하게 결정해야 한다. 한 번 결정한 입지는 메뉴나 인테리어와 같은 요소와 달리 변경이 불가능하고, 아무리 많은 노력과 비용을 투자해도 절대로 극복할 수 없는 한계가 된다. 일본의 유명 외식 컨설턴트 오쿠보 카즈히코는 "내가 치료할 수 없는 음식점은 입지 선정에 실패하였거나 경제 사정이 극히 어려울 때뿐이다."라고 말했다. 이처럼 입지 선정은 대단히 중요하다.

입지가 하나의 점(point)으로서의 점포 위치라면 **상권**은 범위(area)를 의미한다. 상권은 점포를 이용할 가능성이 있는 고객들이 거주하는 범위로 점포의 세력이 미치는 범위라고 할 수 있다. 입지가 고정적이어서 전 세계에 단 하나뿐인 독점성을 갖는다면, 상권은 유동성을 갖는다. 상권의 범위는 점포의 업종과 업태, 경영자의 능력에 따라 변할 수 있다. 예를 들어, 스테이크 전문점 같은 업종은 먼 곳에서 자동차를 타고 와서 방문하기 때문에 상권의 범위가 분식점보다 넓다.

입지조건의 구성 요소가 접근성, 가시성, 점포 형태 및 시설구조라면 상권의 구성 요소는 유동인구, 배후지 인구, 경쟁점포, 교통 및 통행유발시설 등이다.

2) 사업성 검토 및 예상 손익 산출

입지 선정과 함께 **사업성 검토**도 중요한 부분이다. 외식사업을 위한 사업타당성 분석은 창업에 앞서 사업의 성공 여부를 판단 또는 분석하는 것이다. 사업타당성 분석은 객관적·체계적 분석을 통해 창업 성공률을 높이는 데 반드시 필요하고, 창업 요소의 정확한 파악을 통해 창업기간을 단축할 수 있도록 도와준다. 또한 성공 가능성이 낮은 사업을 회피할 기회를 제공하고 사업을 지속할 것인지, 포기할 것인지를 결정할 수 있게 해준다.

일반적으로 소규모 외식업의 사업타당성은 매출액 추정, 비용 추정, 추정 손익계산서, 손익분기점 분석 등의 방법을 통해 검토할 수 있다. 이와 관련된 자세한 내용은 10장에서 학습하기로 한다.

3) 콘셉트북 작성

외식 브랜드 콘셉트 도출 단계부터 입지 선정 및 사업성 검토 단계까지 모든 과정을 진행한 후에는 **콘셉트북(concept book)**을 작성한다. 콘셉트북은 콘셉트 개발의 전 과정에서 결정된 내용을 함축적으로 담은 것으로, 대내외적인 커뮤니케이션에 유용하게 활용된다. 콘셉트북은 내부 직원이 브랜드 콘셉트를 명확하게 이해하고 업무를 수행할 수 있도록 하고, 마케팅 커뮤니케이션 기획 및 실행 단계에서 반드시 준수해야 할 커뮤니케이션 요소에 대한 명확한 지침을 제공하며, 인테리어 회사 등 협력사와 업무를 진행할 때 정확한 콘셉트를 의사소통할 수 있는 도구가 된다.

콘셉트북은 외식 브랜드의 운영관리뿐만 아니라 가맹사업으로 확대하거나 해외진출을 계획하고 있을 때도 매우 유용하며 사업제안서나 사업 설명회, 직원 교육 자료, 언론 홍보자료 등으로 폭넓게 활용할 수 있다.

STEP 1
활동 사례
ACTIVITY

고객 경험 극대화를 위한 외식업계의 변화

롯데GRS는 기존 구로디지털역 롯데리아 매장을 복합 외식 매장으로 리뉴얼하였다. 이 공간에서는 버거와 도넛을 함께 즐길 수 있는 매장으로 브랜드별 주문이 가능하며 저시력자·고령층을 위한 고대비·음식안내 기능 등을 적용한 무인 키오스크도 설치됐다. 또한 주방 자동화 로봇 '알파그릴(패티조리)'을 도입해 외식업계 구인난 해소와 조리 효율화를 통해 고객 회전율을 높일 것으로 기대하고 있다.

크리스피크림도넛 매장에는 '핫-나우(HOT-NOW)' 콘셉트 강화를 위해 도넛 온장고를 구비해 대표 메뉴인 오리지널글레이즈드를 따뜻하게 고객에게 제공할 수 있는 '웜-업(Warm-Up)' 서비스로 고객 경험을 강화한다.

신규 브랜드인 프리미엄 수제 초콜릿 디저트 카페 '쇼콜라 팔레트'는 '마법 같은 순간을 만드세요(Make a Magical Moment)'를 슬로건으로 MZ 세대의 소비트렌드를 반영하였다. 롯데중앙연구소와 공동 개발한 카카오 매스 분쇄기에서 직접 추출한 초콜릿 디저트 메뉴를 경험할 수 있으며, 카카오 고유의 깊은 향과 풍미, 그리고 다채로운 색감의 플레이팅으로 시각적 즐거움도 느낄 수 있도록 매장을 구성하였다.

자료: 머니투데이(2024. 2. 5.), 스포츠동아(2024. 2. 26.), 롯데GRS 홈페이지 재구성.

1. 기존 외식브랜드가 고객경험을 극대화하기 위해 다양한 변화를 시도한 사례를 찾아보자.
2. 새로운 고객 경험을 창출하기 위해 독창적인 콘셉트를 시도한 신규 외식 브랜드 사례를 찾아보자.

STEP 2
연습 문제
REVIEW

1. 점차 치열해지는 외식산업의 경쟁 환경 변화 속에서 외식 브랜드 콘셉트 개발이 왜 중요한지 설명해보자.
2. 외식 브랜드 콘셉트는 어떠한 단계를 거쳐 개발되는지 열거해보자.
3. 시장세분화, 목표고객 선정, 포지셔닝의 개념을 설명해보자.
4. 메뉴 콘셉트를 개발할 때는 어떠한 점을 고려해야 할지 생각해보자.
5. 성공한 외식 브랜드를 하나 선택하여 브랜드 콘셉트 구성 요소(BI, 메뉴, 서비스, 분위기, 입지, 가격)가 어떻게 조화를 이루고 있는지 설명해보자.
6. 외식업의 고객층의 세분화 기준을 다양하게 제시해보자.
7. 동일 메뉴를 취급하는 여러 외식 브랜드(예: 햄버거를 주메뉴로 하는 브랜드)를 포지셔닝 맵(positioning map)에 위치시켜 보자.
8. 입지 선정이 잘된 예와 잘못된 예를 하나씩 생각해보고, 잘못된 입지 선정의 극복 방안을 토의해보자.

STEP 3
용어 정리
KEYWORD

- **브랜드 콘셉트** 한 브랜드만이 가지는 특별한 개성적 이미지로 고객의 마음 속에 같은 제품군 내의 다른 브랜드와 구별짓게 하는 개념
- **외식 브랜드 콘셉트 개발 프로세스** 브랜드 콘셉트 도출 단계, 브랜드 콘셉트 구체화 단계, 입지 선정 및 사업성 검토 단계로 구분
- **벤치마킹** 특정 분야에서 우수한 상대를 표적으로 삼아 자기 기업과의 성과 차이를 비교하고, 이를 극복하기 위해 그들의 뛰어난 운영 프로세스를 배우면서 부단히 자기 혁신을 추구하는 경영 기법
- **시장세분화** 외식시장의 고객을 어떠한 특징에 따라 구분하는 것
- **타기팅** 세분화한 고객층 중에서 목표로 하는 고객을 결정
- **포지셔닝** 외식 브랜드가 고객의 마음속에 어떻게 인식되도록 할 것인지 결정
- **포지셔닝 맵** 브랜드에 대한 고객의 지각을 2차원이나 3차원의 그래프로 표시
- **브랜드 콘셉트 키워드** 브랜드 콘셉트를 간결하고 함축적으로 표현할 수 있는 문구로, 때로 브랜드 콘셉트 스토리로 작성
- **브랜드 아이덴티티** 한 브랜드가 잠재고객에게 인식되기를 바라는 모습. 경쟁 브랜드와의 차별점을 표현
- **메뉴 콘셉트** 메뉴 콘셉트는 브랜드 아이덴티티에 기초를 두고 개발하며, 개발 요소는 메뉴명, 주요 식재료, 조리 방법, 프레젠테이션, 메뉴 제공 방식으로 구성
- **분위기 콘셉트 개발 요소** SI(Store Identity), 가구, 음악, 조도, 종업원 유니폼, 다른 고객 등
- **서비스 콘셉트** 목표고객의 특성과 브랜드 콘셉트하에서 서비스 제공 및 스타일 등 서비스 콘셉트를 규정
- **입지 콘셉트** 입지는 목표고객의 특성 및 브랜드 콘셉트를 반영함과 동시에 수익성에 지대한 영향을 미치기 때문에 임대료 수준 등의 현실적인 조건도 고려
- **가격 콘셉트** 가격을 업태, 목표고객, 경쟁사 및 브랜드 콘셉트에 부합하게 책정해야 고객에게 일관되게 브랜드를 각인시킬 수 있으며 나아가 고객만족 및 충성도와 연관
- **입지** 점포가 소재하고 있는 위치 조건

- **상권** 점포를 이용할 가능성이 있는 고객이 거주하는 범위
- **사업성 검토** 사업을 시작하기 전에 성공 여부를 판단 또는 분석하는 것으로 매출액 추정, 비용 추정, 추정 손익계산서, 손익분기점 분석 등의 방법으로 검토

CHAPTER

04

외식공간 디자인

외식공간의 규모 설정, 공간의 배치 등과 같은 공간계획에 대한 문제는 외식사업 기획에서 중요하게 고려되어야 한다. 고객은 외식을 하나의 경험으로 인식하고 외식공간에서의 모든 경험을 통해 브랜드를 평가하게 된다. 따라서 외식공간은 때에 따라 사업의 성패를 좌우하는 중요한 차별화 요소가 되기도 하며 고객에게는 서로 다른 브랜드로 인지되는 인식의 기본 틀을 마련한다. 이 장에서는 이와 같은 외식공간계획의 중요성을 이해하고 효율적인 공간계획과 공간 배치 방법에 관해 살펴본다.

예술을 품은 외식공간, '아트테인먼트'로 감각을 디자인하다

예술(Art)과 엔터테인먼트(Entertainment)의 합성어인 아트테인먼트(Art-tainment)는 미술 · 공연 · 문화 · 미식이 하나의 공간에서 어우러지며 새로운 경험을 제공하는 복합 문화공간을 의미한다. 최근 외식산업과 공간디자인 분야에서는 단순한 식사 기능을 넘어 예술적 요소와 감각적 체험을 결합한 공간 구성이 확대되고 있으며, 이는 다양한 예술 기반 식음공간을 통해 구체화되고 있다.

'예술 기반 식음공간'의 새로운 방향성은 갤러리와 식음 서비스를 결합한 공간들을 통해 예술 감상과 미식 경험을 자연스럽게 연결하는 데 있다. 여기서는 작품, 메뉴, 인테리어가 하나의 흐름으로 이어지도록 구성하고 방문객이 단순한 식사를 넘어서 예술적 분위기와 미적 감각을 함께 체험하도록 이끈다.

국외에서는 테이블에 투사되는 몰입형 3D 아트와 파인다이닝을 결합한 'The Radiant Table'과 같은 사례도 등장하고 있는데, 테이블 표면에 실시간 시각 이미지가 반영되며, 각 코스가 셰프의 스토리 · 음악 · 시각적 연출과 결합되어 식사 자체가 하나의 예술 퍼포먼스로 완성된다. 이러한 기술 기반 예술 요소는 외식공간에 새로운 차원의 감각적 경험을 더하며 경계를 확장하고 있다.

이처럼 아트테인먼트를 기반으로 한 외식공간 디자인은 예술, 미식, 공간을 결합해 새로운 감각적 경험을 제공하며, 색감, 조명, 메뉴, 작품, 디지털 연출이 하나의 스토리로 연결된 '문화적 무대'로서의 외식공간을 만들어가고 있다.

자료: Seattle Refined(2025. 8. 22.).

1. 외식공간계획의 기본 개념

1) 공간계획의 의의

외식공간의 효율적인 운영을 위해서는 메뉴 구성, 고객층, 객단가와 함께 적합한 공간의 형태 및 규모, 배치 방법 등이 중요하게 고려되어야 한다. 이는 실제 외식기업의 공간계획에 적용되고 있는데, 패스트푸드 브랜드 맥도날드에서 대표적으로 사례를 찾아볼 수 있다. 맥도날드에서는 주로 밝고 가벼운 소재의 마감재와 가구들, 매장 내 유동인구의 흐름을 고려한 효율적인 공간 배치, 그리고 경쾌한 음악과 밝은 조도 등에서 일관된 공간 디자인의 의도를 찾아볼 수 있다. 이는 어린이를 동반한 가족 고객과 젊은 층을 목표고객으로 설정하고 회전율을 빠르게 하기 위한 고려가 공간계획에 반영되었음을 보여준다.

고객의 재방문과 만족도 향상을 이루기 위한 외식공간계획은 단순히 시각적인 효과가 아닌 고객의 새로운 경험 창출 그 이상의 가치를 목표로 하게 된다. 성공적인 공간계획은 하나의 브랜드로서 외식공간이 고객에게 전하고자 하는 메시지를 한층 강화시킨다.

외식공간의 물리적인 공간계획에 앞서 우선 브랜드 전체에 적용될 수 있는 일관된 사업 방향 설정을 선행해야 한다. 주방, 홀, 저장공간 등 외식공간을 구성하고 있는 각각의 세부 공간들은 개별적인 고유 기능을 수행함과 동시에 상호 긴밀하게 연결되어 유기적인 관계하에 운영된다. 따라서 세부 공간 간의 관계를 명확하게 이해하여 공간의 효율성을 높여야 한다.

2) 공간계획의 기본원리

설정된 사업의 방향과 공간에 대한 분석을 토대로 구체적인 설계가 이루어지는데, 이때 반드시 고려해야 할 기본적인 원리는 다음과 같다.

(1) 동선 조절

동선 조절은 공간에서 이루어지는 다양한 동선의 흐름(flow)을 미리 파악하고 원활하게 조절하는 것이다. 외식공간에는 눈에는 보이지 않으나 다양한 동선이 형성되며 이는 운영에 중요한 영향을 미친다. 동선의 종류에는 고객 동선, 종업원 동선, 음식 동선, 식기 동선, 서비

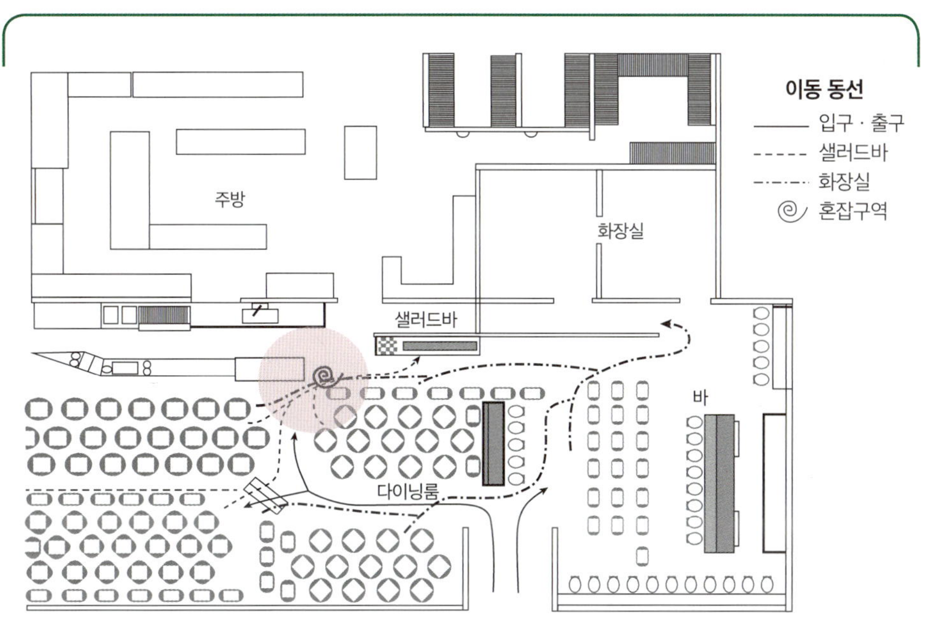

그림 4-1 외식공간의 고객 이동 동선

스 동선이 있다. 각각의 동선은 주차장부터 안쪽 주방에 이르기까지 다양하게 분포되며 유기적인 관계하에 복합적으로 구성되어 있다. 따라서 공간계획 시에는 각 동선의 원활한 흐름을 유도하고 상호 간섭을 최소화함으로써 효율적인 이동이 이루어질 수 있게 해야 한다.

그림 4-1에서와 같이 여러 동선이 충돌할 경우 실제 운영에 어려움이 생기기도 한다. 샐러드바를 이용하는 고객의 동선과 화장실을 이용하는 고객의 동선, 그리고 직원의 이동 동선 모두 상호 중첩되어 그림에서와 같은 혼잡구역이 발생한다. 이러한 혼잡을 막고 원활한 동선 순환을 위해서는 기능에 따른 동선의 흐름을 미리 예측하고 각 동선을 서로 분리시키거나 혹은 혼잡구역의 동선 폭을 확장하여 간섭을 최소화해야 한다.

(2) 공간 간의 거리

공간계획 시에는 다양한 측면에서 **공간 간의 거리(distance)**를 고려할 필요가 있다. 우선 고객의 관점에서 각각의 이동 동선은 공간의 기능에 따라 유기적으로 연결되어 고객에게 편의성을 제공할 수 있어야 한다. 주차장에서부터 입구까지의 접근 거리, 다이닝 홀에서 화장

고객 이동의 원활한 흐름을 고려하여 계산 및 대기공간을 넓게 배치한다.

실과 기타 편의시설까지의 거리 혹은 어린이 동반 고객을 위한 놀이공간과의 거리 등 다양한 측면에서 검토되어야 한다. 반면 프라이빗한 다이닝공간은 거리 확보를 통해 상호 간의 공간 독립성을 유지할 수 있다.

종업원 측면에서는 주방 혹은 서비스 스테이션과 고객에게 서빙이 이루어지는 거리, 홀에서 사용된 식기를 세척공간으로 이동하는 거리 등이 고려되어야 한다. 주방에서 이루어지는 모든 작업 간의 이동거리도 중요하게 검토되어야 한다. 효율적인 거리의 조절을 통하여 최적의 상태로 고객에게 제공되는 음식의 신선도를 유지할 수 있으며 보다 신속한 응대로 만족스러운 서비스를 제공할 수 있다.

(3) 서비스 속도

음식의 **서비스 속도(speed of service)**는 메뉴의 종류, 외식공간의 종류에 따라 달라질 수 있다. 기본적으로 빠른 서비스가 가능할수록 잘 계획된 공간으로 간주된다. 패스트푸드나 카페테리아 유형의 레스토랑은 신속한 서비스가 필수적이므로 지체 없이 주문과 서빙이 이루어질 수 있도록 공간을 구성해야 한다. 반대로, 긴 시간 동안 다양한 음식을 순차적으로 서빙하는 파인 다이닝의 경우, 음식을 먹는 속도에 맞춰 적절한 서빙 시점을 조절할 수 있는 효율적인 동선계획이 이루어져야 한다.

(4) 공간의 규모

공간의 규모는 좌석 및 테이블 수, 카운터의 수 등 초기에 선행된 타당성 분석에 따라 구체적으로 검토하여 적용된다. 그뿐만 아니라 입지의 특성에 따른 고객의 특성, 즉 연령, 직업, 선호도 등에 따라 세부 공간의 필요 공간 규모는 달라진다. 예를 들어, 테이크아웃 고객이 대부분이거나, 차를 이용한 드라이브스루 고객이 많은 매장의 경우에는 대규모의 좌석공간 확보가 크게 효율적이지 않다. 오히려 외부 주차장과 차량진입 동선 혹은 외부 대기공간 등이 보다 여유 있게 설계되어야 한다. 오른쪽 사례와 같이 별도의 테이크아웃 고객만을 위한 서비스공간을 마련하기도 한다. 때에 따라서는 특정 시간대에 고객이 몰리기도 한다. 특히 점심시간 혹은 오전 출근시간에 집중된다면 그 시간대의 최대 고객 수를 파악하고 이에 대응할 수 있는 공간 설계가 필요하며, 그 외 시간에는 다른 용도로 전환이 가능하도록 융통성 있는 계획도 고려할 수 있다.

포장 고객만을 위한 별도의 주문 및 대기공간을 두어 레스토랑 내 식사 고객과의 공간을 구분하고 빠른 주문을 가능하게 하여 대기 고객의 편의를 향상시켰다.

(5) 공간의 방향성

공간 내 고객들의 동선을 자연스럽게 유도할 수 있도록 **공간의 방향성(direction)**이 고려되어야 한다. 이는 외부 주차장 혹은 입구에서부터 적용될 수 있다. 고객들이 출구와 입구를 쉽게 인지하고 접근할 수 있도록 다양한 요소들로 이동 방향을 유도할 수 있다. 보도와 화단 조성으로 입구로의 자연스러운 이동을 유도하거나 안내 사인, 광고 홍보물, 화살표를 이용한 방향 지시 사인 등 색상의 변화를 준 시각적인 요소로 입구를 인지하게 할 수 있다.

건물의 출입구로 이용되는 정면 외벽 부분인 **파사드(façade)**는 고객 동선의 흐름에 시각적으로 큰 영향력을 발휘한다. 또한 내부 공간에서도 고객들이 공간에 대한 편안함을 느끼고 망설임 없이 공간에 적응할 수 있도록 자연스러운 방향 유도가 필요하다. 예를 들면, 내부 마감재의 패턴과 컬러의 변화 혹은 다양한 조명효과 등을 통해 효과적인 계획이 가능하다.

컬러의 변화로 입구를 부각시킨 외부 파사드이다.

자연스럽게 방향을 유도한 내부 공간의 모습이다.

1 바닥의 패턴을 달리하여 고객의 이동 방향을 유도한다.

2 화살표 사인을 표시하여 고객이 자연스럽게 이동할 수 있도록 유도한다.

고객에게 서빙되는 음식의 이동 동선을 계획할 때도 조리부터 식기의 수납, 서빙 그리고 퇴식에 이르는 작업과정을 단순화시키고 작업과정의 일정한 방향성을 고려하여 실제 작업의 효율을 높일 수 있다. 효율적인 공간 배치는 작업능률 향상을 통해 고객만족에 직접적인 영향을 미치게 된다.

3) 공간계획의 순서

효율적인 외식공간계획을 위해서는 메뉴, 입지 현황, 고객의 라이프스타일, 소비 성향 등 다양한 측면에서의 공간분석과 이해가 선행되어야 한다.

외식공간을 구성하는 기본 영역은 크게 실내와 실외공간으로 구분된다. 실내공간은 입구와 다이닝공간 그리고 작업 및 저장이 이루어지는 주방공간으로 구성되며, 외부 공간은 주차장, 외부 테라스 등의 공간이 포함된다. 각 공간은 개별 기능과 용도 그리고 법적 규제 등을 고려하여 적정 규모로 배치된다. 이처럼 주어진 기본 공간에 세부 공간의 각 기능과 상호관계를 고려하여 공간의 위치 및 규모에 대해 계획하는 것을 공간 배치계획이라 한다. 이러한 공간 배치계획에 따라 건축설비, 소방시설, 보일러 등의 시공계획에 대한 검토가 이루어진다. 단독 건물일 경우에는 외부 건물 형태에 대한 계획이 거의 동시에 이루어진다. 기본적인 계획의 검토가 이루어진 후에는 본격적인 세부계획이 진행되는데 우선 외부 출입구와 사인, 디스플레이 공간 등의 기타 설치물 등이 계획된다. 이와 동시에 내부 공간의 인테리어 계획이 이루어지는데 공간에 따라 마감재계획, 컬러계획, 조명계획, 가구 및 주방기기 설치 계획 등의 세부계획이 이루어진다(그림 4-2).

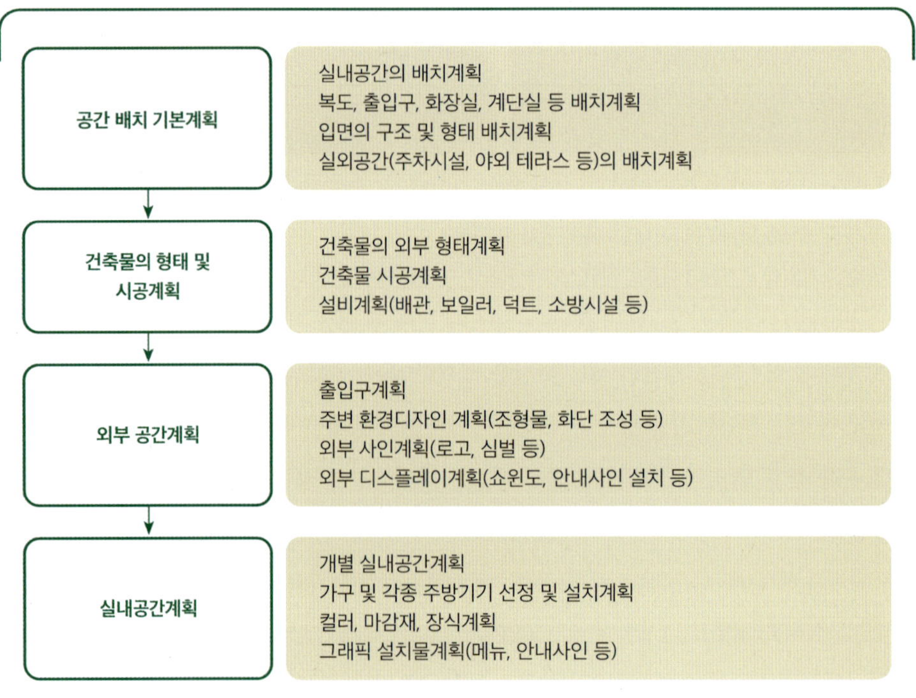

그림 4-2 외식공간계획 프로세스

자료: 김현지 외(2009).

2. 실내공간계획

1) 입구 및 다이닝공간

입구 및 다이닝공간에는 좌석과 테이블을 기본으로 하는 객석공간을 비롯하여 입구 계산대, 대기공간, 화장실, 바 카운터(bar counter) 등이 포함된다. 이 영역의 설계에는 초기에 검토된 기본 설계 콘셉트에 따라 고객과 직원의 동선계획, 가구선정 및 배치계획, 조명계획, 마감재 및 기타 장식계획 등 다양한 측면이 고려된다. 이 영역은 고객 서비스의 주요 접점으로 고객이 주로 머무는 공간이므로 편의성과 쾌적성을 기본으로 양질의 서비스 제공을 위하여 효과적으로 공간을 활용할 수 있도록 설계되어야 한다.

설계의 중요한 요소로 동선의 폭과 길이, 테이블, 의자를 비롯한 가구의 치수, 연계 사용되는 가구 간의 간격 등은 신중하게 검토해야 한다. 효율적인 작업과 이동의 원활함을 위하여 인체 기본 치수와 인간의 행동반경을 고려하여 세부 설계가 이루어진다. 특히 가구 선정 시에는 상호 연계된 가구 사이의 상호관계와 적합성을 실제 테스트하여 결정한다. 그 밖에 출입구 폭과 높이, 카운터 높이, 계단 폭과 너비 등의 계획에 있어서도 인체 기본치수와 공간의 특성을 명확히 파악하고 적용하여 공간의 기능과 시각적 아름다움을 동시에 고려해야 한다. 이는 고객에게 편의성을 제공할 뿐만 아니라 효율적인 공간 활용에 대한 계획의 타당성 검토에도 명확한 근거가 된다.

(1) 입구 및 대기공간

입구 및 대기공간은 실내 전체 공간 중 고객을 처음 대면하는 곳으로 고객에게 첫인상으로 인식된다. 그뿐만 아니라 외부 공간과 내부 공간을 이어주는 절충공간의 기능도 한다. 따라서 외부로부터의 진입동선과 내부 공간과의 연계성을 면밀하게 검토해야 한다.

출입구는 매장이 단독 건물인지, 대형 쇼핑몰이나 빌딩 내에 소속된 공간인지에 따라 서로 다른 제약과 특성을 갖는다. 외부에 노출되어 있는 단독 건물은 외부 날씨와 차량의 접근성까지도 영향을 받는다. 일반적으로 출입구 문은 에너지 효율을 높일 수 있는 이중도어나 방풍실 혹은 회전문 등의 설치로 외부 공기의 유입을 조절할 수 있어야 한다. 내부 영역으로는 계산대뿐만 아니라 고객 대기공간, 가방이나 옷을 보관할 수 있는 보관소 등이 포함된다.

1

2

3

4

출입구 및 계산대, 대기공간의 모습이다.

1 건물 내 출입구에 조명을 통한 브랜드명 강조로 레스토랑 입구를 확인할 수 있다.

2 출입구 내부에 쇼케이스를 통해 판매 제품을 확인하고 선택할 수 있는 공간을 마련하였다.

3 식사공간과 대기공간을 별도로 구획하지 않고 소파나 테이블, 의자를 배치하여 대기 고객이 편안하게 대기할 수 있도록 하였다.

4 레스토랑 사용 식재료를 계산대 주변에 배치하여 고객 신뢰도 및 구매를 촉진한 예이다.

영업 형태와 메뉴의 종류, 고객층을 고려하여 산정된 유동인구에 따라 입구공간의 규모는 달라질 수 있으며 특히 대기공간은 기다리는 동안의 지루함을 달랠 수 있는 엔터테인먼트 요소를 더하여 다양한 형태의 복합공간으로 계획하기도 한다.

(2) 다이닝공간

다이닝공간은 기본적으로 테이블과 의자를 배치한 좌석으로 구성된다. 영업 형태에 따라 샐러드바, 뷔페 테이블, 오픈 주방 등 다양한 형태의 공간이 포함되기도 한다. 다이닝공간에서는 무엇보다 안정감 있고 효율적인 좌석 배치가 중요하다. 여기서는 미적·기능적 요건을 충족하면서도 최대한의 좌석 수 확보라는 궁극의 목표를 위하여 다양한 공간 배치가 시도된다. 또한 영업 형태와 기본 콘셉트에 따라 가구의 타입 및 크기와 수량, 공간 배치 형태가 달라진다.

가구 선정에는 공간에서의 고객 체류시간, 회전율, 메뉴 구성, 사용되는 식기의 종류 및 개수 등 다양한 요소가 영향을 미친다. 예를 들어, 빠른 회전율과 짧은 체류시간이 예상되는 패스트푸드 레스토랑의 경우, 의자와 테이블의 종류는 보다 내구성 있고 유지관리가 편리한 소재와 캐주얼한 디자인이 적합하다. 테이블의 크기는 제공되는 트레이 사이즈와 수량에 맞추어 콤팩트하게 적용될 수 있다.

메뉴의 종류와 외식 형태에 따른 테이블 크기 및 세팅방법이다.

1 간단한 메뉴를 제공하기 위해 세팅된 작은 테이블이다.

2 정찬 메뉴 제공 시 다양한 메뉴를 제공할 수 있는 중간 크기의 테이블이다.

공간의 콘셉트에 따른 다양한 좌석 가구 구성의 예이다.
1 따뜻한 감성이 느껴지는 공간과 일체감을 이루는 가구이다.
2 화이트 톤과 매치되는 시원한 느낌의 좌식 가구이다.
3 편안한 분위기의 격식 없는 공간에 어울리는 가구 배치이다.
4 모던한 형태의 바 느낌을 살린 가구 배치이다.

반면, 다양한 코스요리를 기본으로 하는 파인 다이닝 레스토랑에는 보다 안락하고 편안한 타입의 의자가 적합하다. 고객들은 오랜 시간 매장에 체류하면서 다소 격식을 갖춘 안락한 분위기를 기대하므로 적합한 가구의 형태와 마감재 선정에 신중을 기해야 한다. 가볍고 내구성 있는 플라스틱 소재보다는 부드러운 패브릭이나 가죽 소재가 소음 조절과 안락한 분위기 형성에 효과적이다. 테이블 크기는 서빙되는 식기의 종류와 크기, 그리고 고객의 행동 반경을 고려하여 계획된다. 보다 더 격식을 갖춘 프라이빗한 공간을 계획한다면 바닥과 벽의 마감재에도 소음을 차단할 수 있는 카펫이나 패브릭 소재가 적합하다. 시각적인 영역 분

5 전체적으로 우드를 사용한 자연스러운 공간에서의 가구이다.
6 색상을 달리한 가구 배치로 공간에 포인트를 주고 신선한 느낌을 제공하였다.
7 콤팩트한 다이닝공간 콘셉트에 따른 벽면에 배치된 부스형 가구이다.
8 자유로운 공간 콘셉트에 따른 유동적인 가구 배치이다.

리가 필요한 공간에서는 테이블 간의 간격을 넓히거나 파티션을 설치하여 독립성을 유지할 수 있다.

고객들이 가장 오랜 시간 머물고 접하게 되는 좌석공간의 의자와 테이블은 기능적·심미적으로 매우 중요하므로 설계 시 보다 세심한 배려가 필요하다. 적합한 크기와 형태의 가구를 선정하고 효율적인 배치를 위하여 다음 그림에서와 같은 인체의 기본 치수와 행동 반경

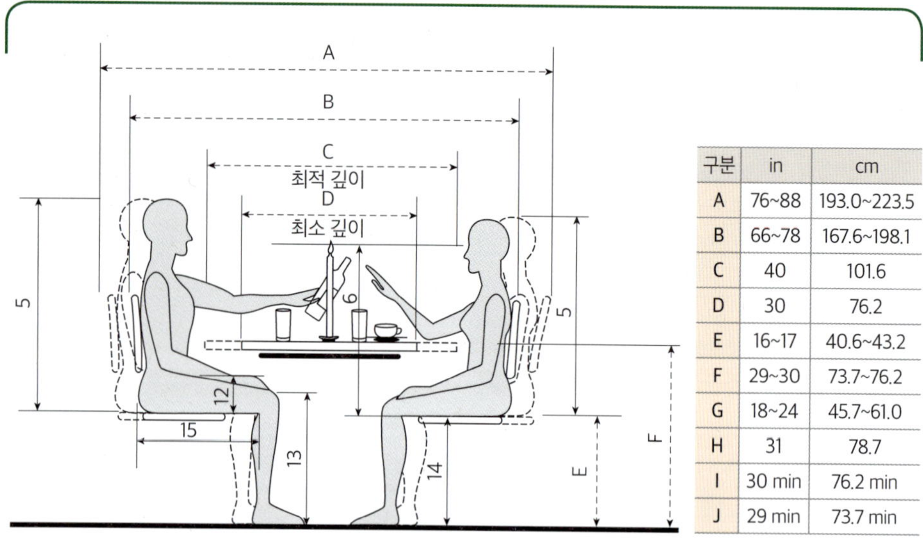

구분	in	cm
A	76~88	193.0~223.5
B	66~78	167.6~198.1
C	40	101.6
D	30	76.2
E	16~17	40.6~43.2
F	29~30	73.7~76.2
G	18~24	45.7~61.0
H	31	78.7
I	30 min	76.2 min
J	29 min	73.7 min

5: 보통 자세로 앉은 키, 12: 넓적다리의 허용 높이, 13: 무릎 높이
14: 뒷무릎 높이, 15: 엉덩이 끝에서 뒷무릎까지의 길이

그림 4-3 일반적인 이동식 테이블 및 의자의 최소, 최적 깊이 및 수직 허용치
자료: J. 파네로 · M. 젤니크(1996).

에 대한 치수를 기본으로 가구의 적정 치수를 산정할 수 있다(그림 4-3, 4-4). 의자의 형태는 독립형, 부스형, 뱅큇형, 벤치형 등 다양하며 분위기와 공간의 특성을 고려하여 조화롭게 배치한다. 각 가구들은 영역의 특성과 콘셉트에 맞게 다양한 마감재와 컬러로 지정되며 공간의 분위기 조성에 큰 영향을 미친다.

공간의 특성에 따라 다양한 가구 배치 방법이 적용될 수 있으며 배치 방법에 따라 공간의 효율과 고객이 느끼는 편안함, 안락함의 정도가 달라질 수 있다. 이때 테이블과 의자 간의 간격과 동선의 폭이 중요하게 검토되어야 한다. 그림 4-5에서와 같이 서빙하는 동선과 이동하는 폭을 고려하여 상호 간섭이 없도록 적정 폭을 유지하여야 한다.

그 밖에 조명기구를 이용한 조도의 조절, 음향, 냄새도 공간계획에 중요한 요소로 고려된다. 특히 조명효과는 장식적인 기능뿐만 아니라 작업의 효율을 높이고 공간의 분위기를 좌우하는 중요한 역할을 담당하므로 영업 형태와 기능에 맞는 적절한 계획이 필수적이다. 또

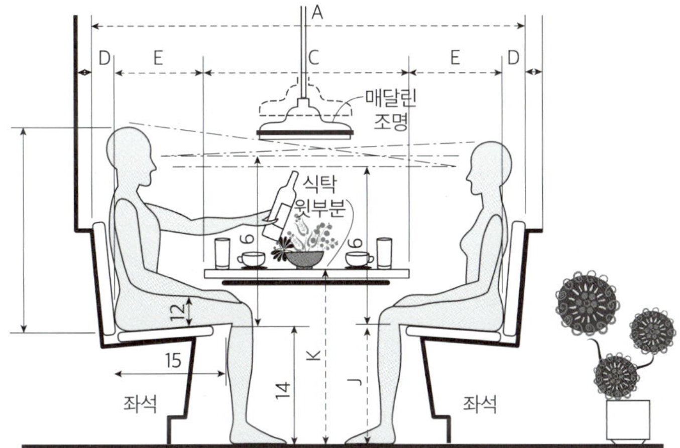

구분	in	cm
A	65~80	165.1~203.2
B	17.5~20	44.5~50.8
C	30~40	76.2~101.6
D	2~4	5.1~10.2
E	15.5~16	39.4~40.6
F	30	76.2
G	36	91.4
H	18	45.7
I	48~54	121.9~137.2
J	16~17	40.6~43.2
K	29~30	73.7~76.2

6: 앉은 자세에서의 눈높이, 12: 넓적다리의 허용 높이
14: 뒷무릎 높이, 15: 엉덩이 끝에서 뒷무릎까지의 길이

그림 4-4 고정된 형태의 부스형 의자의 공간 허용치

자료: J. 파네로 · M. 젤니크(1996).

한 다이닝공간은 고객이 음식을 먹고 즐기는 공간이므로 식감을 살릴 수 있는 효과적인 전구의 타입을 선정하고 상황에 맞게 조도를 조절할 수 있어야 한다. 캐주얼한 공간에는 밝고 강렬한 타입의 조명 연출이 적절하며, 격식 있고 안락한 분위기의 공간에는 낮은 조도의 부드러운 조명이 적합하다. 같은 맥락에서 음향효과도 분위기 형성에 큰 영향을 미치므로 영업의 형태와 기본 콘셉트를 고려한 적합한 음악과 소리의 크기 조절이 필수적으로 고려되어야 한다.

공간에서의 냄새도 분위기 조성과 행동심리에 영향을 미친다. 레스토랑만의 독특한 향은 때로 그 공간만의 고유한 이미지로 인식되어 브랜드 인지도를 높이는 긍정적 효과를 가져온다. 예를 들어, 갓 구운 빵 냄새가 풍기는 베이커리, 커피 향이 가득한 카페 등 때로는 공간에 냄새의 유입을 의도적으로 계획하여 고객을 매혹시키기도 하는데 고객은 독특한 향을 자극으로 받아들여 특정 브랜드에 대한 강한 브랜드 이미지를 형성한다. 반면 강한 방향제

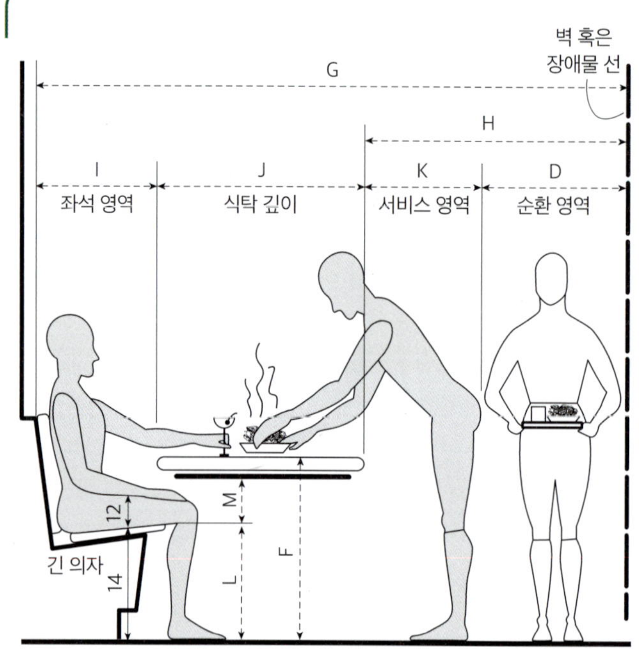

구분	in	cm
A	12~18	30.5~45.7
B	90~96	228.6~243.8
C	60	152.4
D	30~36	76.2~91.4
E	30	76.2
F	29~30	73.7~76.2
G	101.5~110	257.8~279.4
H	48~54	121.9~137.2
I	17.5~20	44.5~50.8
J	36	91.4
K	18	45.7
L	16~17	40.6~43.2
M	7.5 min	19.1 min

12: 넓적다리의 허용 높이, 14: 뒷무릎 높이

그림 4-5　긴 의자의 좌석 영역과 서비스 영역 공간 허용치

자료: J. 파네로 · M. 젤니크(1996).

나 과도한 음식 냄새 등 불쾌하거나 지나치게 강한 향은 오히려 부정적인 영향을 주어 브랜드에 대한 반감을 야기할 수 있으므로 향에 대한 관리도 중요하게 다루어야 한다.

레스토랑의 실내 온도 또한 고객의 심리에 영향을 미친다. 일반적으로 더운 공간은 시원한 공간에 비해 더 혼잡하게 느껴진다. 따라서 만석(滿席)인 레스토랑은 보다 시원하게, 한산한 레스토랑은 다소 높은 온도를 유지하는 것이 유리하다.

이처럼 다이닝공간은 고객이 공간을 경험할 수 있는 중심공간으로서 다양한 요소가 복합적으로 구성되어 있다. 복합된 관계 속에서 얽혀 있는 다양한 요소의 개별 기능과 역할을 효과적으로 이끌어내기 위해서는 명확한 기본 설계 방향의 확립과 이해가 선행되어야 하며, 이에 따른 세부 설계가 이루어져야 비로소 효율적인 공간 설계가 이루어질 수 있다. 공간계

기능과 장식을 고려한 조명연출의 예이다.

1 긴 테이블을 따라 비슷한 형태의 조명이 배치되어 기능적·장식적 역할을 하고 있다.

2 자연스러운 공간 콘셉트에 따라 자연적인 조명 외관과 부드러운 느낌의 빛 연출이 가능하다.

획의 각 요소는 심미적·기능적 특성을 공간에 반영하여 기본 콘셉트와 계획의 의도를 더욱 강화시킨다.

(3) 화장실 등 기타 편의시설

화장실의 규모는 레스토랑 전체 크기에 따라 달라진다. 화장실 내에 설치되는 편의시설의 종류와 크기도 영업 형태에 따라 특색 있게 계획될 수 있다. 때로는 화장실 자체의 기본적인 기능뿐만 아니라 다양한 측면에서의 편의성을 공간에 함께 제공하면서 독특한 콘셉트를 가진 색다른 공간으로 꾸미기도 한다. 특히 여성의 경우 남성보다 화장실에 머무는 시간이 길며, 화장을 고치는 등 다양한 활동을 하므로 하나의 미적인 특성을 지닌 공간으로 계획할 수 있다. 화장실의 청결도는 고객에게 레스토랑 전체의 청결 및 위생도와 동일시될 수 있으므로 원활한 환기 및 쉬운 유지관리를 위한 배려도 함께 계획해야 한다.

2) 주방공간

주방에 필요한 적정 면적 산출은 외식공간 배치계획의 출발점이 된다. **주방공간**은 사업의도에 따라 메뉴를 생산하고 제공하는 중심 작업공간으로 합리적인 공간의 규모와 형태, 위치

다양한 형태의 화장실 공간의 예이다.

1 아일랜드 형태의 수조와 벽면에 있는 메이크업 공간으로 다양한 형태의 거울을 배치하여 고풍스러운 느낌 제공한다.

2 따뜻한 나무 느낌의 벽면과 자연스러운 형태의 수조를 배치하여 꾸미지 않은 느낌을 준 화장실이다.

3 독립된 형태의 거울과 수조로 이루어진 개인적인 화장실을 연출하였다.

선정이 고객만족도와 양질의 서비스 제공에 직접적인 영향을 미칠 수 있다. 따라서 한정된 공간에서 최대한의 작업능률을 확보할 수 있도록 효과적인 작업공간을 설계해야 한다.

주방공간계획 시에 고려되어야 할 사항들에는 메뉴 구성 및 영업 형태, 작업능률을 고려한 인체공학적 치수, 적합한 주방 기물 선정 및 배치, 작업자 수, 냉동 및 냉장창고공간의 규모 및 위치, 동선을 고려한 출입구 위치 등이 있다. 주방공간은 가스 및 수도 배관공사와 같은 설비계획이 수반되므로 한 번 시공된 주방은 수정하기 힘들며 수정 시 투자비 손실이 불가피하기 때문에 초기 계획 시 추가 변경 가능성이 있는 부분에 대해서는 미리 고려하여 융통성 있는 계획을 해야 한다.

(1) 주방공간의 구성 및 배치

주방의 적정 규모는 메뉴의 종류, 조리 형태, 서비스 방법 등에 따라서 적정 수준이 결정된다. 일반적으로 간단한 음료 및 스낵 메뉴를 제공하는 공간은 상대적으로 작은 규모의 주방을 필요로 한다. 반면 다양한 메뉴와 복잡한 조리과정을 요하는 양식 혹은 한식 레스토랑의 경우는 넓은 조리공간과 충분한 저장공간이 필요하므로 보다 넓은 규모의 주방공간이 요구된다. 중식 레스토랑의 경우는 조리작업의 효율이 상대적으로 높아 일반 레스토랑보다는 다소 작은 규모로도 운영이 가능하다(**표 4-1**).

주방공간은 일반적으로 검수공간, 저장공간, 전처리공간, 조리공간, 서비스공간, 세척공간으로 구분되며 공간별로 작업대, 냉장고, 싱크대, 각종 주방기기류 등이 상호 유기적인 관계를 고려하여 배치된다. 각각의 공간에서 이루어지는 작업은 식자재의 손질부터 서빙에 이르기까지 일련의 순서에 따라 순차적으로 일어난다. 따라서 식자재의 흐름에 따라 식재료의 입고, 보관, 식재료의 손질 및 준비, 생산, 서비스, 기물세척, 폐기물 처리 등에 이르는 모든

표 4-1 외식공간의 바닥 면적과 주방 면적의 비율

종류	주방 면적 비율(평균 %)
음료	14.28
스낵	21.80
우동	28.80
불고기	21.10
중식	21.50
양식	24.74
일식	25.60
일반식당	30.26
주류	28.70
유흥음식점	10.80

자료: 김현지 외(2009).

과정의 작업 특성과 필요조건에 대한 파악과 면밀한 분석을 통하여 효율적인 작업공간으로 설계될 수 있다.

각 영역들은 개별적인 고유 기능을 가지며 그 역할에 따라 공간의 위치와 규모가 결정된다. 그림 4-6과 같은 버블 다이어그램(bubble diagram)은 '각 영역 간의 관계성' 그리고 공간의 적정 규모와 위치를 포괄적으로 보여주는 유용한 도식과정으로 상세한 공간 배치계획 이전에 선행된다.

다음 그림들이 보여주는 버블의 크기와 위치는 외식 형태와 메뉴에 따라 적정 규모로 조정된다(그림 4-7, 4-8). 패스트푸드 레스토랑의 경우는 패스트푸드 레스토랑의 서비스 시스템과 조리과정의 독특한 특성을 반영한다. 따라서 연회 주방과는 다른 규모와 특성을 가진 다이어그램으로 계획되었음을 알 수 있다. 일반 식기와 기구(utensil) 대신 일회용품 사용

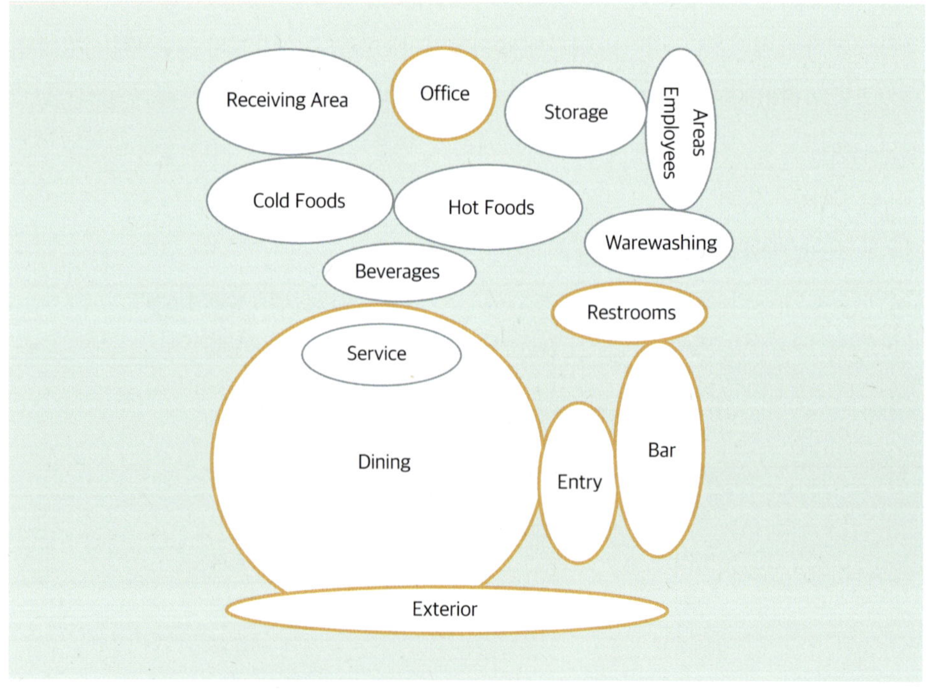

그림 4-6 작업 영역 간의 관계성과 공간의 규모를 보여주는 버블 다이어그램

자료: Regina & Joseph(2010).

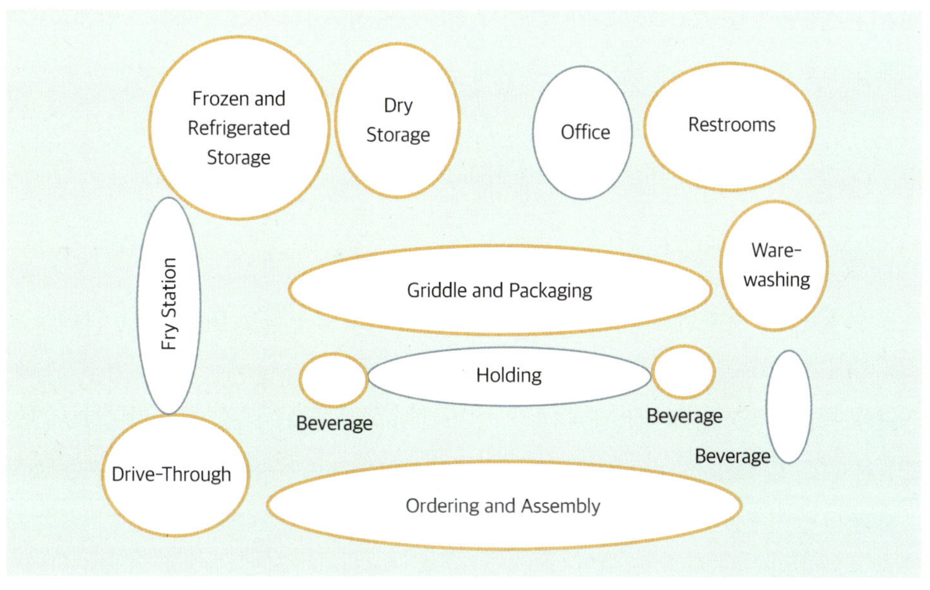

그림 4-7 패스트푸드 키친의 버블 다이어그램

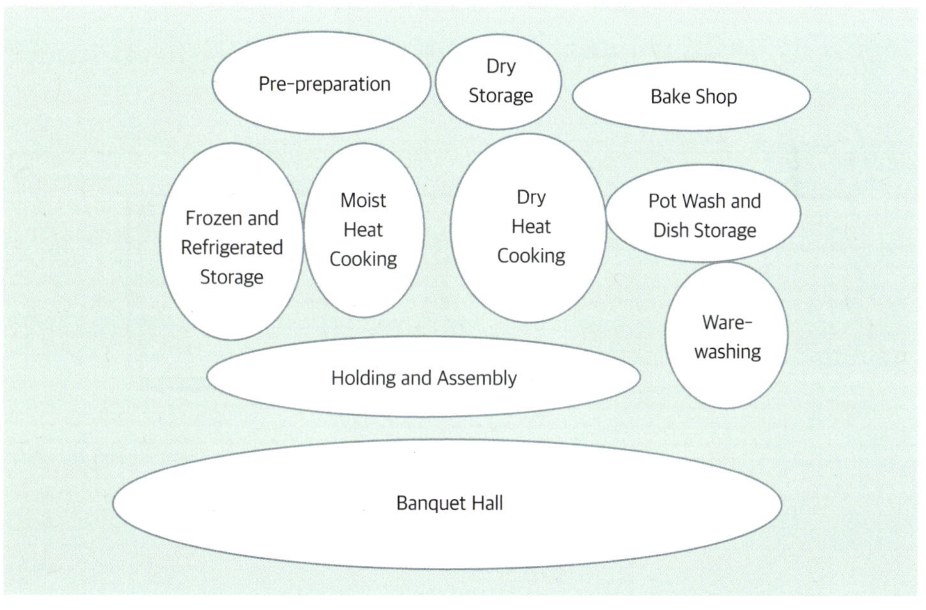

그림 4-8 연회 키친의 버블 다이어그램

이 일반화된 특성을 고려하여 식기 세척공간(warewashing)이 상대적으로 작게 계획되며 제품을 포장하고 준비하는 공간이 보다 넓게 중심 조리영역을 차지한다. 반면에 연회 주방의 경우에는 다양한 메뉴와 복잡한 조리과정이 수반되므로 조리영역이 더 넓게 분포하며 더불어 식기세척공간의 영역도 상대적으로 큰 규모로 계획된다.

(2) 주방 작업공간계획

주방 작업공간은 작업 능률을 높이기 위한 적정 규모의 공간 확보가 필수적이다. 따라서 작업의 종류와 작업자의 인체특성 등을 고려한 효율적인 치수가 반영된 작업공간 설계가 이루어져야 한다. 주방기기 및 작업대의 크기, 설치 위치, 동선 등을 계획할 때는 작업자의 작업 능률과 피로 절감을 위하여 인체공학적 측면에서 검토된 인체치수를 근거로 설계하는 것이 효과적이다. 인체의 기본 신체치수인 '구조적인 인체치수'뿐만 아니라 움직이는 신체의 기능적 행동범위를 측정한 '기능적인 인체치수' 또한 고려되어야 한다. 최소의 움직임으로 신속한 작업이 이루어질 수 있도록 구조적으로 설계되어야 하는 것이다. 예를 들어, 손을 뻗어 닿을 수 있는 팔의 길이와 어깨의 움직임, 회전 반경 등 다양한 치수들이 기물의 배치나 동선 확보, 작업공간 확보 등에 광범위하게 적용될 수 있다.

그림 4-9는 작업자가 서서 작업할 때의 작업대 필요공간을 보여준다. H의 45.7cm는 주

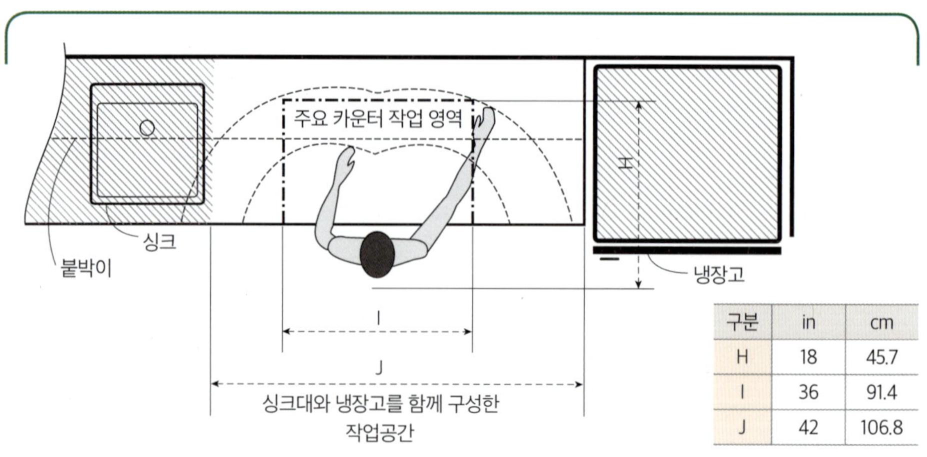

구분	in	cm
H	18	45.7
I	36	91.4
J	42	106.8

그림 4-9 작업대 필요공간

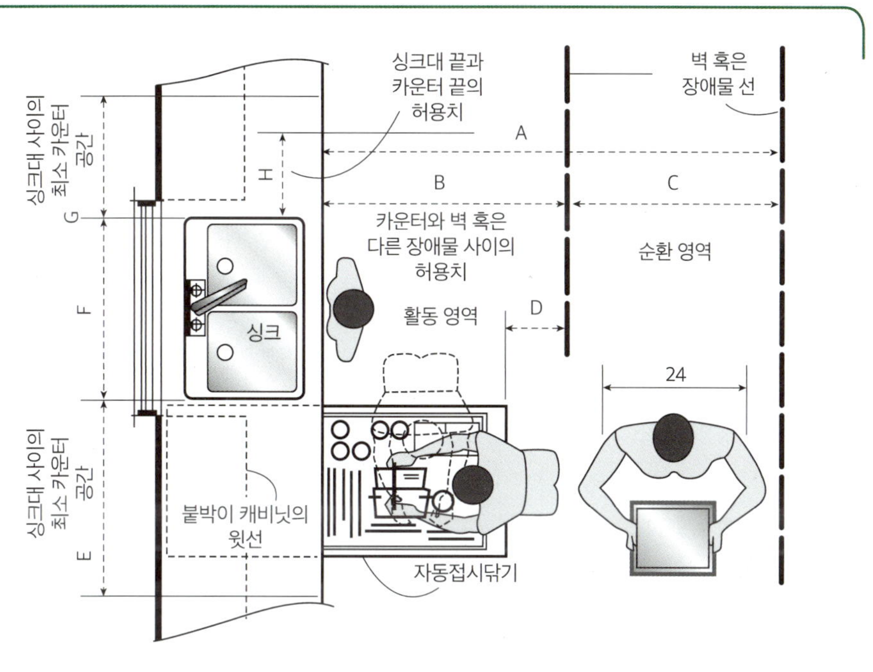

그림 4-10 위에서 본 식기세척 작업 필요공간

요 작업 영역이자 작업자가 바로 앞에 서서 팔을 뻗어 행할 수 있는 폭의 너비로 몸의 급격한 이동 없이 편안한 접근이 가능한 영역이다. 이 영역을 넘어서면 어느 정도 몸을 움직여야 닿을 수 있는 거리로 작업자의 움직임을 유발하고 때에 따라서는 작업에 제약이 따르게 된다.

그림 4-10은 식기세척공간에 대한 작업 영역의 적정 치수를 보여준다. B의 101.6cm는 식기세척기를 전면으로 돌출시켰을 때 문 길이를 포함한 권장 치수이다. 후면에 작업자의 이동이 가능할 수 있는 동선이 필요하다면 C만큼의 허용치, 최소 76.2cm의 폭이 유지되어야 한다. 동일한 작업을 공간의 단면에서 살펴보면 다음 그림 4-11과 같다. 이처럼 각각의 작업 특성에 따라 작업자의 움직임을 미리 파악하고 적정 치수를 산정하여 공간계획에 반영한다면 작업자의 움직임을 최소화한 능률적인 작업 공간계획이 가능할 수 있다. 이와 같은 신체 치수는 작업자별 개인차가 있으므로 경우에 따라 작업대를 이동식으로 설치하거나 적정 높이로 조정 가능하도록 가변적으로 계획할 수 있다.

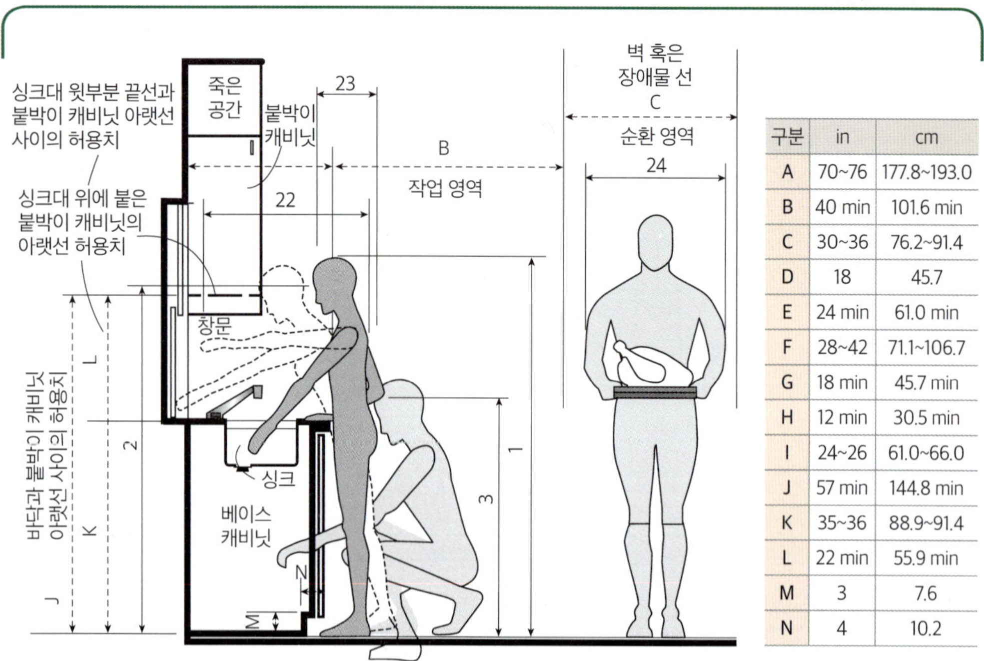

구분	in	cm
A	70~76	177.8~193.0
B	40 min	101.6 min
C	30~36	76.2~91.4
D	18	45.7
E	24 min	61.0 min
F	28~42	71.1~106.7
G	18 min	45.7 min
H	12 min	30.5 min
I	24~26	61.0~66.0
J	57 min	144.8 min
K	35~36	88.9~91.4
L	22 min	55.9 min
M	3	7.6
N	4	10.2

그림 4-11 단면으로 본 식기세척 작업 필요공간

앞서 살펴본 바와 같이 구체적인 주방공간 설계 시에는 우선 각 작업에 대한 특성을 파악하고 작업 간의 관계성을 고려하여 버블 다이어그램을 그려보는 것이 효과적이다. 이를 기반으로 세부적인 공간 배치계획이 이루어지는데 이때 작업의 특성과 필요 요건을 좀 더 자세히 검토할 필요가 있다.

작업별 필요 주방기기들은 독립적으로 사용되기도 하지만 때로는 작업 영역마다 중복되어 사용되기도 한다. 공간의 효율 향상과 비용 절감을 위하여 공유 작업공간을 적정한 위치에 설치함으로써 기기의 활용도를 높이고 운영의 효율도 극대화할 수 있다. 예를 들어, 그림 4-12와 같이 화덕, 그릴, 튀김기의 더운 단품 요리 섹션을 하나의 작업 영역으로 구성하여 더운 요리의 특성을 강화하고, 각기 필요한 냉장고와 냉동고 그리고 스팀 테이블을 하부에 설치하여 기능을 공유할 수 있다. 이와 같이 공유 작업공간을 구성하면 기물 배치를 보다 단

그림 4-12 더운 단품 요리 섹션의 구성

순화하여 능률적인 작업을 유도할 수 있을 뿐만 아니라 비용 절감의 효과도 얻을 수 있다.

(3) 주방환경계획

주방공간에서 작업환경은 작업의 능률에 직접적인 영향을 미치며 결국 운영 효율에 그대로 반영된다. 따라서 최적의 작업환경을 만들기 위한 세부 노력이 뒤따라야 한다. 이 단계에서는 앞에서 살펴본 다양한 설계의 원리를 기본으로 하여 보다 시각적인 관점에서의 계획이 이루어진다. 공간에 사용된 마감재의 컬러 및 소재 선정, 조명, 환기 및 냉난방 시설, 주방 기기 및 집기의 소재, 소음도 등 시각적인 요소들과 전기, 설비와 같은 다양한 구성 요소에 대한 검토가 이루어진다.

① 주방의 바닥

주방의 바닥 종류와 재질은 주방시설의 보존과 작업능률에 직접적인 영향을 미친다. 그뿐만 아니라 작업자의 위생관리, 재해 방지를 위해서도 적절한 소재의 선택과 설치가 매우 중요하다. 바닥에는 청결함을 유지하기 위하여 미끄럼 방지 및 세척이 용이한 소재를 사용해야 하며 미끄러짐과 낙상 같은 사고 예방을 위하여 화학재의 흡수를 막고 내성이 강한 소재를 선정해야 한다.

② 주방의 벽과 천장

주방의 벽과 바닥은 보온과 내수·내화에 강한 기능적인 소재로 만들어져야 한다. 또한 바닥과 마찬가지로 세척이 용이해야 하며 스토브와 같이 불을 사용하거나 튀김을 튀기는 영역은 스테인리스 스틸이나 내화 벽돌 같은 열에 강한 소재로 마감해야 한다. 천장의 계획에는 소음의 차단과 단열, 보온과 같은 기능적인 고려가 필요하며 환기, 조명시설과의 연계를 고려해 계획해야 한다. 과거에는 기능적인 고려에만 치중한 마감재 선택으로 단조로운 작업공간으로 계획되었으나 오픈 주방이 보편화되면서 주방의 마감재에도 감각적인 디자인을 적용하는 등 다양한 시도가 이루어지고 있다.

③ 조명

지나치게 밝거나 강한 눈부심은 작업자의 피로를 유발할 수 있으므로 적절한 조도의 작업등이 작업대를 정확히 비출 수 있도록 조도와 빛의 각도를 조절해야 한다. 또한 빛의 색에 따라 음식의 신선도 및 상태가 다르게 보일 수 있음을 감안하여 고객이 접하게 되는 다이닝공간과 같은 빛을 주방에서 동일하게 사용할 필요가 있다. 과거 주방은 안쪽에 가려진 공간에서 작업 용도로만 사용되었기 때문에 미적인 면은 거의 고려되지 않았다. 하지만 최근 주방은 고객과 동일한 공간에 오픈되어 장식적이고 엔터테인먼트적 성격으로 발전함에 따라 보다 다양한 조명계획이 가능해졌다. 단순히 작업등으로서의 기능이 아닌 음식과 작업대가 부각될 수 있는 효과적인 조명 방식이 다양하게 적용되고 있다.

④ 환기

주방의 환기시설은 배기와 급기시설로 구분되며 작업으로 인한 음식 냄새, 연기, 증기 등의 배출과 신선한 공기의 유입을 조절한다. 이러한 요소가 원활히 이루어지지 않을 때 작업자는 피로가 증가하며 작업의 효율은 감소된다. 또한 이는 고객영역의 급배기 시설과 맞물려 이루어지므로 다이닝홀에서 고객의 불쾌함을 유발할 수도 있다.

⑤ 소음

주방은 작업 특성상 많은 소음을 유발하는 공간이다. 소음은 불편하고 불안한 심리 상태를 불러와 작업자의 피로를 유발시키는 요소가 될 수 있다. 소음이 과하면 작업자 간의 부정확한 소통을 야기할 수 있으며 고객의 불만으로 이어질 수 있다. 소음을 유발하는 작업 중 하나인 세척공간, 고기 등을 가는 그라인더를 사용하는 작업공간은 보다 세심한 위치 선정으로 소음을 감소시킬 수 있어야 한다. 벽이나 천장을 흡음소재로 마감하거나 소음을 유발할 수

다양한 오픈 주방의 모습이다.

있는 작업은 별도의 공간에 분리하여 나머지 작업공간으로부터의 소음을 줄이는 방법도 고려할 수 있다.

3. 실외공간계획

1) 파사드 계획

외식공간의 외부 **파사드**는 고객이 만나는 매장의 첫 이미지로 공간의 성격을 가장 강하게 드러내는 요소이다. 특히 독립 건물로 계획된 공간은 거리의 주목을 끌 만큼의 독특한 디자인으로 부각되기도 하며, 그 이미지가 고객에게 인지되어 외식공간 전체의 이미지로 인식되

다양한 파사드의 사례이다.

1 붉은색 계열의 파사드로 시각적인 강조와 브랜드 콘셉트를 일관성 있게 보여준다.

2 자전거 조형물을 통해 시각적으로 강조한 파사드이다.

3 내외부 구분 없이 실내 다이닝공간을 그대로 보여주는 파사드 형태이다.

4 오랜 전통과 역사를 나타내는 업체의 상징과 로고를 이용하여 시선을 끄는 파사드 형태이다.

기도 한다. 따라서 주변 환경을 고려하면서도 독창성을 부여한 아이디어 경쟁이 어느 현장보다 치열하다. 이런 의미에서 외부 파사드는 고객의 관심을 끌어 실내로 이끄는 메시지 전달자로서의 역할을 한다.

대부분의 파사드 이미지는 실내 이미지는 물론, 광고나 기타 홍보물에 표현되는 이미지와 같은 맥락으로 전개된다. 따라서 외부 이미지를 통하여 전체적인 공간의 이미지와 메뉴의 특성까지 예측할 수 있다. 최근에는 보다 색다른 시도들이 선보이면서 외부 파사드와 오히려 대비되는 실내공간을 보여줌으로써 고객에게 이색 경험과 극적인 반전을 꾀하는 등 다양한 흥밋거리를 제공하고 있다. 혹은 내외부 구분 없이 실내 다이닝공간을 외부로 연장하여 내외부가 단절되지 않고 자연스럽게 이어지는 일체화된 공간으로 설계하기도 한다.

2) 사인 계획

사인(sign)은 외부 공간 설계 시 외부 파사드를 구성하는 중요한 요소이다. 여러 디자인 요소 중 가장 눈에 띄고 고객의 이목을 끄는 핵심적인 시각 요소로 작용한다. 먼 거리나 차량에서도 쉽게 눈에 띌 수 있도록 가독성이 매우 중요하며 하나의 이미지로 각인될 수 있기 때문에 폰트의 종류와 크기, 색상 등 세세한 부분도 신중하게 검토하여 적용해야 한다. 사인 자체는 그래픽 요소로 하나의 독립체로 계획되고 검토될 수 있으나 외부 파사드, 나아가 건물의 한 부분으로서 조화와 균형을 유지해야 하므로 통합적인 관점에서 검토되어야 한다. 사인의 종류는 설치 위치와 설치 방법 등에 따라 다양한 형태와 크기로 설치되며 혹은 해당 법규에 따라 달리 적용되기도 한다.

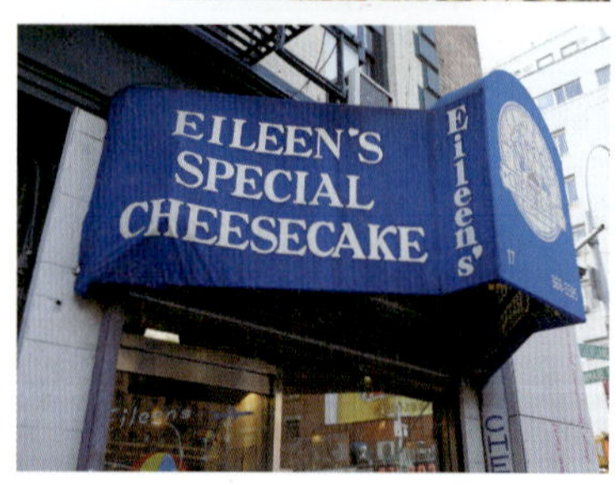

공간 콘셉트에 맞는 다양한 사인 계획의 사례들이다.

3) 외부 공간계획

독립형 매장은 주차장을 비롯한 화단, 조형물, 벤치, 외부 조명 등 다양한 외부 환경을 고려해야 한다. 외부 환경은 외식공간 내부와 분리하여 검토하는 게 아니라 하나의 콘셉트를 따라 동일한 맥락으로 계획되어야 한다. 이러한 환경적 요소는 더 많은 고객 유입을 위한 효율적인 광고일 뿐만 아니라 브랜드 정체성 강화에 큰 영향을 미친다.

외부 환경은 고객에게 내부 공간의 분위기를 가늠해보는 기회를 제공한다. 규격화되고 잘 다듬어진 조경과 정도 있게 갖춰진 외부 환경은 격식을 갖춘 파인 다이닝의 모습을 연상시킨다. 반면 자유로운 조형물과 비정형화된 조경 등 자유분방한 외부 환경은 보다 캐주얼한 레스토랑의 형태를 떠올리게 한다. 이처럼 외부 환경 또한 실내공간과 연계된 관계성을 고려하여 일관성을 유지해야 한다.

외부 공간 설계 사례이다.

1 정돈된 외부 환경 세팅을 통해 실내공간과 연계성 있는 디자인을 한 사례이다.

2 자연스러운 분위기의 외식공간 콘셉트에 맞는 외부 공간 설계이다.

노트 외식공간 디자인의 향후 전망

그린, 지속 가능 디자인(Green and Sustainable Design)

건축과 공간 운영에서 환경 부담을 줄이려는 움직임이 강화되면서 그린 디자인의 중요성이 더욱 커지고 있다. 최근 외식공간에서도 재생 자재 활용, 에너지 절감 설계, 폐기물 저감 요소 등을 반영한 지속 가능 디자인이 확산되고 있다. 대표 사례로 국내의 한 FS기업은 본사 구내식당 리뉴얼에서 폐플라스틱·폐유리 업사이클링 테이블, 자연 채광을 극대화한 글라스 하우스 구조, 에너지 절감형 조리·위생 장비 등을 적용해 '굿 디자인 어워드'에서 우수 디자인으로 선정된 바 있다. 또한 폐페트병 원단 소파, 폐목재 리턴바, 재활용 플라스틱 테이블 등을 사용해 업사이클링 기반의 공간 디자인을 구현한 카페도 등장하고 있고, 사내 카페에서도 다회용 컵 회수·세척 시스템을 도입해 일회용품 사용을 크게 줄이는 등 기업의 ESG 경영에 부합하는 친환경 운영이 확산되고 있다. 이처럼 외식공간의 그린 디자인은 건축·인테리어뿐만 아니라 물 사용 절감, 재활용 관리, 에너지 절감과 같은 운영 방식 전반에 영향을 미치며, 지속가능한 외식환경 구축의 핵심 요소로 자리잡고 있다.

자료: 중앙일보(2024. 4. 7.).

푸드테크의 적용(Food Tech Integration)

외식산업 전반에서 기술 기반 혁신이 확산되면서 글로벌 푸드테크 시장은 꾸준히 성장하고 있으며, 국내 시장 또한 빠르게 확대되는 추세이다. 이러한 흐름 속에서 조리, 서비스, 운영 방식은 기술 중심으로 변화하고 있다. 키오스크 주문, 앱 기반 예약 및 결제 등 비대면 서비스는 일상화되었으며, 최근에는 주방 자동화, 조리 로봇, 서빙 로봇 등 현장 중심 푸드테크(food tech)가 외식공간의 설계와 운영을 변화시키고 있다.

이러한 기술 적용 범위는 다이닝 영역을 넘어 물류와 식재관리로 확대되고 있으며, 이에 따라 로봇 동선을 고려한 공간 설계나 자동화 모듈형 주방 등 '테크 기반 매장 디자인'에 대한 수요도 증가하고 있다. 기술로 인한 변화는 인력난 해소, 위생·품질의 일관성 확보, 운영 효율성 향상에 기여하며 외식공간의 새로운 기준을 형성할 것으로 전망된다.

STEP 1
활동 사례
ACTIVITY

경험을 더한 프리미엄 푸드코트, 머무는 공간으로 확장되는 외식공간

최근 푸드코트는 쇼핑몰, 역사, 리조트, 공항 등의 시설을 중심으로 식사, 휴식, 경험이 결합된 프리미엄 외식공간으로 발전하고 있다. 시설 이용 고객에게 다양한 미식 경험을 제공하기 위해 자연 채광과 개방감을 강화한 라운지형 공간과 팝업스토어의 결합 이외에도 실내 정원 콘셉트와 다양한 좌석 배치를 통해 머무르는 시간을 확장하는 미식 라운지로 발전하고 있다. 이 외에도 세계수(World Tree) 테마를 중심으로 동서남북을 상징하는 공간을 구성해 '미식 여행' 경험을 구현하고 있는 리조트와 글로벌 메뉴를 한 공간에서 제공해 여행 대기 시간을 미식 체험으로 전환하는 공항의 외식공간까지 푸드코트는 단순한 식사 기능을 넘어 브랜딩, 경험, 휴식이 통합된 '머무는' 공간으로 그 기능이 확장되고 있다.

왼쪽 자료: 매경헬스(2023. 11. 30.).
오른쪽 자료: 이투데이(2024. 5. 2.).

1. 쇼핑몰, 백화점 등의 푸드코트가 패스트푸드서비스가 아닌 다른 콘셉트의 외식공간으로 바뀐 사례를 찾아보고 외식공간이 어떻게 변했는지 조사해보자.
2. 로드숍 형태의 외식 브랜드가 푸드코트에 입점할 경우 공간계획에서 중요하게 고려해야 할 사항을 토의해보자.
3. 공간계획의 기본원리에 따라 변화하는 고객의 요구를 반영하여 푸드코트 외식공간의 디자인 콘셉트를 구성해보자.

STEP 2
연습 문제
REVIEW

1. 외식공간계획에서 고려해야 할 요소를 나열해보자.
2. 외식공간 설계 시 적용되는 공간계획의 기본원리를 설명해보자.
3. 특정 시간에 고객이 몰리는 외식공간의 특징을 고려하여 설계 가능한 서비스공간은 무엇이 있으며, 그에 따른 장점을 기술해보자.
4. 외식공간 중 입구 및 다이닝공간에서 고려해야 할 요소를 설명해보자.
5. 외식 주방공간계획 시 고려해야 하는 구성 요소는 무엇이 있는지 나열해보자.
6. 실외공간계획 시 파사드 계획이 중요한 이유를 설명해보자.
7. 가상의 외식공간을 설계하고 버블 다이어그램을 이용하여 공간 배치를 위한 계획을 수립해보자.
8. 대표적인 외식 브랜드 세 곳의 매장 파사드 이미지를 조사하여 어떠한 특성과 효과를 보이는지 조사해보자.

STEP 3
용어 정리
KEYWORD

- **동선** 공간에서 이루어지는 다양한 흐름. 고객 동선, 종업원 동선, 음식 동선, 식기 동선, 서비스 동선으로 나누어짐
- **공간의 규모** 좌석 및 테이블 수와 카운터 수 등 공간이 필요로 하는 적정 규모와 입지 특성에 따른 고객의 연령, 직업, 선호도 등에 따라 세부 공간의 필요 공간 규모는 달라짐
- **파사드** 건물의 출입구로 이용되는 정면 외벽 부분으로 고객 동선의 흐름에 시각적으로 큰 영향력을 미침
- **공간계획의 순서** 공간 배치 기본계획, 건축물의 형태 및 시공계획, 외부 공간계획, 실내공간계획의 프로세스로 진행
- **다이닝공간** 고객이 공간을 경험할 수 있는 중심공간으로 테이블과 의자를 배치한 좌석으로 구성되며, 영업 형태에 따라 샐러드바, 뷔페 테이블, 오픈 주방 등 다양한 형태의 공간을 포함
- **주방공간** 주방은 사업의도에 따라 메뉴를 생산하고 제공하는 중심 작업공간으로 합리적인 공간의 규모와 형태, 위치의 선정이 고객만족도와 양질의 서비스 제공에 직접적인 영향을 미침. 주방의 적정 규모는 메뉴의 종류, 조리 형태, 서비스 방법 등에 따라 적정 수준이 결정됨
- **사인** 외부 파사드를 구성하는 외부 공간 설계의 중요한 요소로 여러 디자인 요소 중 가장 눈에 띄고 고객의 이목을 끄는 핵심적인 시각 요소로 작용. 하나의 독립체로 계획·검토될 수 있으나 건물의 한 부분으로서 조화와 균형을 유지해야 하므로 통합적인 관점에서 검토해야 함
- **외부 공간계획** 주차장을 비롯한 화단, 조형물, 벤치, 외부 조명 등이 다양한 외부 환경에 포함되며 내부 공간과 하나의 콘셉트에 따라 동일한 맥락으로 계획되어야 함. 외부 공간은 고객에게 내부 공간의 분위기를 가늠할 수 있는 기회를 제공하며, 효율적인 광고효과와 브랜드 정체성 강화에 영향을 미침

PART 3

외식사업 운영의 실제

외식사업의 성패는 기획 단계에서 끝나는 것이 아니라, 일상적인 운영 과정 속에서 완성된다. 메뉴 구성과 가격 전략, 위생 및 안전 관리, 인적자원 운용, 고객서비스 등은 모두 고객 경험의 질을 결정짓는 핵심 요소들이다. 이 파트에서는 실제 현장에서 요구되는 운영 관리의 전반적인 과정을 체계적으로 살펴보고, 각 기능이 어떻게 서로 연결되어 효율적인 매장 운영을 만들어 내는지 이해하고자 한다. 또한 마케팅 커뮤니케이션과 원가관리를 통해 매장의 수익성과 지속 가능성을 높이는 실질적인 방법도 함께 다룬다. PART 3을 통해 외식사업 운영을 총체적으로 바라보고, 변화하는 시장 환경 속에서 안정적으로 사업을 유지·성장시키는 역량을 기를 수 있을 것이다.

CHAPTER

05

메뉴

메뉴는 마케팅도구, 원가관리도구, 경영통제의 도구로 외식사업경영의 허브(hub) 역할을 한다. 메뉴는 시장 환경 및 사회 변화에 따라 또한 외식기업의 경영철학과 목표고객에 따라 변하고 있다.

본 장에서는 메뉴계획, 메뉴가격 결정, 메뉴분석에 대해 살펴보고자 한다.

트레이더 조(Trader Joe's)의 냉동 김밥

"아니, 김밥을 얼렸다고? 그게 맛이 있을 리가…"

냉동 김밥의 대히트는 고정관념을 깬 발상의 전환이 거둔 승리이다. 출시 초기 한국인들에게 '냉동' 김밥은 낯선 개념이었지만, 트레이더 조에서 출시된 직후 '고객 어워드 제품 4위'에 오를 만큼 미국 전역에서 폭발적인 인기를 끌었다. 신선함이 생명인 김밥을 냉동식품으로 만드는 역발상의 성공 비결은 제조기술과 현지화에서 찾을 수 있다. 영하 45℃ 이하의 초저온에서 급속 냉동하여 저장성을 높이고, 해동 후에도 눅눅해지지 않고 바삭한 식감을 유지할 수 있도록 했다. 겉보기엔 단순히 김밥을 얼린 것처럼 보이지만 수분을 제어하고 맛을 지키는 과학과 보관의 기술이 숨어 있는 것이다. 여기에 현지인의 입맛에 맞춘 비건 김밥이나 편의성을 더한 포장까지 더해지면서 완판신화를 만들었다. 첨단기술과 현지화 노력, 편의성이 모두 더해진 냉동김밥은 K-푸드의 대표주자로 떠오르고 있다.

자료: 정김경숙(로이스김). 우리는 다르게 팝니다. 더퀘스트(2025).

K-디저트의 새로운 진화: 두쫀쿠

"초콜릿이 떡처럼 쫄깃하다고? 이 낯선 조합이 왜 맛있지?"

한국에서 소셜미디어와 오프라인 매장에서 폭발적인 인기를 끌고 있는 디저트 '두바이 쫀득 쿠키'(일명 '두쫀쿠')가 이제는 국내를 넘어 해외로 진출하고 있다. 두쫀쿠는 두바이 초콜릿의 핵심 재료인 카다이프와 피스타치오를 한국식 쫀득 쿠키와 결합한 메뉴이다. 바삭한 식감과 마시멜로의 쫄깃함이라는 이색적인 대비를 통해 즐거움을 선사하며 SNS에서 강력한 팬덤을 형성했다. 사실상 역수출 형태로 두바이 현지 카페에까지 인기리에 판매되면서 두쫀쿠는 K-디저트가 새로운 수출 상품으로 등장할 가능성을 보여주고 있다.

자료: 한국미래일보(2026. 2. 4.) 기사 재구성.

1. 메뉴계획

1) 메뉴의 이해

메뉴(Menu)는 외식업체와 고객의 의사전달매체로서 외식업체에서 제공하는 음식의 종류와 가격뿐만 아니라 고객의 선택에 영향을 미치는 정보를 제공한다.

메뉴는 음식의 품목, 명칭, 형태 등을 체계적으로 설명해놓은 상세한 목록이다. 메뉴의 용도는 시대에 따라 변화되어 판매하고자 하는 상품의 표시, 안내, 가격만을 나타내던 단순한 목록인 차림표의 개념에서 점차 마케팅과 경영관리의 개념으로 변화되고 있다. 메뉴는 외식업체 운영에 있어서 중추적인 역할을 담당하는 관리 및 통제 도구이며, 동시에 중요한 마케팅 도구이다.

메뉴가 수행하는 역할을 마케팅 도구, 원가관리 도구, 경영통제 도구로 구분하여 살펴보면 다음과 같다.

- **마케팅 도구**: 메뉴는 외식업체와 고객을 연결하는 판매촉진의 도구이면서 의사전달을 위한 최초의 대화 및 홍보도구로 고객의 최종 선택을 위해 외식업체에서 제공하는 음식에 대한 정보를 제공해준다.
- **원가관리 도구**: 메뉴는 외식업체의 유형과 위치, 서비스 형태에 따라 가격이 책정되기 때문에 사용되는 식자재 및 노동력을 고려하여 계획해야 한다.
- **경영통제 도구**: 메뉴는 외식업체에서 제공하는 음식에 대한 정보를 종사원에게 전달해주며 조리, 위생관리, 인력관리, 서비스관리, 고객관리, 마케팅 프로모션, 가격 결정, 원가 및 재무관리 등 외식업체의 경영과정을 조정·통제한다.

메뉴는 외식업체의 콘셉트 및 유형, 고객의 요구에 부합하도록 구성되어야 한다. 메뉴의 유형은 메뉴 구성, 메뉴 품목, 식사시간, 선택성, 음식 제공 순서에 따라 다양하게 분류할 수 있다(**표 5-1**).

표 5-1 메뉴의 유형

분류 기준	구분	특징
메뉴 구성에 따른 분류	코스메뉴 (Table d'hôte menu)	• 일품메뉴를 조합한 것에 비교하여 가격이 저렴함 • 메뉴의 종류가 제한되어 식자재관리가 용이함 • 메뉴의 관리가 용이하여 원가가 절감되지만, 가격 변화에 따른 유연성이 결여됨 • 고객의 선택 폭이 제한되므로 불만을 초래할 가능성이 있어 대체 메뉴를 준비해야 함
	일품메뉴 (À la carte menu)	• 다양한 메뉴를 관리해야 하고 지속적인 개발에 대한 부담이 있음 • 종업원의 전문화가 요구되어 인건비가 높아짐 • 메뉴의 변화와 개발의 폭이 넓어 다양성과 창의성을 모두 확보할 수 있음
	특별메뉴 (Carte du jour)	• 양질의 재료를 사용하여 조리한 음식을 적절한 가격으로 고객에게 서비스할 수 있음 • 계절성을 최대한 살려 판매 증진의 효과를 볼 수 있음
식사시간에 따른 분류	아침메뉴	• 주 고객층은 직장인으로 신속, 간단한 메뉴 아이템으로 구성되며 저렴한 가격이 특징임 • 패스트푸드 및 죽 전문점 등에서 다양한 아침식사 메뉴를 제공하고 있음 • 최근에는 테이크아웃 혹은 배달서비스를 이용하는 소비자들이 증가하는 추세임
	브런치메뉴	• 주말 혹은 휴일에 인기가 있음 • 보통 11:00~15:00까지 제공되어 점심 영업시간을 확대시키는 장점이 있음 • 시간 제약 없이 여유롭게 식사를 즐길 수 있는 고객을 위한 메뉴임 • 최근에는 전문 브런치 카페가 등장해 성장세를 보이고 있음 • 일반 패스트푸드 및 커피 전문점 등에서도 다양한 브런치 메뉴를 선보이고 있음
	점심메뉴	• 직장인 혹은 입지에 따라 주부를 주요 고객으로 함 • 레스토랑에서는 프로모션 개념으로 가볍고 저렴한 메뉴 혹은 할인된 가격의 점심 세트메뉴를 제공함 • 간편하고 빠르게 식사를 해결하고자 하는 고객을 위해 포장판매를 제공하여 좌석 회전율을 높이기도 함
	저녁메뉴	• 식사구성 면에서 다른 시간대보다 가장 다양하고 완성된 형식을 갖추어 제공함 • 다른 시간대에 비해 비교적 가격이 높음

2) 메뉴계획 및 개발

외식업체의 메뉴는 단순히 음식 목록의 나열이 아니라 경영에서 중요한 역할을 담당하므로 이를 잘 고려하며 계획 및 개발해야 한다. **메뉴계획**이란 고객만족을 창출하고 경영목표를 달성하기 위해서 메뉴의 종류와 수, 가격 및 관련 사항을 결정하는 일련의 과정이다.

메뉴계획은 점포의 입지조건과 표적시장이 되는 고객의 동향을 분석한 후에 고객의 요구를 충족시켜야 한다. 메뉴 개발 시에는 기존 고객을 유지하면서 신규 고객을 확보할 수 있는 경쟁력을 갖출 수 있어야 한다. 기존 메뉴분석 결과를 바탕으로 신규 메뉴를 개발하는 경우에는 식재료나 조리 방법을 바꾸거나 최신 트렌드를 반영하도록 한다. 신규 고객의 확보가 목적인 경우, 기업이 가진 새로운 조리도구를 사용하거나 고유의 조리기술을 적용하여 메뉴를 개발해야 한다. 새로 개발된 메뉴를 고객들이 인식할 수 있도록 하는 홍보 및 마케팅 전략 역시 중요하다.

(1) 메뉴계획 절차

기존 메뉴에 대한 분석 결과 또는 사회적인 트렌드에 맞추어 메뉴계획의 필요성이 있을 때 메뉴 기획회의를 하게 된다. 메뉴계획과정은 외식기업 및 점포마다 다르게 수행될 수 있으나 기본적으로는 메뉴 개발 아이디어에 맞추어 여러 번의 테스트를 통하여 메뉴를 선정한다.

선정된 메뉴는 영양가 분석 및 다양성과 균형성 등을 규명하고, 식재료의 이용 가능성, 조리인력, 주방기기 및 시설의 생산능력 및 책정된 인건비의 비율을 고려하여 적정 가격을 결정한다. 가격 결정 후 레시피를 표준화하여 음식의 맛을 최종 평가한다. 1인분 제공량, 사용할 식기, 음식의 데커레이션 등도 함께 결정한다.

신메뉴가 상품가치가 있다고 판단되면 내외부 시식회를 실시하여 메뉴의 도입 여부를 결정한다. 이후 대량 생산을 위한 표준 레시피를 작성하여 음식의 맛을 최종 평가한다. 시범점포에서의 테스트 판매를 통해 고객 반응을 수렴하여 메뉴를 수정·보완한 후 본격적으로 메뉴를 출시하는 일련의 계획과정을 거친다. 각 점포의 필요에 따라 몇 가지 과정을 생략하거나 새로운 과정을 추가할 수 있다.

일반적으로 시장에 출시한 메뉴는 도입기, 성장기, 성숙기, 쇠퇴기의 수명주기를 거치는 데 각 단계의 특징에 맞춘 메뉴관리 전략이 필요하다. 판매분석의 지속적인 모니터링을 통해 개선점을 찾아내야 한다.

(2) 메뉴계획 시 고려 사항

메뉴를 계획할 때는 고객의 측면과 외식업체의 경영 전반에 관련한 요인을 고려해야 한다(그림 5-1).

① 고객 측면

고객 측면에서의 영향 요인으로는 목표고객의 인구통계학적 특성, 식습관 및 선호도, 사회 트렌드 등을 들 수 있다. 미디어의 발달, 해외여행의 증가, 외식의 일상화로 인해 메뉴 품질 및 다양성에 대한 고객의 기대치가 크게 높아졌다. 따라서 고객의 성별, 연령, 라이프스타일, 소득 등을 고려하여 그들의 기대감과 만족감을 충족시킬 수 있는 콘셉트를 개발해야 한다.

목표고객의 방문목적이나 수용 가능한 가격대도 메뉴계획에 영향을 준다. 고객이 인식하는 가격-가치 관계 및 경쟁업체와의 가격비교 등은 가격 결정에 중요한 요소가 된다. 메뉴계획 및 개발 시에는 독창적인 메뉴, 선택 사양 제공, 프로모션 등을 통해 경쟁자보다 높은 가치로 인식되도록 노력해야 한다.

사회 트렌드 및 이에 대한 목표고객의 관심도 변화도 메뉴에 영향을 준다. 최근 웰빙, 친환경 먹거리, 식품안전에 대한 우려 등이 사회 전반의 관심거리가 되면서 외식업에도 원산지나 영양정보의 표시가 확대되었다. 고객들의 건강지향적인 식습관의 변화는 채식 전문 외식업체를 등장시켰으며, 저열량 및 소식(小食) 선호에 따라 1인 분량이 줄어들었다.

② 경영자 측면

경영자 측면에서의 영향 요인으로는 조직의 목적, 목표, 예산, 식재료 수급 상황, 시설 및 기기, 조리인력의 역량, 서비스 방식, 경쟁업체 등이 있다.

메뉴계획 및 개발 시 외식업체의 총매출, 원가 및 수익률 등의 목표는 메뉴계획에 영향을 주며, 메뉴에 포함되는 품목은 안정적으로 식재료를 수급할 수 있는 공급원 및 합리적인 수익이 확보된 것이어야 한다. 또한 예산은 영업을 통하여 벌 수 있는 매출액 비율과 상대적인

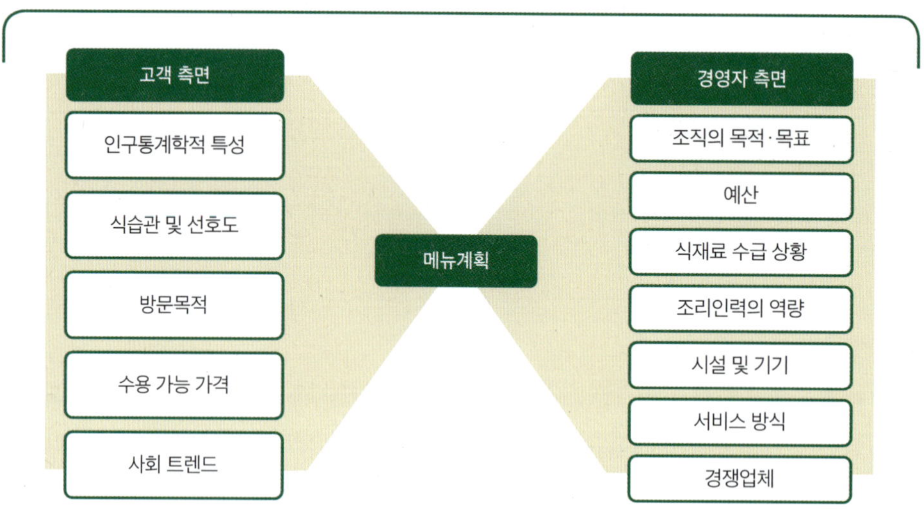

그림 5-1 메뉴계획 시 고려 사항

식재료 원가율에 달려 있으므로 메뉴계획 시 고려해야 한다.

메뉴에 사용되는 식재료는 음식의 질과 맛에 있어 중요한 요소이다. 광우병, 조류독감 및 구제역 등으로 인해 식재료의 원산지나 생산 이력에 대한 관심도 높아졌다. 또한 경영주는 식재료가 계절과 무관하게 이용 가능한지, 원가를 절감할 수 있는 식재료인지 고려해야 한다.

메뉴의 종류 및 수, 품질은 조리인력의 역량에 영향을 받는다. 외식업체에서 질이 좋으면서도 충분한 양의 음식을 생산해내기 위해서는 조리인력의 역량을 고려해야 한다. 또한 메뉴의 이상적인 생산을 위해서는 적당한 시설 및 주방 설계를 고려해야 한다. 주방 면적, 작업공간, 보유 조리 시설 및 설비, 냉장 및 냉동고의 수 등은 효율적인 메뉴 운영을 위한 필수 고려사항이다.

외식업체의 시설 및 설비는 초기에는 메뉴 콘셉트에 의해 정해지는데 메뉴를 계획·개발할 때는 이러한 환경이 다시 영향 요인으로 작용한다. 이 밖에도 서비스 방식이나 경쟁업체가 제공하고 있는 메뉴도 메뉴계획 및 개발에 영향을 준다.

(3) 메뉴 개발

메뉴는 고객의 요구 및 기호도를 반영하고 외식점포의 수익성을 재고하기 위해 지속적으로 수정·보완되어야 하며 시대의 흐름에 맞게 새로이 개발되어야 한다.

새로운 메뉴의 콘셉트는 회의 및 정보 수집을 통하여 결정하며, 이에 맞게 조리법을 조정한 뒤 식재료 공급업체를 선정한다. 개발된 메뉴는 고객의 반응을 조사하여 가격을 결정한 다음 신메뉴 개발 보고서 작성 및 직원 교육을 실시한 후 홍보물을 제작하고 출시하는 일련의 과정을 통해 개발된 후 제품화된다(그림 5-2).

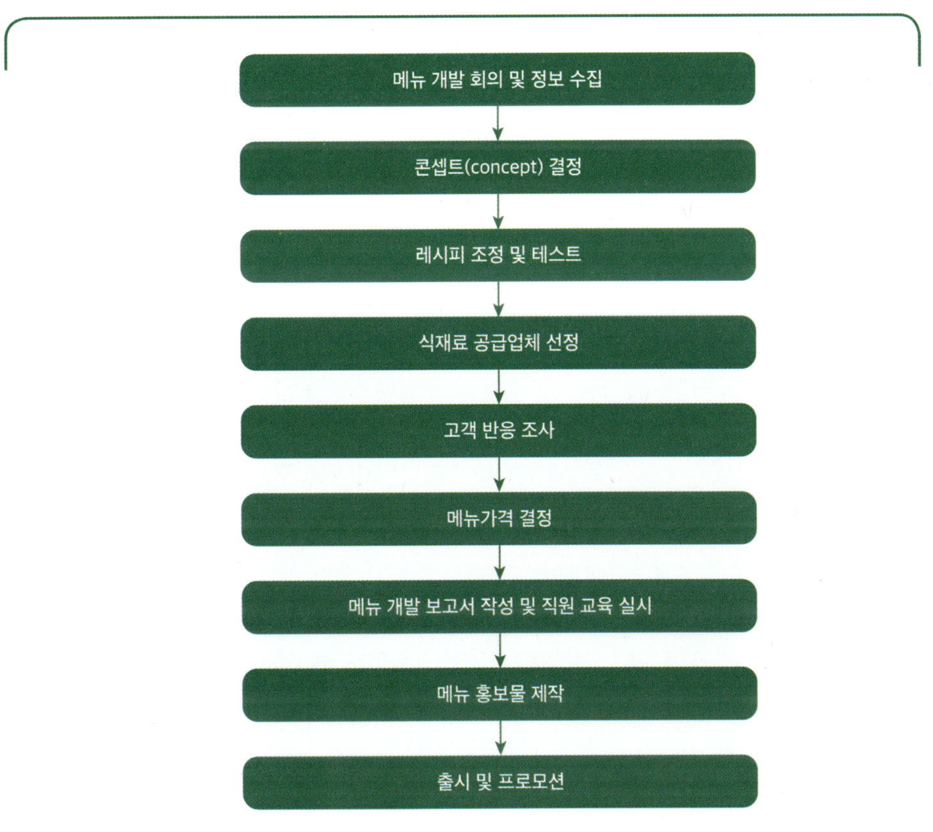

그림 5-2 외식기업의 메뉴 개발과정

자료: 한경수 외(2005).

(4) 메뉴 교체

메뉴 변화는 새로운 시장을 창출하고 기존 고객을 유지시키며 타 외식기업 및 업체에 대한 경쟁력을 가지게 한다. 기존 메뉴를 평가하여 문제가 없다면 그대로 유지하고, 문제가 있는 메뉴는 수정·보완하거나 새로운 메뉴를 만들어 대체한다.

메뉴 교체 시에는 외부적 요인과 내부적 요인을 함께 고려해야 한다(**표 5-2**). 메뉴를 교체하기 위해서는 먼저 고객 요구의 파악과 메뉴분석을 실시한다. 또한 경쟁 외식기업 및 점포의 메뉴와 비교·분석하여 차별화된 특성을 부각시킬 수 있도록 메뉴를 교체 또는 수정해야 한다. 새로 개발된 메뉴의 생산 가능성과 식재료 물량 확보 가능성도 함께 고려한다.

위와 같은 외부적 요인 외에도 내부적으로 외식업체의 콘셉트, 메뉴의 수익성, 운영체계의 변화, 메뉴 판매 동향도 메뉴 교체 시 고려한다.

최근 고객의 기대 수준이 높아지면서 메뉴의 교체 주기가 짧아지고 있다. 때로는 신메뉴의 개발비가 환수되기도 전에 메뉴의 수명이 다하여 경영에 문제가 생기기도 한다. 따라서 메뉴 관리자는 메뉴분석을 통해 메뉴의 교체 시기나 신메뉴 개발 및 출시 시기를 잘 파악해야 한다.

표 5-2 메뉴 교체 시 고려 요인

요인		내용
외부적 요인	고객의 요구 변화	고객의 요구가 다양하게 변화되고 있고 이에 따른 메뉴 교체가 요구된다.
	식재료 수요와 공급	외식업체에서는 냉동된 식재료보다는 계절에 따른 신선한 식재료를 선호하여 계절별로 메뉴가 교체될 수 있다. 그러나 냉동·냉장기술 발달, 저장기술의 향상, 교통수단의 발달 등으로 계절에 따른 식재료 수급의 차이가 많이 완화되고 있다.
	타 업체와의 경쟁	타 외식업체의 메뉴분석은 차별화되는 메뉴를 개발하는 데 도움을 준다.
내부적 요인	외식업체의 콘셉트	외식업체의 콘셉트는 계속적으로 평가되고 개선되어야 하며 새로운 콘셉트는 메뉴의 교체를 요구한다.
	수익성	식재료의 원가, 새로운 메뉴 아이템의 추가와 삭제 등에 따른 수익성에 의해 메뉴가 교체된다.
	운영체계	외식업체의 확장이나 축소, 새로운 주방 기기의 도입, 종사원들의 생산능력 변화 등은 현재의 메뉴 개선 또는 교체를 요구한다.
	메뉴 품목 판매 동향	메뉴는 다른 메뉴의 판매를 증가 또는 감소시킨다. 따라서 메뉴 품목 판매 동향에 따라 메뉴는 교체될 수 있다.

자료: 한경수 외(2005).

노트 나를 위한 가치 소비, 파인다이닝

최고의 요리를 최상의 서비스로, 최적의 분위기에서 즐기고자 하는 파인다이닝의 소비가 해마다 늘어나는 추세이다. 파인다이닝에서는 대중적인 식당에서는 맛보기 힘든 독특한 식재료와 조리법으로 고객에게 식사를 하나의 경험으로 제공하고 있어서 나를 위한 가치소비를 즐기는 사람들이 파인다이닝 레스토랑을 찾고 있다.

2020년에는 코로나19 팬데믹 상황에도 불구하고 전국 파인다이닝 업체의 카드매출액은 2019년 대비 17%나 증가하였다. 여행이나 문화생활이 제한되면서 고급레스토랑이 차별화된 서비스를 보다 안전하게 즐기고자 하는 사람들의 욕구를 충족시켜 주는 대안으로 떠오른 것이다.

조사에 따르면 소비자들은 3개월에 1회 정도 파인다이닝을 이용하였고 양식을 가장 선호하고 한식, 일식의 순으로 선호하는 것으로 나타났다. 파인다이닝의 방문 이유로는 좋은 식재료로 전문 셰프가 만든 맛있는 음식을 먹기 위해 방문한다는 응답이 가장 많았고, 가족행사나 기념일을 위해 이용하고 있었다. 가장 크게 고려하는 요소는 맛이었으며, 청결, 친절함 그리고 안전하고 신선한 식재료 등도 중요하게 여기는 것으로 나타났다.

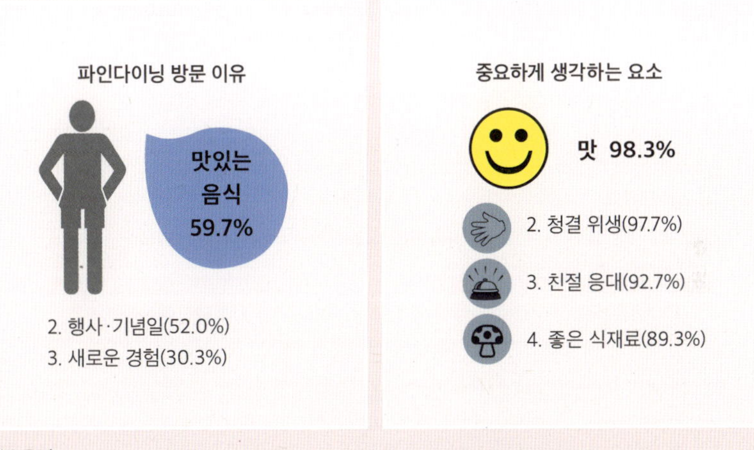

* 중복 응답

자료: The외식 카드뉴스(2020). 나를 위한 가치소비, 파인다이닝 이용 현황.

노트 시대별 유행 메뉴

국내 외식산업은 1970년대에 태동하여 현재까지 다양한 시대적 상황에 영향을 받으며 발전해왔다. 시대별로 주를 이룬 메뉴들의 특징은 다음과 같다.

연도	특징	유행 메뉴
~1976	우리나라의 철도산업과 호텔산업의 발전은 식당업의 성장으로 이어졌다. 1960년대 후반부터 쌀 소비를 줄이고자 범국민적 혼·분식장려운동을 실시했으며, 1972년 새마을운동 등 경제 개발 계획에 따라 다수의 외식업소가 출현하였다. 대부분 생계형 대중식당이었으며, 라면과 제빵산업이 활기를 띠면서 식생활에도 변화가 촉진되었다.	해장국, 국밥, 자장면, 냉면, 곰탕, 만두, 맥주, 빵, 닭갈비, 부대찌개
1977~1982	• 경제 개발 계획에 따라 식생활 수준이 향상되고 다수의 외식업소 출현과 더불어 1970년대 후반에 해외 브랜드의 도입이 시작되면서 프랜차이즈 시대가 열렸다. • 1982년에 음식물 쓰레기 양을 줄이기 위해 한국 최초로 주문식단제가 시행되기도 하였다.	햄버거, 양념치킨, 통닭, 닭갈비, 양식, 부대찌개, 떡볶이, 원두커피, 요구르트, 낙지볶음
1983~1988	세계적인 패스트푸드 업체(버거킹, KFC, 피자헛 등)들이 도입되면서 국내 프랜차이즈사업 시장을 확대시켰다.	햄버거, 피자, 서양식, 치킨
1989~1996	• 86 아시안게임과 88 서울올림픽 이후 국내 외식산업은 급성장하였고 해외 패밀리레스토랑(CoCo's, T.G.I. Friday's 등)이 국내로 진입되면서 국내 외식시장이 확대되었다. • 쇠고기 수입재개 파문과 대형 고깃집의 등장으로 육류의 섭취량이 증가하였다. • 라면, 공업용 우지 파동 등 크고 작은 식품위생사고가 발생하면서 건강식에 대한 관심이 고조되었다.	피자, 도넛, 스테이크, 국수, 생맥주, 햄버거, 보쌈, 우동, 곱창, 주물럭, 규동
1997~2001	• 1997년 IMF의 영향으로 기업형 외식업체가 붕괴되기 시작하였으며 새로운 대형 브랜드('아웃백스테이크하우스', '빕스', '스타벅스' 등)들이 유입되어 불황 속 호황을 누리는 현상도 나타났다. • 불황을 극복하기 위하여 외식업계에서는 가격파괴를 내세운 마케팅 전략(피자 뷔페, 새로운 콘셉트의 중식당, 퓨전음식점의 증가)이 유행하였다. • '스타벅스'의 도입으로 커피시장의 규모가 차츰 확대되면서 원두의 소비가 증가하였다.	에스프레소 커피, 부대찌개, 냉국수, 칼국수, 조개구이
2002~2007	• 2003년 말, 광우병과 조류독감의 발병으로 외식산업의 성장이 둔화되었다. • 저가 메뉴와 웰빙 트렌드가 유행하였다. • 2000년대 중반에는 시푸드 뷔페가 각광받았고 차츰 경기가 회복되면서 국내 외식기업의 활발한 해외 진출이 이루어졌다.	사찰음식, 회전초밥, 약선 요리, 생과일주스, 요거트 아이스크림, 솥밥, 샤브샤브, 참치 전문점, 불닭, 퓨전 오므라이스, 저가 쇠고기, 시푸드 뷔페, 해물떡찜

연도	특징	유행 메뉴
2008~ 2010	• 미국 부동산시장의 거품이 꺼지면서 글로벌 금융위기가 시작되었고, 국내 외식기업도 큰 영향을 받았다. • 세계 기후 변화에 따른 곡물가 파동으로 밀가루, 식용유, 두부 등의 식재료 가격이 급등하여 외식업계의 어려움이 가중되었다.	통큰치킨, 프리미엄 분식, 로티번, 커피·버거, 도넛, 국수, 커리
2011~ 2015	• 정부의 적극적인 지원하에 국내 외식기업의 한식세계화 사업이 활발히 전개되었다. • 2010년 후반에는 「외식산업진흥법」을 비롯한 관련 법규와 제도 등이 정비되면서 다양한 지원책이 마련되었다. • 관련 제도들이 중소기업 및 개인 창업자를 중심으로 정비되면서 대기업과의 대립에 논란이 제기되었다. • 2000년대 이후 웰빙과 건강에 대한 관심이 지속적으로 유지되었다.	로스팅커피, 국수, 일본 라멘, 프리미엄 버거·샌드위치, 화덕 메뉴, 막걸리, 단팥빵, 눈꽃빙수, 한식 뷔페, 스몰비어, 족발·보쌈, 디저트 베이커리
2016~ 2019	• 최저임금 인상과 운영비 상승으로 가성비 중심 외식이 확산되었다. • 1인 가구 증가로 혼밥 소형 외식 매장이 성장하였다. • SNS 확산으로 비주얼과 스토리텔링이 강조된 메뉴가 주목받았다. • 미쉐린가이드 서울판 출판으로 모던한식이 주목받았다.	규동, 모던한식, 샐러드, 브런치 메뉴, 마카롱, 흑당버블티
2020~ 2023	• 코로나19 확산으로 배달·포장 중심의 외식구조가 고착화되었다. • 집밥 대체 수요 증가로 외식형 도시락과 밀키트가 확대되었다. • 외식의 '안전성'과 '편의성'이 주요 선택 기준으로 작용하였다. • 제한된 외식 환경 속에서 경험 중심 메뉴의 가치가 부각되었다. • 구독경제의 확산으로 소비자의 반복적 구매에 관심을 가지게 되었다.	밀키트, 트러플 파스타, 프리미엄 계란샌드위치, 일식 오마카세, 생면파스타, 마라탕, 탕후루, 수제쿠키, 소금빵, 약과, 퓨전 디저트 떡
2024~ 현재	• 고물가 환경이 지속되며 합리적 소비와 프리미엄 소비의 양극화가 심화되었다. • 일상적 외식에서는 실속형 한 끼 메뉴가 강화되었다. • 특별한 외식경험을 위한 파인다이닝과 체험형 외식의 수요가 지속되었다. • 외식기업이 제조, 유통, 수출까지 확산되며 외식메뉴가 제품화되었다.	건강베이글, 말차음료 및 디저트, 호텔빙수, 프리미엄 한우구이, 지역 특색 국밥, 냉동김밥, 한식파인다이닝, 프리미엄 디저트, 수제초콜릿, 웰빙드링크

자료: 한국외식정보(주)(2015), 월간식당(2015~2026) 트렌드 기사 분석.

3) 메뉴보드 디자인

메뉴보드는 '무언의 판매자(the silent salespersons of restaurant)'라 부를 만큼 메뉴 판매에 중요한 역할을 한다. 메뉴보드의 디자인과 구성에 따라 고객들이 선택하는 메뉴가 달라질 수 있기 때문에 외식업체는 집중적으로 판매하고자 하는 메뉴를 고객이 선택할 수 있도록 유도하여 이익을 최대화시켜야 한다.

메뉴보드는 고객에게 쉽게 어필하여 즉각적인 구매동기를 일으켜야 한다. 메뉴보드를 디자인할 때는 품목의 배열, 메뉴 설명, 폰트의 종류 및 크기, 메뉴북의 형태 및 재질, 메뉴북의 색상 및 사진 등을 고려해야 한다.

(1) 품목의 배열

- 메뉴보드 내에서의 위치는 메뉴에 대한 호감도와 매출에 영향을 미치므로 수익성이 높은 메뉴 아이템이 많은 고객에게 선택되도록 배치해야 한다.
- 주력 메뉴 아이템을 메뉴보드 내에서 **포컬 포인트(focal point, 고객의 시선이 가장 잘 모이는 위치)**에 배열한다(그림 5-3). 대개 메뉴보드에서 첫 번째, 두 번째 및 마지막에 위치한 메뉴 아이템의 선택 빈도가 높게 나타난다(그림 5-3).
- 메뉴보드에 배열되는 품목의 순서는 애피타이저, 수프, 생선, 육류 및 후식으로 한다.

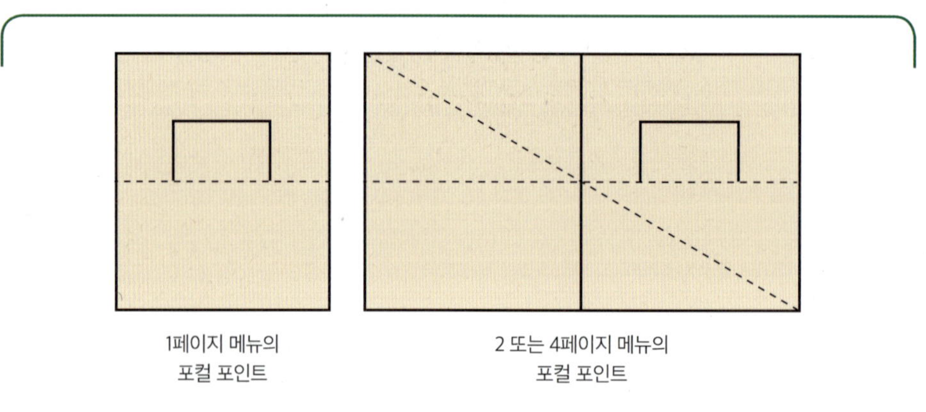

그림 5-3 메뉴보드에서의 포컬 포인트

(2) 메뉴 설명

- 메뉴에는 대중적이면서도 친숙하고 명확한 이름을 사용해야 하며, 메뉴 설명은 쉽게 인식되도록 간단하게 서술한다.
- 특정 메뉴 아이템에 별도의 표시(기호, 하이라이트, 박스 처리)를 하면 주문횟수가 늘어난다.
- 식재료의 원산지 및 등급, 조리법, 영양표시 등의 정보는 정확하게 기술한다.

(3) 폰트의 종류 및 크기

- 폰트의 종류 및 크기 등은 가독성을 높이는 방향으로 선택한다.
- 메뉴의 표기문자는 각국의 고유문자를 사용하고 국가·지역·인명 등은 대문자로 표기한다.

입맛 돋구는 전채

Appetizers

새우젓캐비어와 성게알을 올린 두부 계란찜(3PCS) (17,800)
Tofu custard with sea urchin & salted shrimp caviar

연근부각을 곁들인 갓 짠 들기름 드레싱의 쫄깃한 천연 건조묵 샐러드 (19,800)
Natural dried acorn jello salad with freshly - pressed wild sesame oil dressing

냉이 새우 완자를 올린 오디청 드레싱의 나물 샐러드 (22,800)
Shepherd's purse & shrimp ball on herb salad with mulberry vinaigrette sauce

3종 빈티지 간장 캐비어를 곁들인 육회와 꽃 샐러드 (29,800)
Beef tartar with 3 types of vintage soy sauce "caviar" & flower salad

제주 감귤 조선간장 드레싱의 한라봉 샐러드 (28,800)
Halla - bong salad with jeju mandarine soy sauce dressing

매콤한 콩두 특제 소스를 곁들인 여름에도 즐길 수 있는 신선한 서해안 오솔레굴 (36,000)
Fresh osole oyster from east cost with cogdu special sauce (Seasonal)

한상차림

Full meal on the tray

보성 녹차물을 곁들인 법성포 특 보리굴비 구이 반상 (28,800)
Grilled yellow corvina with rice & Bosung green tea with rice

고산 윤선도 반가 기법의 명인 간장으로 담은 꽃게장과 밥 (33,800)
Blue crab preserved in soy sauce following the Yoon Seondo family recipe & rice

새우면을 즉석에서 데치는 모시조개 동국장 찌개 반상 (35,800)
Shabu shabu of fresh shrimp noodles, seaweed & clamp with brown bean stew & rice

절구에 찧어 키토산 가득한 안흥산 꽃게탕 반상 (36,800)
Mortar - crushed Anheung crab stew & rice

메뉴 설명의 예

자료: 콩두에프엔씨.

사례 음식점의 테이블오더는 도움이 되는가?

음식점에 최근 널리 확대된 테이블오더는 직원이 주문을 받거나 결제하는 일 대신 다른 업무를 할 수 있어 직원 활용이 효율적(40.2%)이라는 것이 가장 큰 장점으로 나타났으며, 테이블오더에 익숙하지 않은 고객들에게 일일이 사용방법을 설명해 줘야 하는 번거로움(41.6%)이 가장 큰 단점으로 나타났다.

인건비보다 테이블오더기 설치비용이 저렴해 인건비를 절감(18.4%)할 수 있고, 고객이 주문을 잘못하거나 직원이 주문을 잘못 받는 오더미스(order mistake)를 줄이고(14.8%), 주문을 하기 위해 기다릴 필요가 없어 고객 불평이 감소(14.6%)하는 등의 장점이 조사되었다.

반면에, 고객과 직접 대화할 수 있는 접점이 줄어들다 보니 고객관리 측면에서는 오히려 비효율적(16.3%)이라는 반응도 있었다. 직원을 통한 메뉴 설명 및 추천 메뉴 등을 진행할 수 없다 보니 객단가/테이블 단가가 감소하고 고객들이 셀프 주문의 번거로움 등으로 인해 추가 주문율이 감소되는 단점이 있다. 테이블오더 사용 시에도 고객과의 상호작용을 어떻게 보완해야 하는지에 대한 고민이 필요하다.

테이블오더 이용 시 장단점

구분	내용	비율(%)
장점	직원이 주문을 받거나 결제하는 일에 시간을 할애하지 않고 다른 일을 할 수 있는 등 전체 활용이 효과적	40.2
	인건비보다 테이블오더기 설치 비용이 저렴해 인건비 절감	18.4
	오더 미스(고객이 주문을 잘못하거나 직원이 주문을 잘못 받음)로 인한 분쟁 해소	14.8
	고객이 주문을 하기 위해 직원을 기다릴 필요가 없어 컴플레인 감소	14.6
	고객들이 셀프로 주문을 할 수 있다 보니 추가 주문율 증가	7.9
	셀프 오더 및 결제, 더치페이 등 최근의 트렌드와 맞다고 생각	3.1
	기타	1.0
단점	테이블오더에 익숙하지 않은 고객들에게 일일이 사용방법을 설명해 줘야 하는 번거로움	41.6
	고객과 대화할 수 있는 접점이 없어져 오히려 고객관리 측면에서는 비효율적	16.3
	오더기로 잘못 주문을 한 후 직원을 불러 변경을 요청하는 경우가 잦음	16.0
	직원을 통한 메뉴 설명 및 추천 메뉴 등을 진행할 수 없다 보니 객단가/테이블 단가 감소	9.3
	일부 업체의 경우 결제건별 수수료를 부과하는 등 오히려 비용이 더 발생	7.8
	고객들이 셀프 주문의 번거로움 등으로 인해 추가 주문율 감소	5.7
	테이블오더기/시스템의 유지 관리가 제대로 이뤄지지 않음	2.8
	기타	0.5

*N = 925

자료: 농림축산식품부, 한국농수산식품유통공사(2024).

(4) 메뉴보드 형태 및 재질

- 메뉴보드는 외식업체의 공간 디자인 및 분위기와 통일감을 가지게 한다.
- 메뉴보드의 크기 및 페이지 수는 과도하거나 부족하지 않아야 하며 계절 및 이벤트 메뉴 등은 별도의 메뉴보드 혹은 메뉴카드로 제작하여 사용한다.
- 음료 및 주류 메뉴는 메뉴보드의 뒷면에 위치하거나 혹은 별도의 메뉴보드로 제작하여 사용하는 것이 주목도를 높이는 방법이다.

(5) 메뉴보드 컬러 및 사진

메뉴를 과장하거나 오해의 소지를 만들지 않도록 하기 위해 메뉴의 사진은 실제 제공되는 메뉴와 동일하게 촬영하여 사실적으로 표현하여야 한다.

2. 메뉴가격 결정

메뉴가격 결정은 메뉴계획이 완료된 후의 과정으로 식재료비와 인건비, 추가적인 운영비용을 고려해야 하며, 메뉴의 가치와 경쟁 개념을 포함하여 결정해야 한다. 가치의 개념은 고객이 지불할 가치가 있다고 생각하는 메뉴의 가격이며, 경쟁의 개념은 타 외식기업 및 점포와의 경쟁을 고려한 가격이다.

메뉴가격은 가격 산출 방법, 마케팅, 판매량 등을 고려하여 책정한다. 외식업체에서 기대하는 수익과 고객의 요구에 따른 과학적인 메뉴가격 결정 방법이 필요한 것이다.

1) 객관적 가격 결정

객관적 가격 결정 방법은 식재료비와 인건비를 합한 원가의 비율을 근거로 메뉴가격을 산출하는 방법이다. 외식업체에서 주로 사용하는 방법에는 가격 팩터에 따른 가격 결정, 공헌마진에 따른 가격 결정, 주요원가(prime cost)에 따른 가격 결정, 손익분기점에 따른 가격 결정 등이 있다. 단, 객관적인 가격 결정 방법이라 하더라도 시장 환경이나 경쟁적 수준에 따라 약간의 조정이 행해질 수도 있다.

가격 팩터법(pricing factor method)은 메뉴가격 결정 방법 중 가장 흔히 사용되며 식재료비에 가격 팩터(factor)를 곱하여 산출하게 된다. 먼저 원하는 식재료 원가비율을 정하여 가격 팩터를 계산하고 식재료 비용을 곱하면 메뉴 판매가격을 정할 수 있다.

$$\text{가격 팩터(price factor)} = \frac{100}{\text{식재료 비율(food cost percentage)}}$$

메뉴 판매가격 = 식재료비(food cost) × 가격 팩터(price factor)

메뉴의 판매가격에서 식재료 원가를 제한 나머지 금액을 **공헌마진(Contribution Margin, CM)**이라고 한다. 공헌마진에 따른 가격 결정 방법은 공헌마진의 목표 수준을 먼저 결정하고 이를 달성할 수 있도록 가격을 책정한다.

$$\text{고객당 평균 공헌마진} = \frac{\text{식재료 원가 이외 비용} + \text{원하는 이익}}{\text{예상 고객 수}}$$

메뉴 판매가격 = 고객당 평균 공헌마진 + 식재료 원가

공헌마진에 의한 가격 결정의 예

어느 레스토랑에서 한 달에 3,000명의 고객에게 서비스할 것으로 예상하고 있으며 식재료 원가 이외의 비용은 2,500만 원, 원하는 이익은 500만 원이라고 할 때 고객당 평균 공헌마진은 (2,500만 원 + 500만 원) / 3,000명 = 10,000원이 된다. 식재료 원가가 2,000원일 때 스파게티의 판매가격은 12,000원(10,000원 + 2,000원)이 된다.

외식업체 비용 구성 중 가장 높은 비중을 차지하는 식재료비와 직접 인건비를 합쳐 **주요원가(prime cost)**라고 부른다. 주요원가에 따른 가격 결정은 메뉴를 만드는 데 직접적으로 발생된 직접 인건비와 식재료비, 직접 인건비 비율과 식재료비 비율에 의해 계산되며 수식은 다음과 같다.

$$\text{메뉴 판매가격} = \frac{\text{주요원가} = (\text{식재료비} + \text{직접 인건비})}{\text{식재료 비율} + \text{직접 인건비 비율}}$$

프라임코스트법에 의한 가격 결정의 예

한 패스트푸드점 햄버거의 식재료비가 700원, 직접 인건비가 500원으로 주요원가가 1,200원(700원 +500원)이고, 직접 인건비 비율이 10%(전체 인건비의 30%), 식재료비 비율이 30%라 할 때, 판매가격은 1,200원 / (10% + 30%) = 3,000원이 된다.

손익분기점(Break-Even Point, BEP)에 따른 가격 결정은 원가중심의 가격 결정방법으로 이익 또는 손실이 일어나지 않는 손익분기점 수준에서 가격을 결정한다. 손익분기점 분석에 관해서는 10장에서 보다 자세히 다루도록 한다.

$$\text{손익분기점} = \frac{\text{총고정비}}{\text{공헌이익}(\text{단위당 판매가격} - \text{단위당 변동비})}$$

2) 주관적 가격 결정

주관적 가격 결정 방법(Subjective Pricing Method)은 외식기업 및 업체의 경영자가 주관적인 판단에 의해 메뉴가격을 결정하는 방법이다. 주관적 가격을 결정할 때는 적정가격, 최고가격, 최저가격, 경쟁자가격 등을 활용하게 된다.

적정가격 방법은 경영자나 관리자의 경험이나 판단에 의해서 적절하다고 생각하는 가격을 책정하는 방법이다. 이는 외식업체 관리자가 다년간의 경험을 지닌 경우 활용할 수 있는 방법이다.

최고가격 방법(Maximum Price Method)은 경영자에 의해 메뉴 품목을 최대한의 가치로 평가하여 고객이 지불할 수 있다고 생각되는 최고 금액을 가격으로 책정하는 방법이다. 고객반응 또는 영업활동에 따라서 단계적으로 가격을 조정할 수 있다.

최저가격 방법(Minimum Price Method)은 상품가치의 최저가를 선택하여 고객을 매료시켜 유인하는 방법이다. 이 방법은 고객이 특정 음식의 낮은 가격을 보고 외식점포에 들어와 다른 메뉴까지 같이 주문하도록 유도한다.

경쟁자가격 방법(Competition-based Pricing)은 경쟁상대에 의해 이미 책정되어 있는 가격에 고객이 만족하고 있다는 전제를 바탕으로 경쟁상대가 정한 가격을 그대로 따르는 방식이다. 대개는 경쟁자가격에 대비하여 동일한 수준을 선택하거나 소폭 인상 또는 인하하는 방향으로 결정하게 된다. 하지만 다른 제반요건의 고려 없이 단순히 경쟁 기업의 가격만을 따르는 것은 바람직하지 않다.

3) 메뉴가격 결정 시 기타 고려사항

객관적인 방법, 또는 주관적인 방법으로 메뉴가격을 결정하더라도 심리적 측면, 메뉴 판매 단위 및 구성 등과 같은 사항을 추가적으로 고려해야 한다. 메뉴가격에 대한 심리적인 측면은 가격 결정 시 중요한 요소로 작용한다.

홀수가격은 짝수가격보다 저렴하게 느껴지며 할인받았다는 착각을 일으켜, 소비자의 저항을 줄여준다. 10원 단위 홀수가격 책정법(예: 4,750원, 4,770원), 1,000원보다 조금 작은 가격 책정법(예: 990원, 9,990원) 등이 그 예이다.

외식업체에서는 메뉴의 가격을 중량 단위(g 또는 ounce)로 제시하고 포장 판매 시 측정한 무게에 따라 최종 가격을 결정하기도 한다. 이는 고객이 필요로 하는 양을 직접 정하며, 포장된 무게만큼만 계산하기 때문에 먹는 분량에 대해서만 비용을 지불한다고 인식되어 만족도가 높아진다.

외식업체 측에서도 공헌이익이 좋은 메뉴를 세트메뉴로 구성하여 매출을 증진시키거나 다소 매력도가 낮은 메뉴나 새로운 메뉴를 세트메뉴로 구성하여 제공함으로써 홍보효과를 노릴 수 있다. 이러한 세트메뉴는 일정한 가격에 여러 가지 메뉴를 함께 제공하여 음식을 각각 주문할 때보다 저렴하므로 고객의 만족도가 높다.

3. 메뉴분석

1) 메뉴분석의 목적

메뉴분석은 고객 및 외식업체의 수익성 증대를 위해 기존에 운영하고 있는 각 메뉴의 이윤 창출 기여도를 분석하는 것이다. 분석 결과는 메뉴정책 및 판매 전략 수립에 결정적인 역할을 한다. 메뉴분석 시에는 다음과 같은 내용을 고려해야 한다.

- 현재 판매가격은 적당한가?
- 식재료 원가는 적정한 수준인가?
- 가장 잘 팔리는 메뉴 혹은 잘 팔리지 않는 메뉴는 무엇인가?
- 수익을 극대화할 수 있는 메뉴는 무엇인가?
- 가격 변경 혹은 삭제 등의 조치가 필요한 메뉴는 무엇인가?

2) 메뉴분석 방법

메뉴분석 방법은 여러 연구자들이 다양한 방법을 제시하고 있는데, 그중에서도 메뉴엔지니어링분석과 ABC분석이 대표적인 방법에 속한다. 기본적으로는 메뉴의 수익성과 메뉴의 선호도(판매량)를 고려하며 때로는 2~3가지의 메뉴분석 방법을 병행 사용하기도 한다.

(1) 메뉴엔지니어링 분석

메뉴엔지니어링(Menu Engineering) 분석은 각 메뉴별 공헌마진(Contribution Margin, CM)과 전체 판매량에서 메뉴믹스 비율(Menu Mix 비율, MM%)을 기준으로 품목을 Stars, Plowhorses, Puzzles, Dogs의 4가지 범주로 분류한다(Kasavana & Smith, 1990).

메뉴별 공헌마진(CM)과 메뉴믹스 비율(MM%)의 2가지 항목을 분석 축으로 하여 각각 평균 공헌마진(Average CM)과 MM%의 70% 규칙(Rule)을 기준으로 분석한다. MM%의 70% 규칙은 다음과 같은 공식에 의해 산출된다.

(100%/메뉴 아이템 개수)×0.7

CM과 MM% 모두 기준보다 높으면 Stars, CM은 높고 MM%는 낮으면 Puzzles, CM은 낮고 MM%는 높으면 Plowhorses, CM과 MM% 모두 낮으면 Dogs로 분류한다(표 5-3).

수익성의 축 평균 공헌마진(ACM) = 총공헌마진/총판매량

선호도의 축 메뉴믹스(MM%) = (100/메뉴 아이템 개수)×0.7

메뉴엔지니어링 결과에 의해 분류된 각 메뉴 아이템은 다음과 같은 조치를 취하게 된다.

- **Stars**로 판정된 품목들은 선호도와 수익성이 모두 높은 그룹이다. 외식점포의 대표 메뉴이므로, 잘 관리하여 계속적으로 고수익 아이템으로 유지시켜야 한다. 품질이나 1인 분량을 엄격하게 표준화·규격화하고 식재료가 떨어지지 않도록 하며, 메뉴보드에서 눈에 가장 잘 띄는 곳에 배치한다.

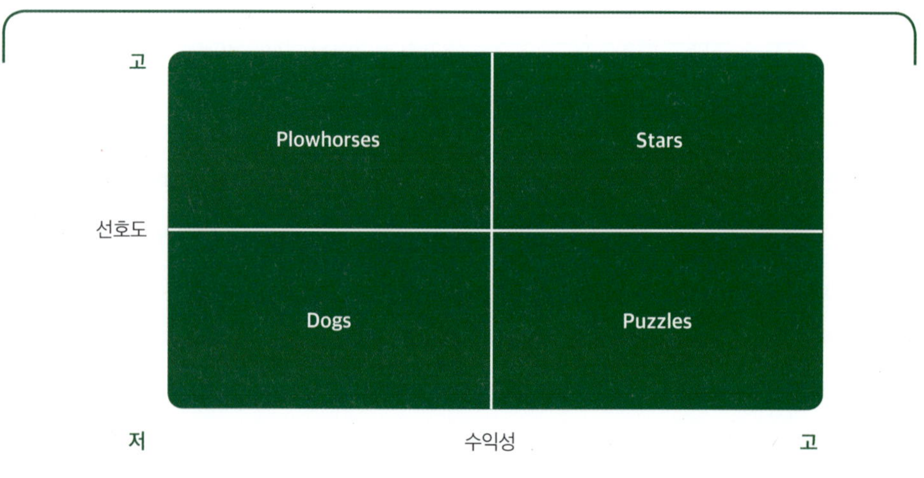

그림 5-4 메뉴엔지니어링

표 5-3 메뉴엔지니어링의 실제

메뉴 엔지니어링 워크시트

YS 레스토랑 기간: 2025년 3월 1~7일

(A) 메뉴 아이템	(B) 판매량	(C) 메뉴 믹스 비율 (MM%)	(D) 식단가	(E) 판매가	(F) 공헌 마진 (E-D)	(G) 메뉴 비용 (D*B)	(H) 메뉴 매출 (E*B)	(L) 메뉴 공헌마진 (F*B)	(P) CM 카테고리	(R) MM% 카테고리	(S) 메뉴 아이템 분류
시저 샐러드	310	10.3%	2,000	10,000	8,000	620,000	3,100,000	2,480,000	HIGH	LOW	Puzzles
감자 그라탕	390	13.0%	3,000	9,000	6,000	1,170,000	3,510,000	2,340,000	LOW	HIGH	Plowhorses
안심 스테이크	240	8.0%	15,000	22,000	7,000	3,600,000	5,280,000	1,680,000	LOW	LOW	Dogs
폭찹	480	16.0%	7,000	17,000	10,000	3,360,000	8,160,000	4,800,000	HIGH	HIGH	Stars
마가리타 피자	830	27.7%	8,000	14,000	6,000	6,640,000	11,620,000	4,980,000	LOW	HIGH	Plowhorses
펜네 파스타	750	26.0%	3,500	11,000	7,500	2,625,000	8,250,000	5,625,000	HIGH	HIGH	Stars
메뉴 수	총판매량 (N)					총비용 (I)	총수익 (J)	총공헌마진 (M)			
6	3,000					18,015,000	39,920,000	21,905,000			
						총비용 비율 (I/J×100)		평균 공헌마진 (M/N)		70%rule 메뉴믹스 비율 (100/메뉴 수)×0.7	
						45.1%	K	7.302		11.7%	

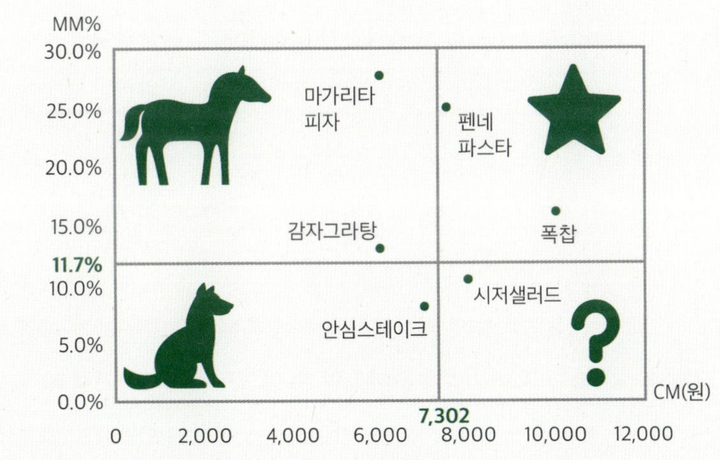

- **Plowhorses**로 판정된 품목은 선호도는 있지만 수익성은 낮은 그룹이다. 고객에게 반감을 주지 않는 범위 내에서 가격을 인상하거나 원가를 줄여 공헌이익을 높여야 한다. 메뉴계획 시 타 업체에 없는 아이템으로 경쟁력이 있다면 가격을 인상하여 고객의 반응을 살펴보거나, 대중적인 아이템으로 경쟁력이 낮다면 프레젠테이션이나 제공하는 방법을 바꾸어 가격을 인상시킬 수 있다. 가격을 인상시킬 수 없다면 원가가 낮은 다른 품목과 함께 세트메뉴로 판매하거나, 1인 분량을 조정하거나, 메뉴에 부차적으로 들어가는 비용을 낮추어 원가를 줄이는 것이 좋은 방법이다.
- **Puzzles**로 판정된 품목은 수익성은 높지만 선호도는 낮은 그룹이다. 이는 제안적 판매, 판매 인센티브제, 테이블 텐트, 메뉴보드 등을 활용하거나 판매촉진 행사를 통하여 고객의 선호도를 높여야 한다. 메뉴의 이름을 바꾸거나 메뉴보드에서 눈에 잘 띄는 곳에 배치하여 고객의 수요를 늘릴 수도 있다. 아이템의 가격을 낮추거나 특선요리에 포함하여 수요를 증가시켜 볼 수도 있다.
- **Dogs**로 판정된 품목은 수익성도 낮고 선호도도 낮은 그룹이다. 재료 원가를 낮추거나 판매가격을 인상하여 공헌이익을 증가시키거나 다양한 판매촉진 방법을 활용하여 고객의 선호도를 높여야 한다. 이런 방법을 실행했음에도 해당 메뉴가 Dogs에 해당한다면 과감하게 삭제한다. 메뉴를 삭제할 경우 고객의 선택 폭이 줄어들기 때문에 대체 메뉴를 개발하여 메뉴에 포함시켜야 한다.

메뉴엔지니어링은 판매량이 높고 단위당 공헌이익이 높은 메뉴가 가장 좋다는 것을 가정하지만 여기서는 식재료 원가를 제외한 다른 비용이나, 판매촉진 등의 외적인 변수를 고려하지 못한다는 단점이 있다.

(2) ABC 분석

ABC 분석은 전체 메뉴 중 20%의 메뉴가 전체 매출의 80%를 차지한다는 파레토의 법칙을 적용한다(그림 5-5). 고객의 선호도가 높은 메뉴에 집중하여 판매율을 증진하기 위해 사용된다. 이 방법은 고객이 선호하는 메뉴의 성향을 파악할 수 있으므로 신메뉴계획 및 홍보가 쉽다는 장점이 있다. 하지만 판매량과 판매금액만을 기준으로 분석하여 식재료비 및 인건비

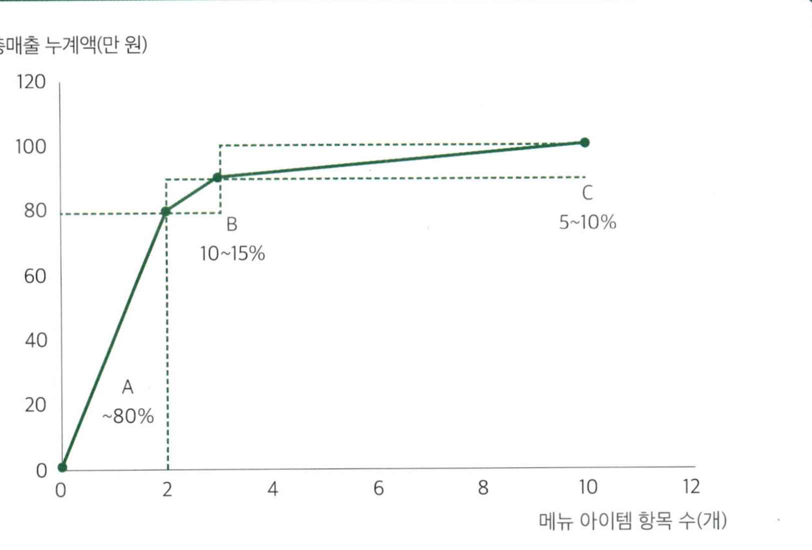

그림 5-5 메뉴 ABC 분석

와 같은 비용이 반영되지 않는다(**표 5-4**). ABC 분석의 수행 방법은 다음과 같다.

- 일정 기간 판매된 메뉴량과 매출액을 계산한다.
- 매출액이 많이 발생한 순서로 나열한다.
- 매출 총액을 합산한다.
- 각각의 메뉴 매출액을 총매출액으로 나누어 비율을 계산한다.
- 비율의 누계를 산출한다.
- 나열된 메뉴의 순서대로 누계수치의 상위 80%까지를 A, 81~90%(95%)까지를 B, 나머지 5~10%까지를 C로 분류한다.

표 5-4 ABC 분석의 예

순위	상품명	매출(10만 원)	매출구성비(%)	누계	평가
1	A	3,200	32.0	32.0	A
2	B	2,400	24.0	56.0	A
3	C	1,900	19.0	75.0	A
4	D	700	7.0	82.0	B
5	E	500	5.0	87.0	B
6	F	400	4.0	91.0	C
7	G	250	2.5	93.5	C
8	H	150	1.5	95.0	C
9	I	140	1.4	96.4	C
10	J	100	1.0	97.4	C
11	K	80	0.8	98.2	C
12	L	60	0.6	98.8	C
13	M	50	0.5	99.3	C
14	N	40	0.4	99.7	C
15	O	30	0.3	100.0	C
		10,000	100.0	100.0	

STEP 1
활동 사례
ACTIVITY

건강과 맛의 황금비율, '푸드밸런스(Food Balance)'

건강에 대한 관심이 어느 때보다도 높아지고 있지만 역설적으로 자극적인 음식은 여전히 인기를 누린다. 칼로리 폭탄을 떠올리게 하는 디저트의 극단적인 단맛을 즐기면서도 제로슈거 음료를 찾는 현상, 맥주소비는 줄어도 무알콜맥주 시장은 커지는 이유를 어떻게 설명할 수 있을까? 먹는 즐거움과 건강 사이의 균형을 찾고자 하는 푸드밸런스 현상이 보편적인 외식 트렌드로 자리 잡았다.

푸드밸런스를 지키려면 섭취하는 음식에 대한 영양 정보를 제대로 파악하는 것이 필요하다. 음식 사진을 업로드하면 영양성분은 물론이고 칼로리까지 바로 계산해 주는 스마트폰 앱이 인기를 끄는 이유이다. 식사조절 목표에 따라 앞으로 음식을 얼마나 더 먹어도 되는지 알려주기도 한다. 이러한 서비스 덕분에 외식 소비자들은 영양 정보를 살피고 식단을 균형 있게 관리할 수 있게 되었다.

혈당 스파이크를 방지하는 저항성 전분 쌀, 비타민, 무기질이 풍부한 식물성 재료, 고단백질 토핑을 조합함으로써 기존 샐러드의 영양학적 완성도를 높인 메뉴 '저당·고단백 영양 포케 볼(Poké Bowl)'
자료: Google Gemini AI 생성 이미지

맛뿐만 아니라 영양소 균형과 개인의 건강 상태에 맞춘 푸드밸런스 메뉴를 주목할 필요가 있다. 푸드밸런스는 헬시플레저(healthy pleasure)를 추구하는 젊은 층뿐만 아니라 만성질환 관리가 필요한 중장년층까지 고객층을 확대하는 계기가 되고 있다. 헬시플레저를 넘어 개인의 생애주기별 건강 상태를 고려한 맞춤형 미식 경험을 제공함으로써, 까다로워진 소비자들에게 단순한 한 끼 이상의 신뢰를 제공하는 것이다. 영양적 전문성을 기반으로 한 푸드밸런스 메뉴는 외식업계의 생존 전략이 되고 있다. 단순한 미각적 즐거움을 넘어 정밀한 데이터 기반의 영양 설계가 선택이 아닌 필수가 된 것이다.

자료: 동아일보(2024. 11. 14.) 기사 재구성.

1. 최신 외식기업 및 음식점의 푸드밸런스 메뉴를 조사하여 영양정보를 찾아보자.
2. 외식기업과 음식점의 기존 메뉴를 변형하여 푸드밸런스 트렌드에 맞는 신메뉴를 기획해보자.
3. 푸드밸런스 외에 새롭게 부각되고 있는 최신 외식 트렌드를 찾아보고 이에 따라 어떠한 메뉴가 인기를 끌 것인지 예측해보자.

STEP 2
연습 문제
REVIEW

1. 메뉴의 분류 기준 중 식사시간에 따른 분류(아침 메뉴, 브런치 메뉴, 점심 메뉴, 저녁 메뉴)의 특징을 제시해보자.
2. 현재 운영 중인 외식기업을 선정하여 메뉴 개발 시 고려해야 할 사항 중 고객 측면에 대해 서술해보자.
3. 메뉴가격 결정 시 고려되는 홀수가격책정법을 실제 사례를 들어 제시해보자.
4. 메뉴가격 결정 시 경쟁자 가격 산출법에 대해 실제 사례를 들어 설명해보자.
5. 외식기업의 신메뉴 개발과정을 실제 사례를 들어 제시해보자.
6. 미국과 한국의 외식산업 메뉴 트렌드에 대해 비교·분석해보자.
7. 푸드테크를 적용한 외식기업의 메뉴 사례를 논의해보자.

STEP 3
용어 정리
KEYWORD

- **메뉴** 외식기업과 고객의 의사전달 매체로, 외식기업에서 제공하는 음식의 종류와 가격뿐만 아니라 고객의 선택에 영향을 미치는 정보를 제공하며, 요리의 품목, 명칭, 형태 등을 체계적으로 설명해 놓은 상세한 목록
- **메뉴가격 결정** 메뉴계획이 이루어진 다음에 행해지는 과정으로 식재료비와 인건비, 추가적인 운영비용이 함께 고려되어야 하며, 메뉴의 가치와 경쟁 개념을 포함하여 결정
- **가격 팩터법** 메뉴가격 결정 방법 중 가장 흔히 사용되며 식재료비에 가격 팩터를 곱하여 산출하는 방식. 식재료비의 몇 배를 메뉴가격으로 책정해야 적절한지 계산함
- **공헌마진** 메뉴의 판매가격에서 식재료 원가를 제한 나머지 금액
- **주요원가** 외식업체 비용 구성 중 가장 높은 비중을 차지하는 식재료비와 인건비를 합산한 비용
- **손익분기점** 이익 또는 손실이 일어나지 않는 지점
- **메뉴 엔지니어링 분석** 각 메뉴 아이템의 공헌이익과 전체 판매량에서 각 메뉴 아이템이 차지하는 비율(Menu Mix, %)을 기준으로 Stars, Plowhorses, Puzzles, Dogs라는 4가지 범주로 분류
- **ABC 분석** 전체 메뉴 중 20%의 메뉴가 전체 매출의 80%를 차지한다는 파레토의 법칙을 적용하여 메뉴의 매출액을 기준으로 A, B, C의 범주로 분류하여 분석하는 방법

CHAPTER

06

위생 및 안전

외식업에서의 위생관리는 안전하고 위생적인 식품을 제공함으로써 고객의 건강과 안전을 보호하는 것에 목적을 둔다. 정부의 위생관리가 점차 강화되고 있는 상황에서 외식업에서의 위생 안전관리의 중요성은 더욱 커지고 있다.
이에 본 장에서는 보다 안전한 외식환경을 구축하기 위해 생산단계에서 식품안전을 확보할 수 있는 체계적인 위생안전관리 시스템에 대해 살펴보고자 한다.

식품의약품안전처,
이물 혼입방지 가이드라인 배포

식품의약품안전처(이하 식약처)에서는 조리된 식품 중 이물 혼입 사례가 지속적으로 보고됨에 따라 위생관리 수준 향상을 위해 식품 유형별 이물 혼입방지 가이드라인을 배포하였다. 이물 종류별 5종과 식품 유형별 5종을 마련하였는데, 이물 종류별로는 마라탕, 머리카락, 금속류, 곰팡이, 곤충류가 있으며, 식품 유형별로는 즉석조리식품, 치킨, 플라스틱, 제과점, 영유아용 이유식이 있다.

마라탕 전문점의 「식품위생법」 위반 사례가 계속 이어짐에 따라 점포 위생점검 결과 5곳 중 1곳이 위생불량으로 나타나 식약처는 마라탕 이물 혼입방지 가이드라인을 발표하기에 이르렀다. 2018년부터 2023년 6월까지 마라탕 프랜차이즈 업체의 「식품위생법」 위반 건수는 전체 매장 수의 20%에 달했다. 이에, 식약처는 이물 혼입의 주요 경로를 입고 단계, 작업, 전처리 과정, 조리환경 등으로 분류해 각 단계에서 이물질이 혼입될 수 있는 경로를 제시하며 이를 방지하기 위한 가이드라인을 발표하였다.

자료: 식품의약품안전처(2025. 2. 6.), 서울경제(2025. 2. 12.) 등 기사 및 보도자료 재구성.

1. 위생관리 개요

외식업에서는 음식의 생산부터 소비에 이르기까지의 과정을 체계적으로 계획하고 수행하여 안전성을 확보함으로써 음식물, 사람, 시설물 등으로 인한 사고를 방지할 수 있다. **식중독**이란 병원성 미생물이나 유독, 유해한 물질로 오염된 음식물을 섭취하여 일어나는 건강상의 장해이다. 외식업에서 식중독을 일으킬 수 있는 주요 요인으로는 다음의 5가지가 있다.

- 식품을 충분한 온도와 시간으로 조리하지 않은 경우
- 조리 후 음식물을 부적절한 온도에서 장시간 보관하는 경우
- 오염된 기구와 용기 및 불결한 조리기구를 살균·세척 없이 사용하는 경우
- 개인의 비위생적인 습관, 손 세척 소홀, 개인 질병, 식품 취급이 부주의한 경우
- 비위생적이거나 안전하지 못한 식품원료를 사용하는 경우

한국외식업중앙회(2025)에 따르면 국내 식중독은 주로 세균에 의한 발생이 많으나 최근 노로 바이러스 등 바이러스에 의한 식중독이 증가하는 추세이다. 그 외에도 봄철 독초, 독버섯 등의 섭취에 의한 식중독, 갈색 고동, 복어 등 어패류 독에 의한 자연독 식중독이 종종 발생되고 있다. 기타 농약의 오염에 의한 식중독 등 화학성 식중독도 간혹 발생하고 있다.

안전한 식품은 식중독을 유발할 수 있는 위해요소가 없거나 건강에 해를 미치지 않는 수준으로 매우 적게 든 식품이나, 위해요소가 전혀 존재하지 않는 식품은 사실상 존재하기 어렵다. 그러므로 외식관리자들은 식품을 보다 위생적이고 안전하게 취급하기 위해 다음 사항에 유의해야 한다.

- 시간 및 온도의 통제
- 교차오염 방지
- 개인위생관리
- 믿을 수 있는 공급자로부터 식재료 구매

1) 시간 및 온도의 통제

식중독을 유발하는 세균들은 대부분의 식품에서 성장할 수 있다. 식중독 위해 가능성이 높은 식품들은 보관 및 조리 시 적정 온도와 시간 기준을 지켜야 한다. 이러한 식품을 '안전을 위해 시간 및 온도 관리가 필요한 식품(Time / Temperature Control for Safety Food, TCS Food)'이라고 한다(그림 6-1).

우유 및 유제품, 난류, 육류, 가금류, 어패류 및 갑각류 등 동물성 단백질 식품과 두부 또는 대두단백류는 대표적인 TCS Food이다. 새싹채소, 절단한 과일, 익힌 식물성 식품(구운 감자, 밥, 익힌 채소 등)과 양념 및 소스류도 TCS Food로 분류하고 있다. 통조림, 레토르트

그림 6-1 안전을 위해 시간 및 온도 관리가 필요한 식품

식품과 같이 살균한 제품이나 pH, 수분활성도가 낮은 식품류는 non-TCS Food이다.

음식물 조리 시에는 식품의 중심 온도가 75℃(어패류는 85℃)에서 1분 이상 유지되도록 완전히 가열하며, 조리된 음식의 보관 시 차가운 음식은 5℃ 이하, 따뜻한 음식은 60℃ 이상에서 보관한다. 위해가능성이 높은 식품은 냉장보관 24시간 이내에 제공되도록 시간에 대한 통제가 필요하며 음식을 제공할 때도 뜨거운 음식은 60℃ 이상, 차가운 음식은 5℃ 이하가 유지되도록 하는 등 온도에 대한 통제가 필요하다.

2) 교차오염 방지

교차오염이란 식재료, 기구, 용수 등에 오염되어 있던 미생물이 오염되지 않은 식재료, 기구, 종사자와의 접촉 또는 작업과정에서 혼입되어 미생물의 전이가 일어나는 것을 말한다.

교차오염을 방지하기 위해 칼·도마 등 식기구, 용기, 고무장갑과 앞치마는 그림 6-2와 같이 구분하여 사용한다. 식품 저장 시에는 교차오염을 방지하기 위해 식품을 랩으로 싸서 덮

그림 6-2 칼, 도마, 고무장갑 및 앞치마의 구분 사용
자료: 한국외식업중앙회(2025).

어두고 생고기, 가금류 및 해산물과 바로 먹을 수 있는 식품을 냉장고에 같이 보관할 경우에는 바로 먹을 수 있는 음식물을 가장 위쪽 칸에 보관한다.

3) 개인위생관리

식중독은 대개 건강과 위생이 좋지 않은 종사자가 음식물을 취급하는 경우에 나타난다. 개인위생관리는 위생복, 위생모자, 장신구, 손 청결관리, 건강 상태 등으로 구분하여 매일 점검해야 하며, 설사 등 배탈 증세가 있는 종사자는 조리 등 작업에 참여하지 말아야 한다.

영업주나 위생관리책임자는 매일 영업을 시작하기 전 설사, 복통, 구토 등 종사자의 건강 이상 여부를 확인하고, 건강에 문제가 있는 경우 충분한 휴식과 치료를 받고 작업을 하도록 해야 한다. 식품을 채취·제조·가공·조리·저장·운반 또는 판매하는 데 직접 종사하는 사람은 연 1회 건강진단을 받아야 하며, 건강진단서를 교부받아 보관해야 한다. 장티푸스, 폐결핵, 전염성 피부질환 등을 앓는 사람은 전염의 우려가 있으므로 조리나 식품 취급 업무에 종사할 수 없다.

손은 모든 표면과 직접 접촉하는 부위이기 때문에 각종 세균과 바이러스를 전파시키는 역할을 한다. 손 씻기는 각종 세균과 바이러스가 손을 통하여 전파되는 경로를 차단하는 중요한 과정이다.

손 씻기를 반드시 해야 할 때는 작업을 시작하기 전, 취급하는 식재료가 바뀔 때, 육류·어류·난류 등 날 식재료를 만지고 난 후이다. 음식이나 차를 마신 후, 담배를 피운 후, 코를 풀거나 재채기·기침을 한 후에도 손을 씻어야 한다. 기구나 설비를 사용하기 전과 후, 신체

조리에 참여할 수 없는 질병

- 「감염병의 예방 및 관리에 관한 법률」 제2조 제2호에 따른 제1군 감염병
  (콜레라, 장티푸스, 파라티푸스, 세균성이질, 장출혈성대장균감염증, A형간염)
- 「감염병의 예방 및 관리에 관한 법률」 제2조 제4호에 따른 결핵(비전염성인 경우는 제외)
- 피부병 또는 그 밖의 화농성 질환

자료: 한국외식업중앙회(2025).

외식업 종사자의 복장

- 주방에서 일하는 사람은 위생모자를 써야 하며(위반 시 과태료 20만 원), 위생복, 앞치마를 착용한다.
- 목걸이, 반지, 귀걸이와 같은 장신구 착용을 금지하고 매니큐어를 바르지 않는다.

자료: 한국외식업중앙회(2025).

의 일부를 만진 경우, 쓰레기나 청소도구를 만진 경우, 화장실을 다녀온 후에도 반드시 손을 씻는다. 손 씻기는 습관화가 중요하므로 올바르게 씻는 방법에 대한 지속적인 교육이 필요하다.

4) 믿을 수 있는 공급자로부터 식재료 구매

외식에서의 구매는 미리 정해놓은 품질, 양, 가격의 표준에 맞는 적절한 식품 및 비식품류를 적정한 가격에 획득하는 과정으로, 음식 생산에 필요한 물품을 확보하는 전 과정을 구매관리라 한다. 기본적으로 구매는 경영활동에 영향을 미치기 때문에, 제품 시장을 잘 알고 비즈니스 통찰력을 가진 구매자를 통해 이루어져야 한다. 구매활동이 효율적으로 이루어지는 외식업소는 원가 절감효과와 메뉴의 품질 향상을 통해 수익성 창출과 더불어 고객만족도 향상을 꾀할 수 있다.

노트 외식업 운영자가 이수해야 하는 식품위생교육

- 관련 규정: 「식품위생법」 제41조, 동법 시행령 제27조, 동법 시행규칙 제51조~54조, 식품의약품안전처 고시 등
- 교육기관: 일반음식점 영업자(한국외식업중앙회, 한국외식산업협회), 휴게음식점 영업자(한국휴게음식업중앙회)
- 교육 방법: 집합교육과 온라인 교육 병행
- 교육 내용: 식품위생, 개인위생, 식품위생시책, 식품행정지도와 영업자 책무에 관한 사항, 기타 위생 교육과 관련하여 필요한 사항 등
- 교육 과정: 식품위생법령의 해설, 식중독 예방 및 위생관리, 음식업영업자의 노무관리, 음식업영업자의 세무관리, 외식 분야 나트륨 줄이기 등
- 교육 시간: 신규 영업자 6시간, 기존 영업자 매년 3시간
- 식품위생교육 이수 의무 위반 시 과태료 20만 원 부과

자료: 한국외식업중앙회 홈페이지, 한국외식산업협회 홈페이지.

외식업소의 운영에 있어서 생산 및 재고관리에 따라 구매의 필요성이 인식되면 구매자는 메뉴의 생산계획에 근거하여 식재료의 표준을 설정하고, 식재료에 대한 세부적인 내용을 명시한 구매명세서(specification)를 작성하여 식재료의 품질 및 일관성 유지를 위한 기준을 마련한다. 이후에는 최종 형태의 식품 또는 비식품을 품질, 수량, 서비스 및 비용에 따라 선택한 믿을 수 있는 공급업체로부터 구입한다.

2. 식품의 흐름에 따른 위생관리

1) 식재료 구매, 검수 및 저장

식재료는 믿을 수 있는 식재료 공급업체를 통하여 구입하며, 식재료 구매 단계에서는 식재료 운송차량의 청결 상태 및 적정 보관온도 여부를 확인해야 한다. 식재료는 채소류, 어패류, 가공식품 등이 구분·보관되어 운송되어야 하며, 차량 내부의 냉장·냉동 온도 준수 여부를 확인한다. 입고된 식재료는 조명이 밝은 장소에서 바닥에 닿지 않도록 보관한 뒤 검수한다.

식재료 검수절차 및 유의사항

- 검수 시에는 청결한 복장을 입고 위생장갑을 착용한다.
- 식재료 운송차량의 청결과 온도 유지 여부를 확인한다. 냉장식품은 5℃ 이하, 냉동식품은 언 상태를 유지하고 –18℃ 이하여야 한다. 생선 및 육류는 5℃ 이하, 일반 채소는 상온에서 신선도를 확인하며 전처리 채소는 5℃ 이하여야 한다.
- 원산지, 중량, 포장 상태, 표시 사항, 소비기한, 이물질 혼입 여부를 확인한다.
- 검수기준에 부적합한 식재료는 반품 등의 조치를 취하고, 검수일자에 조치 내용을 기록한다.
- 검수가 끝난 식재료는 외부 포장 제거 후 조리실로 반입하며 바로 전처리 또는 냉장·냉동 보관한다.

온도 확인　　포장 상태 확인　　소비기한 확인

자료: 한국외식업중앙회(2025).

좋은 식재료를 철저한 검수를 거쳐 받아도 적절한 관리와 보관이 이루어지지 않으면 식재료가 오염·변질될 수 있다. 식재료의 위생적인 관리를 위하여 보관기준에 따른 냉장·냉동고 온도 확인 및 청결관리를 철저히 한다(**표 6-1**).

식품의 냉장 보관 시 오염도가 높은 식품이 상단에 있을 경우 오염물질이 조리된 식품에 떨어져 교차오염의 우려가 있다. 그러므로 냉장고 내부 상단에는 오염도가 낮은 식품(즉석섭취식품, 조리된 식품), 하단에는 오염도가 높은 식품(원재료)을 보관하도록 한다. 모든 식품은 덮개나 비닐, 랩으로 덮어 보관하며 조리식품의 경우 조리 날짜를 기재하고 가공식품의 경우 소비기한과 포장 개봉일을 함께 기재하도록 한다.

건조창고에 식품을 보관할 때는 식재료를 구분하여 관리하며 개봉된 식재료는 밀봉관리한다. 식재료는 바닥에 방치하지 않으며 식재료와 세제류는 별도로 보관한다(**그림 6-3**).

표 6-1 식재료 보관 방법

<table>
<tr><th>해당 온도 기준</th><th>보관 기준</th><th>보관 방법</th></tr>
<tr><td>0~5℃</td><td>냉장</td><td>냉장고 보관</td></tr>
<tr><td>−18℃ 이하</td><td>냉동</td><td>냉동고 보관</td></tr>
<tr><td>15~25℃</td><td>상온</td><td>상온창고</td></tr>
<tr><td>1~35℃</td><td>실온</td><td rowspan="3">냉장고 또는 상온창고</td></tr>
<tr><td rowspan="2">0~15℃</td><td>건냉소, 서늘한 곳</td></tr>
<tr><td>습기·직사광선을 피하고
건조한 곳, 통풍이 잘 되는 곳</td></tr>
</table>

자료: 한국외식업중앙회(2025).

구분 보관

개봉된 식재료 밀봉관리

표시사항 보관

소비기한 표시
(나누어 보관 시
제품명과 소비기한 표시)

바닥에 식재료 방치 금지
(바닥에서 15cm 이상 떨어진
파렛트나 선반에 보관)

세제류는 별도 보관

그림 6-3 건조창고에 식품을 저장하는 요령

자료: 한국외식업중앙회(2025).

2) 전처리 및 조리

재료의 전처리는 교차오염을 방지하기 위해 바닥으로부터 60cm 이상 떨어진 곳에서 실시한다(그림 6-4).

싱크대에서 채소와 어·육류를 세척할 때는 채소류 → 육류 → 어류 → 가금류 순으로 처리하며, 싱크대 사용 전이나 식재료가 바뀔 때마다 세척·소독하여 사용한다.

샐러드와 같이 원재료 그대로 제공하는 생채소와 과일도 세척·소독을 하여 제공한다. 소독은 소독액을 제조하고 식재료를 5분 이상 담근 후 흐르는 물에서 2~3회 헹군다. 식재료의 소독은 식품첨가물로 허가받은 차아염소산나트륨, 차아염소산수, 이산화염소수, 오존수 등의 제품을 사용하고 염소계 소독제를 이용하여 100ppm의 농도로 소독한다.

해동 방법으로는 5℃ 이하의 냉장고에서 72시간 이내에 해동하는 방법, 21℃의 흐르는 물에서 내용물을 비닐봉지에 넣어 2시간 이내에 해동하는 방법, 전자레인지에서 해동하는 방법이 있다(표 6-2). 한 번 해동한 식품은 절대 재냉동하지 않는다.

음식물을 조리할 때는 중심의 온도가 75℃(어패류는 85℃)에서 1분 이상 유지될 수 있도록 가열하여 완전히 익히며, 음식물의 중심온도를 잴 때는 가장 두꺼운 부분의 온도를 확인한다. 조리 후 맛을 볼 때는 별도의 용기에 덜어서 확인한다.

3) 음식 보관 및 서빙

서빙 전 조리된 음식은 뜨거운 음식은 60℃ 이상으로 뜨겁게, 차가운 음식은 5℃ 이하로 차갑게 보관한다(그림 6-5). 또한 덮개 없이 겹쳐서 보관하지 말고 개별 덮개를 덮어 보관하도록 한다. 서빙 후 남은 음식은 재사용하지 않고 전량 폐기한다. 서비스 종업원은 맨손으로 식품을 취급하지 말고, 식기의 식품 접촉 표면을 만지지 않도록 한다.

4) 세척 및 소독

세척 및 살균·소독은 유해미생물이 작업대 표면이나 조리기구를 통해 식품에 전파되는 것을 예방한다. 따라서 작업대에서 가열하지 않은 육류, 가금류 등을 취급한 후에는 세척하고 살균·소독한다. 식품 접촉 표면에 남아 있는 유기물질이나 지방 등의 이물질은 살균·소독

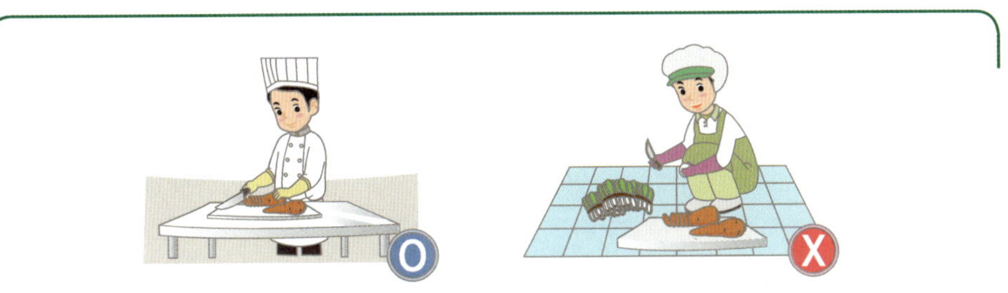

바닥으로부터 60cm 이상 떨어진 곳에서 전처리

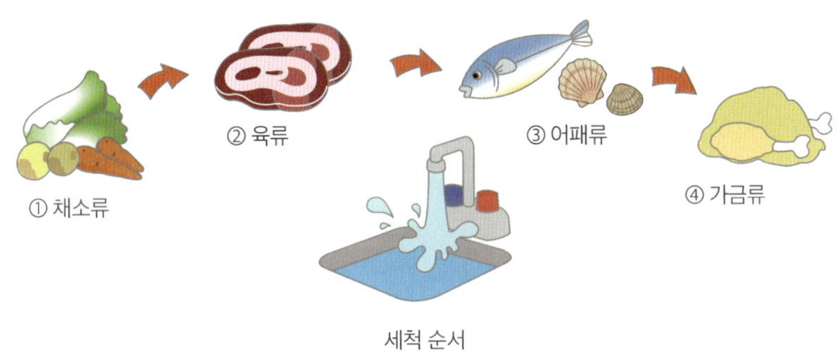

세척 순서

염소계 소독제를 이용한 100ppm 소독액 제조 방법

생채소, 과일류의 소독 방법

그림 6-4 식재료의 위생적인 취급

자료: 한국외식업중앙회(2025).

음식물 조리 시에는 온도계를 이용하여 음식물의 중심온도가 기준온도에 도달했는지 확인한다.

표 6-2 식재료 해동 방법

냉장 해동	흐르는 물에서 해동	해동 생략 (만두 등 냉동가공식품)	해동 후 재냉동 불가
• 해동된 식품은 해동 완료 후 24시간 이내 사용 • 해동된 식재료는 재냉동 금지 • 해동 후에는 유해미생물이 증식하기 쉬우므로 해동하고 남은 식품은 폐기			
해동 시 금지사항			
흐르는 물 넘침 금지	오븐 해동 금지	상온 해동 금지	온수 해동 금지

자료: 한국외식업중앙회(2025), 식품의약품안전처(2015). 개방형 주방 음식점 위생관리 매뉴얼.

그림 6-5 음식 보관 방법

자료: 한국외식업중앙회(2025).

효과를 감소시키므로 먼저 세척한 후 소독한다.

조리용 소도구는 세척·소독하여 자외선 소독고 또는 전용 용기에 보관한다. 행주·숟가락·젓가락·물컵 등은 열탕으로 소독하고, 칼·도마·용기·도구·작업대 등은 소독제로 소독하며, 컵은 세척 후 자외선 소독고에서 소독한다. 자외선 소독고에서는 빛이 닿는 부분만 살균되므로 소독고 내에서 컵을 포개거나 뒤집지 말고 1단씩만 배치하며 마른 상태에서 약 40분 동안 살균한다(그림 6-6). 사용한 행주는 중성세제로 세척해 물로 충분히 헹군 후 전용냄비에 77℃에서 30초 이상 삶거나 농도 200ppm 염소 소독액에 행주를 5분 이상 침지하

음식물 재사용 기준

식품접객업자는 손님에게 진열·제공되었던 음식물을 다시 사용하거나 조리하거나 또는 보관하는 등 재사용할 수 없다(다만, 위생과 안전에 문제가 없다고 판단되는 식품으로 위생적으로 취급하면서 다음에 해당하는 경우에는 재사용할 수 있다).

1. 조리 및 양념 등의 혼합과정을 거치지 않은 식품으로서, 별도의 처리 없이 세척하여 재사용하는 경우 ➡ 상추, 깻잎, 통고추, 통마늘, 방울토마토, 포도, 금귤 등 야채·과일류

2. 외피가 있는 식품으로서, 껍질째 원형이 보존되어 있어 기타 이물질과 직접적으로 접촉하지 않는 경우 ➡ 바나나, 귤, 리치 등 과일류, 땅콩, 호두 등 견과류

3. 건조된 가공식품으로서, 손님이 먹을 만큼 덜어먹을 수 있도록 진열·제공하는 경우 ➡ 땅콩, 아몬드 등 안주용 견과류, 과자류, 초콜릿, 빵류(크림 도포 – 충전 제품 제외)

4. 뚝배기, 트레이 등과 같은 뚜껑이 있는 용기에 집게 등을 제공하여 손님이 먹을 만큼 덜어먹을 수 있도록 진열·제공하는 경우 ➡ 소금, 향신료, 후춧가루 등의 양념류, 배추김치 등 김치류, 밥

자료: 식품의약품안전처(2025). 식품안전관리지침.

열탕 소독	소독제 소독	자외선 소독고

행주·숟가락·젓가락·물컵	칼·도마·용기·도구·작업대	조리 소도구 보관, 컵은 입구 부분이 자외선 살균등을 향하게 보관

그림 6-6 소독 방법

자료: 한국외식업중앙회(2025).

여 소독한다. 소독 후에는 충분히 헹구어 청결한 공간에서 자연건조 후 행주보관함에 보관한다.

3. HACCP

1) HACCP의 정의

HACCP(Hazard Analysis Critical Control Point, 식품안전관리인증기준)은 식품의 원재료로부터 제조, 가공, 보존, 유통의 단계를 거쳐 최종 소비자가 섭취하기 전까지의 각 단계에서 발생할 우려가 있는 위해요소를 규명하고, 이를 중점적으로 관리하기 위한 중요관리점을 결정하여 자율적이며 체계적이고 효율적으로 관리함으로써 식품의 안전성을 확보하는 과학적 위생관리체계이다.

HACCP에 따라 위생적인 시설 및 설비를 갖추기 위해서는 많은 초기 투자비용이 들어가므로 대규모 식품가공업체가 아닌 외식업소에 적용하기에는 한계가 있다. 식품안전의 중요성에 따라 소규모 식품업체까지 HACCP 적용이 확대되었고 외식업에도 점차 확산되고 있다.

2) 외식 관련 기업의 HACCP 적용

2000년에는 대한항공 기내식이 최초로 HACCP 인증을 취득하였으며, 호텔업계에서는 2004년 그랜드인터콘티넨털호텔이 국제품질인증기구로부터 HACCP 인증을 취득하였다. 외식 프랜차이즈 기업들은 가맹점에 공급하는 식자재의 표준화 및 단순화를 위한 시스템 경쟁력을 갖추기 위해 센트럴 키친(Central Kitchen) 공장 구축 시 HACCP 지정을 고려하고 있다. 외식업체에서 HACCP을 적용할 때는 개별 업장보다는 별도의 사업자등록을 한 센트럴 키친에 적용하는 것이 일반적이다. ㈜ 정미경키친의 모든 제품은 HACCP 인증된 센트럴 키친에서 위생적으로 생산된다(㈜정미경키친 홈페이지). 카페꼼마 베이커리랩은 경기도 파주에 150평 규모의 베이커리 센트럴 키친을 운영하며 다양한 빵, 케이크, 구움과자를 생산하는 데 이 센트럴 키친은 2022년 7월 HACCP 인증을 받았다.

2025년 8월 기준, 일반음식점 중에는 엘타워, 오수휴게소와 이서휴게소의 일부 매장과 함평천지휴게소 푸드코트, 백양사휴게소 음식점, 삼구인화원이 인증을 획득한 상태이다.

3) HACCP의 수행

HACCP의 주요 절차는 국제식품규격위원회(CODEX)에 의해 규정된 12단계 7원칙으로, 이에 따라 외식현장에 HACCP 시스템을 적용하고 있다.

(1) 위해요소 분석

위해요소 분석(Hazard Analysis)은 제공할 메뉴에 발생 가능한 위해요소를 파악하는 단계로 위해가능성이 높은 식품에 대해 위해요소를 판단한다.

위해요소는 크게 생물학적, 화학적, 물리적 위해요소로 구분된다. 생물학적 위해요소는 곰팡이, 세균, 바이러스 등 미생물과 기생충, 원충 등의 생물체에 의한 위해이다. 화학적 위해요소는 질병이나 상해를 유발할 수 있는 화학성분으로 중금속, 화학적 식품첨가물, 자연독 등을 포함한다. 물리적 위해요소는 금속, 돌조각 등 건강상 장해를 일으킬 수 있는 외부에서 유래된 이물을 의미한다.

(2) 중요관리점 결정

중요관리점(Critical Control Point, CCP)은 위해요소 분석과정에서 판단된 위해요소를 안전한 수준으로 예방 또는 제거·축소할 수 있는 지점이다. 위해 발생 가능성이 높은 지점을 중요관리점으로 정한다.

(3) 한계기준 설정

한계기준(Critical Limit)은 중요관리점에서의 위해요소관리가 허용범위 이내로 충분히 이루어지고 있는지 여부를 판단할 수 있는 기준이나 기준치를 말한다. 중요관리점에서 관리되어야 할 위해요소를 예방, 제거 또는 감소시키기 위한 온도, 시간 등의 관리 기준을 정해야 한다. 예를 들면, 제품 가열 시 중심부의 최저온도, 특정온도까지 냉각시키는 데 소요되는 최소시간, 제품에서 발견될 수 있는 금속 조각(이물질)의 크기 등이 한계기준으로 설정될 수 있으며, 이들 한계기준은 식품의 안전성을 보장할 수 있어야 한다. 한계기준은 현장에서 쉽게 확인 가능하도록 간단한 측정이나 관찰로 확인할 수 있어야 한다.

(4) 모니터링 체계 확립

모니터링(Monitoring)이란 중요관리점이 한계기준을 벗어나지 않고 관리될 수 있도록 담당자가 주기적으로 측정·관찰하는 사전에 계획된 활동이다. 중요관리점을 모니터링하는 종업원은 모니터링 항목과 방법을 알고 효과적으로 올바르게 수행할 수 있도록 충분히 교육·훈련되어야 한다. 또한 모니터링 결과는 '예·아니오' 또는 '적합·부적합'이 아닌 실제로 모니터링한 결과를 정확한 수치로 기록한 것이어야 한다.

(5) 개선조치 방법 설정

개선조치(Corrective Action)는 모니터링 결과 중요관리점의 한계기준을 이탈할 경우에 취하는 일련의 조치를 말한다. HACCP은 식품으로 인한 위해요소가 발생하기 이전에 문제점을 미리 파악하고 시정하는 예방체계이므로, 모니터링 결과 한계기준을 벗어날 경우 취해야 할 개선조치 방법을 사전에 설정하여 신속한 대응조치가 이루어지도록 해야 한다. 개선조치를 취하고 기록한 후, 필요에 따라 HACCP 계획을 수정한다. 개선조치 방법으로는 반품, 폐기, 온도 조정, 재가열, 재세척 등이 있다.

(6) 검증절차 및 방법 설정

검증(Verification)은 HACCP 관리계획의 적절성과 실행 여부를 정기적으로 평가하는 일련의 활동을 말한다. 수립된 HACCP 계획이 식품의 안전성 확보에 효과적인지, 실행 가능한지를 검증하고 재평가하는 단계라고 할 수 있다.

(7) 문서 및 기록 유지 방법 설정

HACCP의 제반 원칙 및 적용에 관계되는 모든 방법 또는 결과에 대한 문서 기록 및 보관제도를 확립한다. 기록된 문서는 HACCP 계획에 따라 실시했는지에 대한 증거, 외부 감사를 위한 자료로 사용되며 식품의 안전성에 문제가 발생할 경우 단계별 위생관리 상태를 추적하여 원인을 알아낼 수 있는 자료로 쓰인다.

노트 닭 안심구이의 HACCP 수행 절차

1. 위해요소 분석

- 닭 안심구이를 준비하는 과정에서 미생물이 증식할 수 있다고 판단하여 닭 안심구이의 레시피와 조리공정을 검토해 위해가 발생할 수 있는 단계 및 요소를 분석하고자 한다.

2. 중요관리점 결정

- 닭 안심구이는 배송된 후 저장과 준비과정을 거쳐 조리 후 즉시 서빙되는 메뉴이다.
- 닭고기의 조리를 올바른 방법으로 하는 것이 미생물을 제거하거나 안전한 수준으로 낮출 수 있는 유일한 단계로 판단하여 조리를 중요관리점으로 정한다.

3. 한계기준 설정

- 닭고기의 중심온도 75℃ 이상에서 1분 동안 조리하는 것을 중요관리점의 한계기준으로 설정한다.
- 이 한계기준에 도달하기 위해 닭고기를 오븐에서 16분 이상 조리한다.

4. 모니터링 체계 확립

- 닭 안심구이의 조리과정에서 닭고기의 최저 내부온도가 75℃에 도달하는지를 확인하기 위해 살균된 청결한 온도계로 닭고기 중심 부위에 온도를 확인한다.

5. 개선조치 방법 설정

- 닭고기가 중요관리점의 한계기준에 도달하지 못한 경우 한계기준에 도달할 때까지 계속 조리한다.
- 개선조치 사항은 문서로 기록해둔다.

6. 검증 절차 및 방법 설정

- 기록일지를 확인하며 HACCP 점검을 수행한다.
- 온도 일지를 매주 확인하고, 문제가 자주 발생할 경우 원인을 파악하여 적절한 개선책을 수립한다.

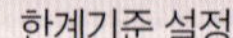

한계기준 설정

모니터링 체계 확립

개선조치 방법 설정

4. 제조물책임

PL(Product Liability)은 '제조물책임'을 뜻한다. 제조물책임은 "자동차, 가전제품, 식품·의약품 등과 같이 제조·가공을 거친 제조물의 결함에 의해 소비자·이용자 또는 제3자의 생명·신체·재산에 발생한 손해에 대하여 제조업자·판매업자 등 그 제조물의 제조·판매에 관여한 자가 지게 되는 손해배상책임"이다. 우리나라에서는 이와 같은 내용에 대하여 규정한 PL법(제조물책임법)이 2002년 7월부터 시행되었다.

PL법은 생산 제품의 결함으로 인한 피해 발생 사례가 입증될 경우 제조업체의 과실 유무와 관계없이 손해배상을 청구할 수 있는 배상책임제도이다. 결함에는 설계상의 결함, 제조

사례 PL법과 관련된 논란

'햄버거병' 해당 패스트푸드본사 재수사

한 패스트푸드 업체에서 덜 익은 고기 패티가 들어간 햄버거를 먹고 일명 '햄버거병'(용혈성요독증후군)에 걸렸다는 의혹과 관련해 검찰이 재수사에 속도를 내고 있다. 해당 패스트푸드 본사 품질관리팀과 패티 납품업체 등에 대해 압수수색을 하며 수사를 확대하고 있다.

햄버거병 사건은 2016년 A양(6세)이 해당 패스트푸드점에서 햄버거세트를 먹은 뒤 용혈성요독증후군을 갖게 되었다며 본사를 상대로 「식품위생법」 위반 등 혐의로 고소하면서 시작되었다.

당시 2018년 판결에 의하면 피해자들의 발병이 해당 패스트푸드 업체의 햄버거에 의한 것이라는 점을 입증할 증거가 부족하다고 하여 패티 제조업체 대표 등 회사 관계자만 불구속기소로 사건이 마무리된 바 있다.

자료: 파이낸셜뉴스(2021. 1. 6.) 재구성.

배달된 족발 반찬통에서 쥐 발견, 업체 대표 사과

최근 한 업체의 배달된 족발에서 발견된 쥐는 천장 환풍기의 배관에서 떨어져 들어간 것으로 확인되었으며 해당 프랜차이즈 업체는 이에 대해 공식 사과했다.

식약처는 CCTV를 통해 해당 음식점을 조사한 결과, 천장에 설치된 환풍기 배관으로 이동 중인 생쥐가 배달 20분 전 부추무침 반찬통에 떨어져 섞이는 영상을 확인했다고 했다. 이에 대해 식약처는 해당 음식점이 쥐의 흔적(분변 등)을 발견했음에도 비위생적 환경에서 영업을 계속한 것에 대해 「식품위생법」 위반 혐의로 대표자에게 행정처분과 별도로 시설 개보수 명령을 내렸다.

자료: 동아닷컴(2020. 12. 10.) 재구성.

노트 농식품부, 지자체와 협력하여 안심식당 사후관리 강화

농림축산식품부는 2020년도에 외식업계의 위생적이고 선진화된 식문화 보급 확산을 위해 일부 지자체에서 시행하고 있는 '안심식당' 제도를 전국적으로 확산하였다. 안심식당은 덜어먹는 도구 비치, 위생적 수저 관리, 종사자 마스크 착용의 세 가지 기준을 충족하는 음식점에 대해 지정하며, 2회 위반 시 지정취소하는 사후관리를 추진하고 있다.

❶ 덜어먹기 가능한 도구 비치·제공 : 1인 덜어먹기 가능한 접시, 집게, 국자 등 제공(1인 반상 제공 및 개인용 반찬을 제공하는 경우 포함)
❷ 위생적인 수저 관리 : 개별포장 수저 제공, 개인 수저 사전 비치 등의 방식으로 수저 관리를 위생적으로 하고 있는지 여부
❸ 종사자 마스크 착용 : 식당 종사자가 위생, 보건, 투명 등 다양한 형태의 마스크를 쓰고 조리, 손님 응대 등을 실시하는지 여부

2025년 8월 17일 기준 시도별 전체 안심식당 개수는 4만 8,911개로 전국적으로 확산되었으나, 안심식당에서 이물질이 배출되는 사고가 발생하면서 일부 부정적인 여론이 발생하자 농식품부는 앞으로 지자체와 협력하여 연 2회 현장점검하는 안심식당 사후 관리를 강화하여 위생관리에 최선의 노력을 다하겠다고 하였다.

자료: 농림축산식품부 보도자료(2020, 2024), 공공데이터 포털 자료 재구성.

상의 결함, 표시상의 결함이 있다. 예전에는 소비자의 피해가 발생하더라도 제조업체의 과실을 입증하기가 어려워 피해 보상을 받기가 쉽지 않았다. 그러나 PL법이 적용된 이후에는 제조업체의 고의·과실 여부와 관계없이 '결함의 존재'라는 객관적인 사실로 규정하기 때문에 피해 구제가 용이해졌고 소비자보호가 강화되었다.

PL법과 연관된 식품 관련 소송은 이물질에 의한 개인 상해와 오염된 식품 섭취로 인한 식중독이 대부분이다. 따라서 설비 및 원재료 등의 철저한 위생관리가 필요하며 제품에 대한 취급설명서와 주의·경고문구를 통해 제품의 안전과 관련된 사항을 정확히 설명해야 한다.

노트 식약처, 배달음식점 안전관리 강화 방안 마련

식품의약품안전처는 코로나19 팬데믹 상황으로 배달음식 소비가 증가하면서 이물, 위생불량 등 음식점 위생문제에 대한 관심이 늘어남에 따라 국민이 안심하고 배달음식을 소비할 수 있도록 '배달 음식점 안전관리 강화 방안'을 다음과 같이 마련했다.

영업자의 자발적인 위생 수준 향상 유도

- 조리시설 및 조리과정 등을 소비자에게 공개(CCTV)하는 주방공개 시범사업 추진
- 프랜차이즈 가맹점에 대한 본사의 위생·안전 기술 지원 의무화 추진
- 피자·치킨 등 배달전문 음식점의 위생등급 지정 확대
- 배달 품목별(족발, 치킨 등) 맞춤형 위생관리 매뉴얼 보급

다소비 위해 우려 배달음식 집중관리

- 족발·치킨·피자 등 다소비 배달음식점에 대한 특별점검 확대(연 2~4회)
- 특별점검 외 업소는 협회와 지자체를 통한 전수점검 실시
- 배달음식 전문 배달원 활용으로 위생불량 음식점 등 사각지대 발굴
- 배달업 리뷰, 소비자 신고 등 분석으로 위해 우려 음식점에 대해 사전 점검

음식점 이물관리 강화

- 쥐 등 설치류 방지를 위한 음식점 시설기준 강화 및 과태료 처분기준 신설
- 쥐, 칼날 등 위해도가 높은 이물에 대해 식약처가 직접 원인조사
- 위생모·위생복 착용 등 이물 방지를 위한 위생수칙 지키기 캠페인 진행

자료: 식품의약품안전처 보도자료(2020. 12. 29.) 재구성.

STEP 1
활동 사례
ACTIVITY

각국의 음식점 위생등급평가제

음식점 위생등급평가제도는 음식점의 식자재, 주방, 화장실 등의 위생 상태를 평가해 위생관리 수준에 따라 등급을 부여하는 제도이다. 미국을 비롯하여 캐나다, 호주, 일본 및 유럽 여러 나라에서 음식점 위생등급평가제를 실시하고 있다.

미국의 NYC의 경우 2010년 7월부터 주정부가 NYC 5개 지역 전체 음식점 2만 9,000개를 대상으로 위생 상태를 평가하고 등급(A/B/C/등급 보류)을 부여하는 위생등급제를 실시하였다.

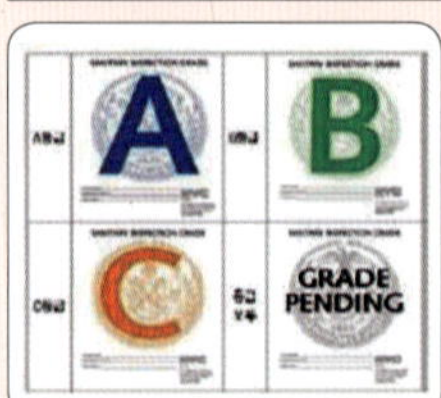

미국(LA, 뉴욕)
- A, B, C로 구분
- 법제화, 재평가
- 위반 사항 점검

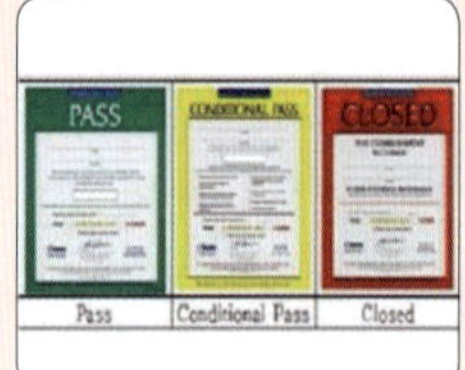

캐나다(토론토, 요크)
- pass, conditional 또는 pass, closed로 구분
- 위반 개수

일본
- A마크(의무)
- S마크(자발)

호주(시드니)
- A, B, C, P로 구분
- Name & Shame 제도
- 평가 결과 의무 공개

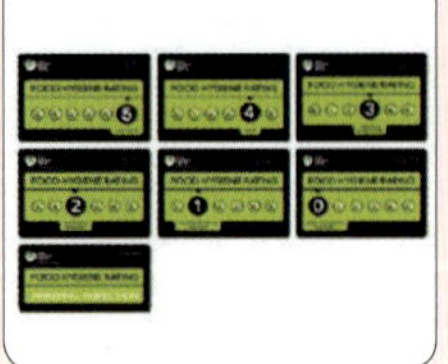

영국(웨일스, 북아일랜드, 스코틀랜드)
- 6등급 랭킹
- 2013년에 FSA 법제화
- 평가 결과 의무 공개

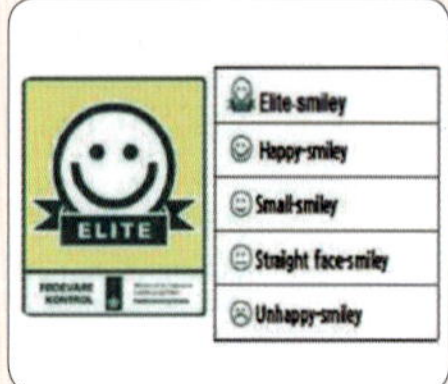

덴마크
- 스마일 표시(5등급)
- 모든 업소
- 등급별 관리지침

0~13점을 받은 식당은 A등급, 14~27점을 받은 곳은 B등급, 28점 이상을 받은 곳은 C등급을 취득하며, 검열 결과는 보건국 홈페이지에 게시된다. 검열관은 식품 취급, 식품 온도, 개인 위생, 기구 및 시설 유지·보수, 해충 퇴치 카테고리에 대한 평가 항목에 대해 점검 후 각 위반 사항에 대해 일정한 점수가 부가되기에 점수가 낮을수록 더 좋은 평가를 받았다는 것을 의미한다. 엄격한 운영 결과, 시행 1년 만에 뉴욕의 식중독 환자 수가 14%나 줄어 20년 만에 최저치를 기록했다.

뉴욕시 보건국(NYC Health Department)은 위생등급제 시행 15주년을 맞아 제도 도입 이후 식당들의 위생 표준 준수율 향상 및 식중독 예방 효과를 강조하고, 이메일을 통한 사전 예고 알림제도를 강화하는 등 업주와의 상생 노력을 언급하였다.

국내에는 음식점의 위생 수준이 우수한 업소에 한해 등급을 '매우 우수', '우수', '좋음'의 3단계로 지정하여 공개함으로써 소비자의 선택권을 보장하기 위한 '음식점위생등급제'를 시행하고 있다. 위생 상태 평가 결과 90점 이상인 경우 '매우 우수', 85점 이상 90점 미만인 경우 '우수', 80점 이상 85점 미만인 경우 '좋음'으로 등급이 부여된다. 이 제도의 시행으로 음식점 간 자율경쟁을 통해 위생 수준을 향상시킴으로써 식중독 발생을 감소시키고 소비자의 음식점 선택권을 보장한다.

2026년 상반기부터는 일반, 휴게음식점, 제과점에만 적용하던 위생등급 지정을 집단급식소까지 확대 시행한다. 2028년 시행 예정이었으나 적극행정을 통해 2026년부터 '집단(위탁)급식소 위생등급제'를 조기 시행할 계획이다.

또한 제도 개선책으로 음식점 위생등급을 단일화하고, 집단급식소의 특성을 반영하여 평가표를 세분화하는 등 평가체계를 개선하고자 한다.

자료: 식품의약품안전처(2026), NYC Health(2025), 식품안전나라, 한국식품안전관리인증원 자료 재구성.

1. 국내와 해외의 위생등급평가제를 비교·분석해보자.
2. 호주, 영국, 일본, 캐나다, 덴마크의 위생등급평가제를 조사해보자.

STEP 2
연습 문제
REVIEW

1. 교차오염의 정의와 교차오염을 방지하기 위한 관리 방법을 기술해보자.
2. 식재료를 해동하는 올바른 방법에 대해 설명해보자.
3. 조리된 음식을 보관하는 올바른 방법에 대해 설명해보자.
4. HACCP의 용어 정의를 내려보자.
5. 닭복음탕과 오이무침을 저녁 메뉴로 준비할 때 위생적으로 식품을 취급하기 위해 주의할 점을 생산 단계별로 논의해보자.
6. HACCP 수행 7단계를 돈가스 조리과정에 적용하여 기술해보자.
7. 외식업장에서 발생한 PL법 관련 사례를 조사해보자.

STEP 3
용어 정리
KEYWORD

- **식중독** 병원성 미생물이나 유독, 유해한 물질로 오염된 음식물을 섭취하여 일어나는 건강상 장해
- **교차오염** 식재료, 기구, 용수 등에 오염되어 있던 미생물이 오염되지 않은 식재료, 기구, 종사자와의 접촉 또는 작업과정에서 혼입되어 미생물의 전이가 일어나는 것
- **해동 방법** 5℃ 이하의 냉장고에서 72시간 이내에 해동하는 방법, 21℃의 흐르는 물에서 내용물을 비닐봉지에 넣어 2시간 이내에 해동하는 방법, 전자레인지에서 해동하는 방법
- **HACCP(식품안전관리인증기준)** 식품의 원재료로부터 제조·가공·보존·유통의 단계를 거쳐 최종 소비자가 섭취하기 전까지 각 단계에서 발생할 우려가 있는 위해요소를 규명하고, 이를 중점적으로 관리하기 위한 중요관리점을 결정하여 자율적·체계적·효율적으로 관리함으로써 식품의 안전성을 확보하기 위한 과학적인 위생관리체계
- **위해요소 분석(Hazard Analysis)** 제공할 메뉴에 발생 가능한 위해요소를 파악하는 단계
- **중요관리점(Critical Control Point)** 위해요소 분석과정에서 판단된 위해요소를 안전한 수준으로 예방 또는 제거·축소할 수 있는 지점
- **한계기준(Critical Limit)** 중요관리점에서의 위해요소관리가 허용 범위 안에서 충분히 이루어지고

있는지를 판단하는 기준이나 기준치

- **모니터링(Monitoring)** 중요관리점이 한계기준을 벗어나지 않고 관리될 수 있도록 담당자가 주기적으로 측정, 관찰하는 사전에 계획된 활동
- **개선조치(Corrective Action)** 모니터링 결과 중요관리점의 한계기준을 이탈할 경우 취하는 일련의 조치
- **검증(Verification)** HACCP 관리계획의 적절성과 실행 여부를 정기적으로 평가하는 일련의 활동
- **PL법** 생산제품의 결함으로 인한 피해 발생 사례가 입증되면 제조업체의 과실 유무에 관계없이 손해배상 청구를 할 수 있는 배상책임제로 「제조물책임법」이라고 함

CHAPTER

07

인적자원

사람이 경쟁력인 시대이다. 사람(people) 중심의 사업인 외식 사업 운영의 성패를 좌우하는 것이 바로 고객만족이다. 고객만족 중에서도 내부고객만족, 즉 직원의 만족이 우선적으로 이루어져야 외부고객만족을 이끌어낼 수 있다. 외부고객만족도 향상을 위해 조직 문화를 만들고 내부고객의 만족이 선행되어야 한다. 이를 위해서는 인적자원 계획을 통해 적합한 인력을 선발하고 유능한 인적자원 확보 및 개발을 위한 다양하고 혁신적인 근무환경을 만들어야 한다. 본 장에서는 효율적인 인력관리 및 근무환경 조성을 위한 내용을 살펴보고자 한다.

급변하는 외식산업 환경에서의 미래형 인적자원 전략

4차 산업혁명의 급속한 변화, 근본적 인력관리 변화가 필요한 시기!

세계적으로 확산된 코로나19는 경제 전반에 광범위한 영향을 주었다. 기업, 학교, 공공기관 등 사회 전반에 비대면 원격 사회로 급속히 전환되자 사업과 매출이 줄어드는 가운데 외식기업들은 대대적인 인력 규모 축소에 들어갔다. 기업들은 한계 사업을 정리하고 인력구조 변화를 시도하기에 이르렀다. 인공지능과 로봇 등 인간 노동에 대한 의존도를 줄이는 등 인력의존도가 높았던 외식산업은 스마트화 속도가 더 빨라지고 있다. 기업 차원뿐만 아니라 구성원들의 변화 대응 능력 또한 중요시되고 있다. 4차 산업 혁명의 급속한 변화 시대에서 외식 기업은 대외적 환경에서 오는 충격에 견딜 수 있도록 소수 정예의 핵심 인력을 조직 내부에 보유하면서도 특정 분야의 전문성이 높은 업무에 대해서는 프리랜서, 은퇴 직원, 외주 업체 등을 전략적으로 활용하는 네트워크형 인적 구조가 필요하다. 이를 위해 직무 유형에 맞는 확보, 계약, 활용, 보상, 피드백 시스템을 갖춰야 한다.

수평적인 업무 문화 정착도 과제이다. 비대면 방식으로 일하면서 빠르게 변화하는 외부 환경에도 적응하려면 관료주의적 절차와 톱다운 방식의 업무 추진으로는 곤란하다. 디지털 전환 역시 마찬가지다. 자율과 책임에 기반해 스스로 업무를 관리할 수 있도록 규정과 업무 표준을 바꾸고, 수평적 커뮤니케이션, 실무자 중심의 빠른 결정이 가능하도록 현장 중심 업무 혁신이 필요해졌다. 기업들은 위기가 닥치면 본능적으로 인력을 줄인다. 하지만 오히려 우수한 인적 자원을 확보할 수만 있다면 경기가 다시 상승 국면으로 전환될 때 이들은 기업의 소중한 자산이 될 것이다. 조직의 외연을 키우기 위한 대규모 채용은 아니더라도 어려운 시기일수록 우수 인재를 확보하는 노력이 중단되어서는 안 된다.

자료: HR Insight(2020. 8. 25.) 재구성.

AI와 함께 일하는 시대, 다시 조직 설계에 나설 시간

우리는 지금 인간과 인공지능(AI)이 함께 일하는 시대에 살고 있다. 이제 AI는 단순 반복 업무를 넘어 창의적인 사고와 판단이 필요한 영역으로 빠르게 진입하고 있다. 챗봇이 고객 상담을 대체하고, 생성형 AI가 콘텐츠를 만들며, 알고리즘이 채용 결정을 돕는 시대에, 우리는 인간과 AI가 협업하는 새로운 업무환경에 직면해 있다.

민첩한 외식 기업은 이미 단순한 기술 도입을 넘어, 채용부터 평가까지 전 과정과 워크플로를 AI 기반으로 재설계하고 있다. 이제는 더 이상 '몇 명이 필요한가'를 묻는 시대가 아니라, '사람과 AI가 어떤 일을 어떻게 분담할 것인가'를 설계하는 것이 인적자원관리의 새로운 과제가 됐다. 지금 이 순간에도 AI는 직무, 성과, 교육, 협업 방식을 바꾸고 있고, 이 변화는 단순한 생산성 향상을 넘어 조직 구조와 인력 계획의 기준 자체를 뒤흔들고 있다.

이러한 변화는 단순히 '어떻게 새로운 기술을 빠르게 도입할 것인가'만이 아니라, '조직의 운영 철학과 일하는 방식 자체를 어떻게 바꿔나갈 것인가'를 다시 고민하게 만든다. 특히 AI와 함께 일하는 환경에서는 조직의 '목적'과 '일하는 원칙'이 단순한 가치 선언을 넘어 실제로 조직과 개인의 구체적인 생각과 행동 그리고 일상적인 선택과 결정에 직접적으로 연결될 때 조직의 차별화된 성과를 창출할 수 있다.

자료: HR Insight(2025. 6. 30./2025. 7. 23.) 재구성.

1. 인적자원관리의 개념

1) 직무의 이해

오늘날 인적자원관리의 관점에서는 인적자원을 잠재적인 능력을 개발·활용하여 기업 부가가치 창출에 기여하는 자산(asset)의 일부로 본다. 인적자원은 물적자원과 달리 동기 부여와 만족도, 개발 여하에 따라 성과나 그 가치가 달라지는 특수성이 있는데, 노동집약적인 외식산업의 특징을 고려할 때 인적자원의 중요성은 매우 크다. **인적자원관리**는 조직의 목표 달성에 필요한 인적자원을 **확보(procurement)**, **개발(development)**, **보상(compensation)**, **유지(maintenance)**하여 조직 내 인적자원을 최대한 효과적으로 활용하고자 하는 관리활동이다.

직무(job)는 다른 직무와 구별되는 주요한 일 또는 특징적인 일의 수행 측면에서 동일하다고 인식되는 직위들을 하나의 관리단위로 설정한 것이다. 유사한 과업(task), 일의 종류(duty), 책임사항(responsibilities) 등의 집합으로 직무를 구성하는 직위의 과업 내용, 숙련

표 7-1 외식산업 직무의 분류(전통적인 직급 체계의 예)

구분	직종	직급	직무
매장지원	사무·관리직	부장, 차장, 과장, 대리, 주임 등	기획·재무
			점포 개발
			인사·교육
			홍보·마케팅·고객관리
			구매·유통
			위생·안전
			연구 개발
		슈퍼바이저	매장운영지원
매장서비스	생산·서비스직	제너럴 매니저(점장)	매장총괄관리
		매니저	매장운영관리 (조리 및 서비스 포함)
		스태프	음식 조리 및 고객서비스

도, 작업 방법 등은 비슷해야 한다. 직무는 상황에 따라 직업(occupation), 직위(position), 작업(task) 등과 상호교환적으로 사용된다.

외식산업의 직무는 크게 매장지원과 매장서비스로 나눌 수 있다. 매장지원은 사무·관리직으로, 매장서비스는 생산·서비스직으로 나누어지기도 한다(**표 7-1**). 매장지원부서에서는 외식업체 운영을 기획, 지휘 및 조정하며 시장분석, 상권분석, 운영 전략 수립 등 점포 개발 과정뿐만 아니라 재무, 홍보, 마케팅, 고객관리, 구매, 유통, 위생안전, 연구 개발, 매장 운영

직무기술서

1. **직무명: 점장**

2. **직무 요약**

점장은 식자재 관리, 메뉴계획, 음식 제공, 직원관리 등 업장 운영에 관한 전반적인 사항을 파악하고 관리한다.

3. **직무 내용**

- 작업 표준을 설정, 유지 관리한다.
- 직원들의 직무와 영업 준비를 지시한다.
- 슈퍼바이저, 웨이터, 웨이트리스, 버스보이의 교육·훈련과 감독을 담당한다.
- 직원의 근무시간표를 작성한다.
- 매장의 조리기술에 대해 어느 정도의 지식을 갖춘다.
- 예약 접수 현황과 준비 상태를 점검한다.
- 영업 준비물이 제대로 갖추어져 있는지 점검한다.
- 테이블 세팅이 제대로 되었는지 확인한다.
- 서비스 직원과 주방 직원 상호 간의 협동체제를 유도 관리한다.
- 직원들의 채용과 교육·훈련을 담당한다.
- 직원들의 불만 요인, 고민 등에 관한 상담을 한다.
- 경영자에게 업무에 관한 사항을 보고하고 명령받은 사항을 실행한다.
- 매장 내 손상된 가구, 기기 등의 신속한 보수 조치 및 교환을 한다.

그림 7-1 직무기술서의 예

지원 등 일반적으로 사업체 운영에 필요한 관리직무를 포괄적으로 수행한다.

매장서비스의 직무는 매장 총괄 및 운영관리, 음식 조리 및 고객서비스 등으로 나눌 수 있다. 매장 총괄 및 운영관리는 점포 운영에 관련된 영업계획 및 매출관리, 서비스 및 위생 교육, 직원 및 조직관리 등을 포함하는 운영관리 직무를 수행하는 매니저나 점장이 수행한다. 음식조리 직무관리는 식재료 구매, 검수, 조리 업무를 주로 수행하며, 고객서비스 직무는 고객 응대, 음식 주문 및 제공, 매장 환경관리 등의 업무를 수행한다.

직무기술서(job description)는 특정 직무의 의무와 책임에 관한 조직적이고 사실적인 해설서로 직무에서 수행하는 과업의 내용, 의무와 책임, 직무 수행에서 사용되는 장비 및 직무 환경 등 종업원과 관리자에게 직무에 관한 개괄적인 정보를 제공한다(그림 7-1).

직무명세서(job specification)는 특정 직무를 수행할 때 직무담당자가 갖추어야 할 지식, 기술, 능력, 기타 신체적 특성과 인성 등의 인적 요건을 기록한 양식이다. 직무기술서와 중복되는 면이 있으나 신규 인력 채용 시 필요한 요건을 보다 명확히 하기 위해 작성된다.

2) 직급체계

직급은 직무의 등급으로 일의 종류나 난이도, 책임 정도가 비슷한 직위를 한데 묶은 최하위의 구분이다. 기업은 동일한 직급에 속하는 직위에 대하여 자격, 시험, 보수 등 인사 행정에서 동일한 취급을 할 수 있다. 그림 7-2는 외식기업 직급체계의 예이다.

2. 인적자원 확보

1) 모집

철저한 수요 예측에 의해 결정된 인원을 기업의 적재적소에 배치하기 위해 인력을 선발하는 것을 **모집(recruitment)**이라고 한다. 이러한 모집 방식에는 내부 모집과 외부 모집이 있다.

CJ푸드빌 직급체계

4, 6, 8시간 선택 근무 가능하며
개인 역량에 따라 승격 기회 부여

Floor/Kitchen의 Operation을 수행하고
점포 관리 역량 학습

Staff ▸ Specialist ▸ Trainer ▸ Captain ▸ Assistant Manager ▸ Manager ▸ Master ▸ Senior Master

Floor 또는 Kitchen의 **Operation** 수행

소속 Brand에 따라 **매니저, 점장 역할 수행**
각 직급별 최소 3년 이상의 경력

비알코리아, 직급 대신 '님' 호칭 사용

비알코리아는 임직원 간 상호 존중과 배려의 문화를 확산하고 수평적인 소통 환경을 조성하기 위해 2024년 '님 호칭' 제도를 도입하였다. 기존의 직급 중심 호칭에서 벗어나 모든 임직원이 서로를 '님'으로 부름으로써 조직 내 위계적 문화를 완화하고 보다 열린 소통과 협업을 강화하고자 하였다. 제도의 원활한 정착을 위해 전사 구성원이 쉽게 참여할 수 있도록 포스터를 제작하여 사내 게시판을 통한 홍보 활동을 전개하였으며, 팀 단위로 '님' 호칭을 활용한 칭찬 릴레이 이벤트를 운영하여 피드백 문화를 확산하고 자연스러운 제도 안착을 유도하고 있다.

그림 7-2 외식기업 직급체계의 예

(1) 내부 모집

내부 모집(internal recruiting)은 이미 고용된 회사 내부의 인적자원을 승진시키거나 전환 배치, 직무 순환, 재고용 등을 통하여 필요로 하는 직원을 보충하는 방법이다. 내부 모집은 종사원이 자신의 적성에 맞는 부서로 전직할 수 있는 기회를 부여하며, 종사원에게 자기계발과 성장의 기회를 제공한다. 이 제도로 인해 기업의 투명성이 확대되고 비용이 절감되며 종사원에게 조직의 목표를 알리는 동시에 적임자를 찾아낼 수 있지만, 환경 변화에 적합한 전문 인력의 확보는 어렵다.

(2) 외부 모집

외부 모집(external recruiting)은 공개 채용과 특별 채용으로 구분할 수 있다. 공개 채용은 인력과 관련된 공공기관, 매스컴(신문, TV), 인터넷, SNS(페이스북, 인스타그램), 대학의 취업정보센터 등에 채용계획을 공고 또는 연락을 취하여 채용하는 방법이다. 특별 채용은 해당 업무에 필요한 지식이나 경력을 소지한 사람을 채용하여 특별한 재교육 없이 곧바로 현장에 투입할 수 있는 경우이다.

2) 선발

선발(selection)은 지원자 중에서 조직이 필요로 하는 직무에 가장 적합한 자질을 갖춘 인력 채용을 결정하는 과정이다. 이때 필요 이상의 인력을 선발하면 인건비 부담이 증가하고, 증가한 인건비는 곧바로 기업의 비용으로 성과와 직결된다. 따라서 인력 수급계획과 직무기술서에 명시된 사항을 중심으로 효과적인 모집 방법을 구사하여 적정 인원을 선발해야 하며, 이를 적재적소에 배치하여야 한다.

외식사업은 식음료 상품에 분위기와 서비스를 함께 담아서 고객에게 판매하는 사업이다. 서비스를 제공하는 주체인 외식기업의 종업원은 가변성과 생산성을 향상시킬 수 있는 무형적 자산이기 때문에 지식이나 기술적인 능력뿐만 아니라 외식업의 서비스적 인적 특성을 갖춘 기업이 추구하는 인재상에 적합한 인재를 선발하는 것이 사업 성공에 무엇보다 중요한 요인이다(그림 7-3).

그림 7-3 외식기업의 인재상

자료: 스타벅스 홈페이지, CJ푸드빌 홈페이지.

서류심사 단계에서는 지원자의 교육적 배경, 경력, 취득한 자격이나 면허 등을 작성한 지원서를 받아 심사한다. 이를 통해 부적격자를 걸러내고 면접 대상자를 선정하게 된다. 서류

전형이 기준 미달자를 걸러내는 장치라면 직무적성검사는 기업별로 원하는 인재상에 부합하는 지원자를 선발하는 첫 번째 장치라고 할 수 있다.

기본적으로 **직무적성검사**는 언어, 추리, 수리, 지각 능력 등의 기초업무능력 테스트와 상식, 상황 판단, 인성 등의 기업조직 적응력 테스트로 구성된다. 이는 인적성검사, 직무능력평가 등으로 다양하게 불리며 자체적으로 검사도구를 개발하여 사용하는 기업이 확대되는 추세이다. **면접**은 기업이 필요로 하는 인재의 성격이나 특성을 직접 파악할 수 있는 중요한 과정이다. 공식적인 면접은 선발과정에서 타당성을 높여주는 보완적 방법으로 그 중요성이 날로 강조되고 있다. 면접에서는 직무 후보자와 관리자가 서로 만나 대화하면서 서류상으로는 알 수 없었던 후보자의 인간적인 측면을 판단할 수 있다. 주방의 경우 식음료 메뉴의 원활한 생산을 위해 실기 시험을 통해 지원자의 능력을 검증하기도 한다.

신체검사는 직무 수행과 관련하여 신체 및 정신적 능력의 적합성을 조사하는 과정이다. 외식사업체에서는 대부분 서서 근무하며 식음료 상품을 다루기 때문에 감염병 보균자 또는 정신질환자가 아닌 건강한 사람을 선발해야 한다. 이러한 선발과정을 거쳐 최종 합격한 인력에 대해 **채용**이 결정되면, 기업에 대한 오리엔테이션을 실시하고 선발된 인력이 기업에 적응할 수 있는 기회를 제공한다. 이를 신입사원 수습기간이라고 하며, 기업에 따라 차이가 있으나 일반적으로 3개월 또는 6개월의 기간을 정하여 시행한다.

3) 배치

유능한 인재를 선발하여 채용한 후에는 그들의 재능을 발휘할 수 있는 적절한 부서 **배치(staffing)**가 중요하다. 특히 외식사업에서는 종업원이 자신의 적성에 맞지 않는 업무에 배치되는 경우, 사기 저하는 물론 이직률이 높아질 수 있다. 부서 배치 방법에는 종업원 개개인의 적성을 고려한 적성 배치 방법과 생산량을 고려한 적정 배치 방법이 있다. 기업은 신입 종업원의 부서 배치 전에 교육·훈련을 실시한다. 직원 교육·훈련을 통해 지식, 기술 그리고 태도를 향상시킴으로써 기업을 유지하고 발전시키는 데 기여하기 때문이다. 기업은 인재 육성의 차원에서 종업원에게 주인의식을 심어 근무의욕을 고취시키고 그들의 능력을 최대한 효율적으로 운용할 수 있는 다양한 배치 방안을 모색해야 한다.

워크 스케줄은 인력의 배치와 작업 일정관리에 중요하게 사용되며 다음과 같은 내용을 포함하여야 한다. 우선 시간대별로 필요한 적정 인원수를 설정해야 한다. 이는 영업 추이에 따라 정기적으로 조정되어야 하며, 필요한 시간에 직원을 충원하는 것보다는 잉여 직원이 교육 등의 업무에 참여하도록 적정 인원수를 여유롭게 설정하는 것이 바람직하다. 워크 스케줄은 주방에서 일어나는 모든 업무에 대한 기록이므로 하루 일과를 미리 계획하고 실천할 수 있도록 해야 한다. 명확한 출퇴근 시간의 유지와 안정된 인원을 확보할 수 있도록 해야 하며, 근무자 간의 신뢰를 구축하도록 하여 즐거운 업무 분위기를 유도해야 한다. 워크 스케줄은 일주일 단위로 작성하는 것이 바람직하며, 종업원이 자신의 스케줄을 확인하고 서명하게 함으로써 근무일 하루 전에 반드시 업무 시간과 담당 업무를 확인하게 한다(그림 7-4).

8월 워크 스케줄

부서: 주방

휴일 수	10일

바
디저트

A	8:00~18:00	E	12:00~22:00
B	9:00~19:00	F	12:30~22:30
C	10:00~20:00	G	13:00~23:00
D	11:00~21:00	S	17:00~01:00

			1	2	3	4	5	6	7	8	9	10	11	12	13	14	15	16	17	18	19	20	21	22	23	24	25	26	27	28	29	30	31	월간 휴일	월차 휴무	OT
	이름	제목	목	금	토	일	월	화	수	목	금	토	일	월	화	수	목	금	토	일	월	화	수	목	금	토	일	월	화	수	목	금	토			
1	박OO		C	C	C	D/O	D/O	C	C	C	C	D/O	D/O	C	C	C	C	D/O	D/O	D/O	C	C	C	C	C	D/O	D/O	C	C	C	C	C	D/O			0.0
2	이OO		연차(17)	D/O	D/O	D/O	연차(18)	연차(19)	연차(20)	연차(21)	연차(22)	D/O	D/O	연차(23)	연차(24)	연차(25)	연차(26)	연차(27)	D/O	D/O	D	D	D	D	D	D/O	D/O	D	D	D	D	D	D/O			0.0
3	민OO		S	E	대휴(0)	대휴(0)	E	D/O	S	E	S	D/O	D/O	S	D/O	S	E	E	D/O	D/O	E	D/O	S	S	E	D/O	D/O	D/O	S	E	E	S	E			0.0
4	우OO		D/O	C	S	D/O	C	C	E	D/O	D/O	C	D/O	D/O	C	C	D/O	C	C	D/O	C	C	C	C	C	C	D/O	C	D/O	C	C	C	S			0.0
5	박OO		C	대휴(1)	C	대휴(0)	대휴(0)	S	C	C	C	D/O	D/O	C	D/O	D/O	C	S	D/O	D/O	S	D/O	D/O	D/O	D/O	연차(6)	연차(7)	S	C	연차(8)	S	E	C			0.0
6	김OO		C	C	대휴(0)	D/O	C	C	C	D/O	D/O	C	D/O	C	C	E	C	D/O	S	D/O	C	C	D/O	C	D/O	S	D/O	D/O	연차(7)	연차(8)	연차(9)	C	C			0.0
7	장OO		D/O	S	C	D/O	S	D/O	D/O	C	C	S	D/O	D/O	S	C	E	C	C	D/O	D/O	S	C	훈련	C	C	D/O	C	C	C	C	D/O	S			0.0
8	김OO		C	C	C	대휴(0)	C	E	C	S	대휴(0)	C	D/O	D/O	C	D/O	D/O	C	C	D/O	D/O	C	C	C	S	C	D/O	D/O	C	S	D/O	D/O	C			0.0
9	임OO		대휴(0)	연차(9)	연차(10)	D/O	C	C	D/O	C	C	E	D/O	C	D/O	C	C	E	E	D/O	C	D/O	D/O	D/O	C	E	D/O	C	E	C	C	C	D/O			0.0
10	강OO		A	A	B	D/O	D/O	연차(7)	연차(8)	연차(9)	A	B	D/O	A	A	A	A	A	B	D/O	A	A	A	A	D/O	D/O	D/O	A	D/O	D/O	A	A	D/O			0.0
11	전OO		E	D/O	E	D/O	A	A	A	A	E	D/O	D/O	E	E	D/O	연차(7)	연차(8)	연차(9)	D/O	D/O	E	E	E	A	B	D/O	E	A	A	D/O	D/O	B			0.0
12	이OO		D/O	F	F	D/O	F	F	F	D/O	D/O	F	D/O	F	F	D/O	D/O	D/O	D/O	D/O	F	F	F	연차(12)	연차(13)	F	연차(14)	F	F	F	F	F	F			0.0
13	이OO		F	F	F	D/O	D/O	D/O	D/O	F	F	F	D/O	D/O	D/O	F	F	F	F	D/O	F	D/O	D/O	F	F	F	연차(12)	F	F	F	연차(13)	연차(14)	F			0.0
14	임OO		F	D/O	D/O	D/O	F	F	F	F	F	D/O	D/O	F	F	F	F	F	F	D/O	D/O	F	F	F	F	D/O	D/O	D/O	연차(11)	연차(12)	F	F	연차(13)			0.0
총합																																			0	0.0

그림 7-4 외식업체 주방의 워크 스케줄

4) 교육·훈련

채용 시점에서 직원의 직무능력은 완벽할 수 없기 때문에 반드시 교육·훈련이 필요하다. **교육**(education)은 잠재능력을 이끌어내는 정신적인 의미가 강조되며, **훈련**(training)은 육체적·기술적 연습으로 실용적 지식을 부여하는 것이다. 이처럼 교육과 훈련이 각기 다른 의미를 지니고 있지만 결국 직원의 교육·훈련은 능력 개발이라는 관점으로 집약시킬 수 있다.

교육·훈련의 목적은 지식, 기능, 태도를 향상시켜 직원이 각자 직무에 만족을 느끼게 하며, 직무 수행능력을 향상시켜, 보다 중요한 직무를 수행할 수 있도록 하는 것으로 이를 통해 기업을 유지하고 발전시킬 수 있다. 체계적인 교육·훈련은 생산성 향상, 원가 절감 그리고 조직의 안정성과 유연성 향상에 기여하는 필수적인 활동이다.

(1) 교육·훈련계획

교육·훈련을 실행하기 위해서는 먼저 대상자가 신입사원인지 또는 관리자인지를 파악한다. 그 다음에는 교육·훈련 내용에 대한 계획을 수립하고 담당자를 선정한 후 교육·훈련의 시기, 기간, 장소를 결정하고 언제, 어디서, 누가, 무엇을, 누구에게, 어떻게 가르칠 것인가에 대한 예정표를 치밀하게 작성한다.

(2) 교육·훈련의 종류

교육·훈련은 대상에 따라 신입사원 교육·훈련, 직원 교육·훈련, 경영자 교육· 훈련으로 나누어진다. 장소에 따라서는 현장 교육·훈련, 현장 외 교육·훈련, 자기 업무 개발 방식, 사외 교육과 훈련 등으로 구분된다.

① 대상에 따른 분류

- **신입사원 교육·훈련**: 처음 입사한 종업원을 대상으로 하는 기초직무훈련과 실무훈련으로 구성된다. 기초직무훈련은 오리엔테이션(orientation)이라고도 불리며 수습기간이나 채용 직후에 일정 기간 실시된다. 오리엔테이션은 조직의 전반적인 정책, 규제, 목적 등을 설명하고 직무에 관한 요건, 근무 태도 등을 훈련시키는 것으로 회사에 대한 제반 사항을 이해시키고 조직의 기구 및 동료를 소개하여 새로운 조직 구성원이 조직에 보다 빨리 적응할 수 있도록 도와준다. 이 기간은 신입들에게 회사에 대한 좋은 인상이나 친

밀감, 애사심 등을 심어주는 계기가 되며 수습기간, 비용, 불안감, 이직률 감소와 작업에 대한 성과 증대 등의 효과가 있다. 기초직무훈련이 마무리된 후에는 담당 직무를 중심으로 실제 직무 수행에 대한 교육·훈련인 실무훈련을 실행한다.

- **현직자 교육·훈련**: 현직 종업원이나 관리자를 대상으로 하는 직장 내 또는 직장 외 교육·훈련이다. 관리자들의 경우에는 계층에 따라 필요한 자질을 갖추도록 훈련한다. 상위 경영자층의 경우에는 의사결정능력이나 리더십 개발이 주안점이 되는 반면, 일선 감독자층의 경우에는 현장에서의 감독 능력을 함양하게 된다.

② 장소에 따른 분류

- **현장 교육·훈련**: 현장 교육·훈련(On the Job Training, OJT)은 현장 실습이라고도 하며, 사내 교육과 훈련활동의 내용을 포함한다. 업무를 직접 수행하면서 상사나 선배 및 동료로부터 업무에 대한 지식과 기능, 태도, 분위기, 관리 방식 등을 전수받는 방식이다. 보통 OJT 교육과 훈련활동 프로그램은 대학에서 현장 실습을 나온 실습생을 위주로 하는 경우가 대부분이며, 신입사원에게도 시행한다. 외식업체에서 시행하고 있는 OJT 교육은 현장에서 직접 이루어지기 때문에 업무에 직접적인 도움이 되며, 시설과 장비 관련 안전사고에 대한 교육을 동시에 실시할 수 있고, 많은 인원의 교육과 훈련을 동시에 실시할 수 있어 비용이 적게 든다는 장점이 있다.
- **현장 외 교육·훈련**: 현장 외 교육·훈련(Off the Job Training, Off-JT)을 시행하는 방식으로 집합 교육이라고도 한다. Off-JT는 현장 업무를 떠나 별도의 시간에 교육 전문가가 광범위한 교육 내용과 훈련활동을 체계적인 계획하에 많은 인원을 대상으로 집합적으로 교육하는 것이다. 이러한 방식은 많은 인원을 집단 수용하여 예정된 프로그램에 의한 일률적인 교육을 하기 때문에 실용성이 떨어지는 경향이 있다. 따라서 Off-JT는 현장의 업무와는 직접적인 관련을 갖지 않고, 보편적이며 일반적인 내용에 대한 사고방식이나 직업관, 직업윤리에 대한 교육에 적합하다. 외식업체에서 시행하고 있는 Off-JT를 통해 조직 구성원은 외부 전문가로부터 전문적 지식과 기능 및 기술을 배울 수 있으며, 업체 입장에서는 공식적인 교육과 훈련의 기회를 제공받을 수 있다.
- **자기계발교육**: 자기계발교육(Self Development, SD)은 수동적이고 타율적인 교육과

훈련활동에 얽매이지 않으며, 스스로 업무에 대한 목적 달성의 기회에 부응하기 위하여 부족한 점을 개발하는 방식이다.

사례 글로벌 외식기업 도약을 위한 현장중심 특화 교육 '롯데GRS 외식경영대학'

1979년 10월 국내 최초 햄버거체인점을 오픈하면서 외식프랜차이즈 사업을 시작한 롯데리아는 2017년 7월 롯데GRS로 사명을 변경하였다. 롯데GRS는 롯데리아를 비롯하여 엔제리너스, TGI프라이데이스, 크리스피크림 도넛, 빌라드샬롯, 더푸드하우스 등 다양한 외식브랜드를 운영하고 있다. 롯데리아 인재개발센터는 글로벌 경쟁력을 갖춘 인재 양성을 목표로 '롯데GRS 외식경영대학'으로 새롭게 출범하였다. 외식경영대학에는 실제 매장 영업장과 동일한 구조로 브랜드별 파일럿숍 13개실을 구축하고 강의실, 전산실에 기숙사까지 마련하여, 각 가맹점 직책 역할에 따른 직무 교육과정을 통한 현장중심 교육프로그램을 운영하고 있다. 커피 교육 프로그램 운영을 위해 SCA(Specialty Coffee Association) 규정에 따른 국제 공인 커피 전문가 교육시설을 마련하여 가맹점 및 임직원 외에 일반인을 대상으로 한 교육까지 제공하고 있다.

사업부별 교육 체계

처음 접하는 교육생을 위한 과정으로 기본 이론 및 실기, 현장 실습, 전산 및 관리 업무 전반에 걸친 단계별 교육

점포 근무 경험이 있는 교육생을 위한 과정으로 이론 및 실기 확립, 관리 역량 강화를 위한 교육

자료: 롯데GRS 홈페이지.

사례 외식기업에서 운영되는 다양한 교육 프로그램

외식 분야 전문가 및 맞춤형 인재 육성을 위한 'SPC기업대학'

기업대학은 기업 재직자 및 채용예정자를 대상으로 고숙련 수준의 훈련 및 교육 후 사내 취업 연계를 위해 운영되는 프로그램이다. SPC형 맞춤 인재와 식품산업전문가 육성을 목표로 지난 2014년에 설립되어 현재까지 베이커리, 외식 조리, 바리스타 3개 학과를 운영 중이다. 총 360시간의 교육을 이수하며 SPC그룹에 대한 이해와 채용 정보 및 직무 이론 교육과 함께 학과별로 SPC의 각 브랜드에 관련된 직무기술 훈련이 진행된다. 기업대학은 현장에 대한 이해도를 높이고 근로자의 면학 욕구를 충족시켜 주며 전문성 있는 인력을 충원할 수 있어 기업 생산성을 향상시키는 효과를 거두고 있다.

인재 육성을 위한, 비알코리아 생성형 AI 교육 프로그램

SPC그룹 계열사 비알코리아는 급변하는 디지털 환경에 선제적으로 대응하고자 임직원의 생성형 인공지능(Generative AI) 활용 역량을 강화하기 위한 단계별 교육 프로그램을 운영하고 있다. 직급 및 부서 특성에 맞춤형으로 설계된 교육은 임원, 리더, 일반 직원, 필수 부서 순으로 진행한다. 일반 직원 대상 교육은 '일잘러를 위한 실습형 비즈니스 클래스'라는 주제로 오프라인 교육 2회로 구성되어, 실무 중심의 활용 능력을 강화하는 데 초점을 맞추고 있다.

생성형 AI 교육 단계

STEP 1. 수준 진단
교육 전 구성원들의 생성형 AI에 대한 인식 및 현황 파악

↓

STEP 2. 적합 기술 확인
회사 현황에 맞는 적합한 생성형 AI 기술 확인

↓

STEP 3. 교육 지원 대상 파악
생산성을 높일 수 있는 시급성, 적시성이 필요한 팀을 선정하여 우선적 교육 지원

한국맥도날드, 메타버스 식품안전 교육 강화

한국맥도날드는 'Food Safety! Always On!' 주제로 메타버스 플랫폼 활용해 참여형 프로그램을 운영하고 있다. 올해로 9회차를 맞이한 '푸드 세이프티 타운홀'은 전국 매장의 매니저, 점장, 본사 임직원은 물론 협력업체까지 함께 참여해 식품안전에 대한 교육을 진행하고 그간의 성과를 확인, 향후 계획을 공유하는 프로그램이다. 식품안전을 최우선 과제로 삼아 버거의 맛과 조리 기준, 위생까지 아우르는 맥도날드의 품질 관리 계획을 공유할 예정이다. 가상 공간에서 참가자들은 ▲글로벌 식품 안전 교육 영상 ▲개인 위생 및 설비 관리 ▲해충 관리 ▲이물질 방지 등 핵심 교육 주제를 퀴즈와 함께 학습한다.

자료: SPC 홈페이지, 소비자경제(2025. 5. 14.).

5) 승진

승진(promotion)은 조직 내에서 권한과 책임의 영역이 큰 상위 직무로 수직 이동하는 것이다. 이는 개인의 목표와 조직의 목표를 조화시키는 수단이자, 직원과의 가장 유효한 커뮤니케이션 수단으로 인사 정체 현상을 해결해준다.

합리적인 승진은 직원의 업무 능률과 사기를 증진시키고 잠재적 직원에게 조직에 참여하고자 하는 동기를 부여하므로 적재적소·업적 중심·인재 육성·동기부여 기회 제공 등의 기본 원칙에 따라 시행해야 한다.

승진의 기본 방향에는 연공주의와 능력주의가 있다. 연공주의는 재직한 근속연수에 비례하여 업무능력과 숙련도가 신장된다는 승진의 개념이다. 반면, 능력주의는 개인의 업무수행능력을 근거로 하는 승진의 개념이다. 때로 조직은 이 두 가지 요소를 각 조직의 실정에 알맞게 조화시킨 절충주의를 택하기도 한다.

6) 인사고과

인사고과(performance appraisal)는 직원의 잠재적 유용성을 조직적으로 평가하는 제도이다. 이는 직원의 가치를 객관적으로 정확히 측정하여 합리적인 인사관리의 기초를 부여함과 동시에 직원의 노동 능률을 형성하는 목적으로 승진, 전환 배치, 급여, 해직, 채용 및 복직 등에 사용된다.

인사고과의 절차는 인사고과의 목적에 따라 달라질 수 있으나 일반적으로 다음과 같은 단계로 진행된다(그림 7-5). 최근에는 전방위평가라고도 불리는 360도 다면평가를 실시하는 기업이 늘어나고 있다. 이는 직속 상사의 한 방향 평가가 아닌 부하, 동료, 타 부문 담당자, 나아가서는 거래처나 고객에 의한 평가 등 다방면으로 평가하는 제도이다. 경쟁력 있는 외식기업을 만들기 위해 성과주의의 도입과 정착이 추진되고 있으며 평가의 공평성이나 객관성을 높이기 위해 적용되고 있다.

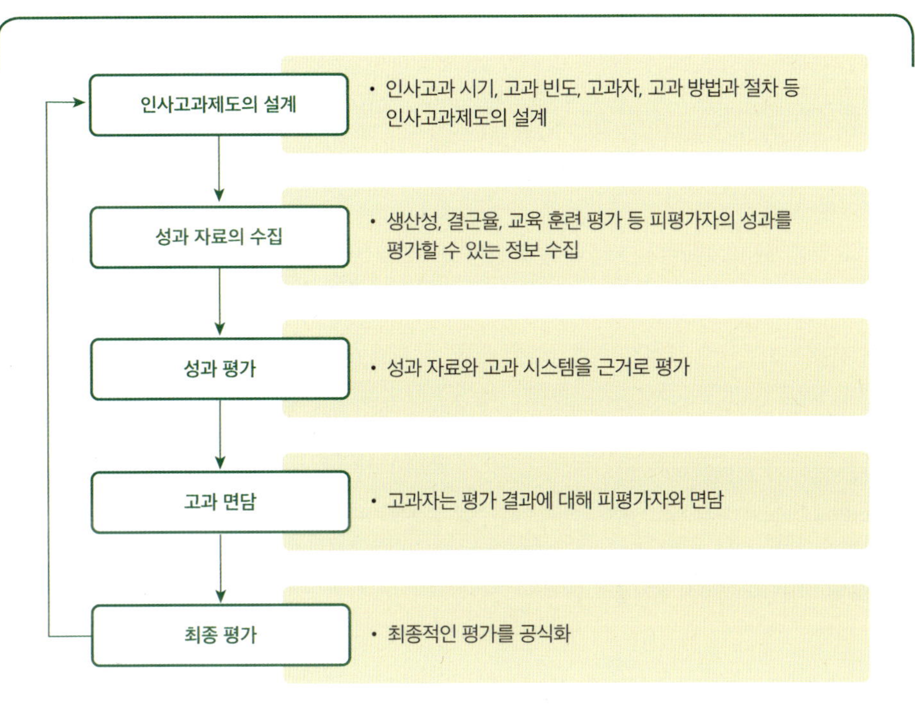

그림 7-5 인사고과의 단계

3. 인적자원 보상

1) 직무평가

직무평가는 직무의 가치를 평가하는 것으로 직무담당자의 업무 수행평가를 평가하는 인사고과와는 근본적으로 다르다. 직무평가의 가장 큰 목적은 조직 내 임금구조를 보다 합리적으로 하는 것이며, 다음과 같은 용도로 사용된다(이학종, 2000).

- 조직 내 직무의 기본 임금과 공정한 임금 구조를 위한 기준을 마련한다.
- 새로운 직무나 변경된 직무에 적용할 수 있는 임금 책정 방법을 제공한다.
- 조직 구성원이나 노동조합에 단체교섭 시 임금 결정을 위한 자료를 제공한다.

노트 롯데GRS 직무 평가 제도

글로벌 종합 외식 기업 롯데GRS(롯데리아, 엔제리너스 등)는 공정하고 투명한 성과 평가 제도를 운영하여 임직원의 성과와 역량을 체계적으로 관리하고 있다. 매년 상·하반기 각 1회씩 총 2회 실시되며, 평가 결과는 조직 내 원활한 소통과 효율적인 인사 관리를 위한 기초 자료로 활용된다. 인력의 배치와 이동, 능력 개발, 보상 및 승진 결정에 평가 결과를 반영하고 있으며, 우수 인재는 적재적소에 배치하고 역량 개발이 필요한 임직원에게는 맞춤형 교육 프로그램을 제공하여 개인과 조직이 함께 성장할 수 있도록 지원하고 있다.

- 업적평가: 개인 업무 목표 및 영업 지표를 설정하고 목표 대비 달성 정도를 평가함. 평가 항목은 사업부별로 상이하며, 경영 실적, 운영평가, 현장 관리 역량 등의 요소를 포함
- 역량평가: 직무 수행에 필요한 지식, 스킬, 태도 등을 종합적으로 평가하며, 직무별로 요구되는 핵심가치와 리더십 역량을 포함
- 다면평가: 상사, 동료 등 다양한 평가자의 관점을 반영하여 공정성과 객관성을 확보함
- 핵심성과지표(KPI) 활용: 핵심 성공 요인(CSF) 실현 여부 및 목표 달성도를 측정하는 지표를 활용해 평가 결과의 정량적 측정을 지원

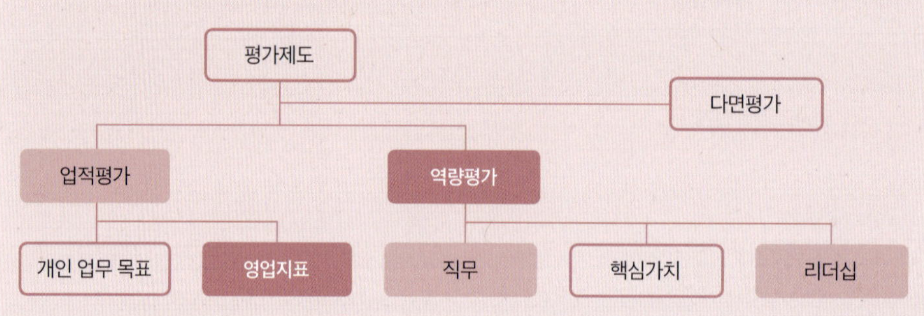

임금의 기준을 직무의 상대적 중요성에 따라 다르게 정하는 직무급 제도를 도입할 때는 반드시 직무평가를 선행해야 한다. 직무마다 지식, 기술, 책임, 작업 조건 등이 다르므로 이를 반영한 직무 간의 임금 격차를 결정하는 것이 관건이기 때문이다.

직무평가에서는 직무의 중요도와 공헌도를 어떻게, 무엇을 기준으로 평가할 것인지 결정하는 것이 핵심이다. 직무평가에 사용되는 기준을 평가 요소라 하며, 가장 널리 사용되고 있는 4가지 평가 요소를 살펴보면 다음과 같다.

- 기술(skill): 지적 기술과 신체 사용 기술
- 노력(effort): 정신적 노력과 육체적 노력
- 책임(responsibility): 대인적 책임과 대물적 책임
- 작업조건(working condition): 위험도와 불쾌도

2) 보상관리

(1) 보상체계의 구성

보상(compensation)은 개인이 조직에 제공한 노동에 대한 대가로 지불되는 금전적 혹은 비금전적 대가를 의미한다. 일반적으로 보상이라 함은 금전적인 대가로 주어지는 **경제적 보상**으로 기본급, 부가급, 상여금 등의 **임금(wage, 직접적 보상)**과 의료지원, 연금보조 등의 **복리후생(fringe benefit, 간접적 보상)**이 있다. **비경제적 보상**에는 직무와 관련된 교육훈련 기회 및 승진 기회 제공, 쾌적한 직무환경 제공, 탄력근무시간제 운영 등이 있다.

다양한 유형의 보상 중에서도 임금이 차지하는 비중이 제일 크기 때문에 전통적으로 보상관리는 직접적 보상인 임금관리에 초점을 두고 있다. 그러나 최근에는 임금관리뿐만 아니라 간접적 보상인 복리후생관리의 중요성이 강조되고 있으며, 총보상제도의 개념에 의해 비경제적 보상에 대한 관심도 커지고 있다.

(2) 임금관리

① 기본급

기본급은 임금의 구성 항목 중 가장 중요한 부분으로 기준 임금으로 분류되어 상여금과 퇴직금의 산정기준이 된다. 임금 지급과 관련된 근로시간의 기준이나 이에 따른 제반 사항은 「근로기준법」에 근거하여 노사협약으로 정하게 되어 있다. 기본급 결정은 어떠한 기준을 사용하느냐에 따라 다음과 같이 분류될 수 있으며, 외식기업마다 적합한 급여제도를 채택하여 시행하고 있다(그림 7-6).

- 연공급은 근속연수에 비례하여 임금을 산정·지급하는 방법으로 직무를 맡은 사람의 근무연한에 따라 임금의 차이가 결정된다.

- 직무급은 동일 노동에 동일 임금이라는 원칙에 따르는 임금 지급 방법으로 하는 일의 난이도에 따라 임금의 차이가 결정된다.
- 직능급은 직무에 공헌할 수 있는 능력을 기초로 임금을 책정·지급하는 방법으로 일을 맡은 사람의 능력에 따라 임금의 차이가 결정된다.

• 제너시스 BBQ: 승급 및 임금제도

- 젊은 CEO가 많은 회사… "능력에 따른 발탁인사"
  사업 다각화에 따라 누구나 CEO가 될 수 있는 기회가 점점 많아지고 있습니다.
- 열심히 일하는 사람이 기업의 주인… "우리사주제"
- 경영 실적에 따른 급여 인상 및 (최근 3개년 한해 평균 30% 인상) 특별상여 지급

• 스타벅스 급여제도의 예: 경력 슈퍼바이저 공개채용(2026)

급여	시급	12,000원 ※ 2년 이상 근속 시, 평가를 통해 시급 인상
	식대	별도 지급
수당	직책수당	월 60,000원
	연장, 심야, 휴일 근로	발생 시 지급
	주휴	
상여금	명절	연 2회 지급(설날, 추석)
성과급	상/하반기 분할 지급	경영 실적에 따라 지급(1월, 7월)

그림 7-6 외식기업 인사급여제도의 예

자료: 제너시스 BBQ 홈페이지, 스타벅스 홈페이지.

- 성과급은 종업원의 성과에 따라 임금을 지급하는 방법으로 업적에 따라 임금의 차이가 결정된다.

② 부가급

부가급은 기본적 임금에 부수적으로 이를 보충하는 형식으로 지급된다. 우리나라의 기본급 체계는 대부분 연공급 성격이 강하고 직무의 특성과 개인의 능력을 반영하는 제도적 장치가 미흡하여 이를 보완하기 위해 각종 수당에 해당하는 부가급을 지급하고 있다.

부가급에는 정상근무 시 지급되는 기준연금에 해당되는 정상근무수당(직무 수당, 안전 수당, 근속수당, 교통수당 등)과, 연장근로나 휴일근로 시 지급되는 기준 외 임금에 해당되는 특별근무수당(연장근로수당, 야간근로수당, 휴일근로수당 등)이 있다.

③ 상여금과 퇴직금

상여금은 보너스, 인센티브(incentive) 등으로 불리며 구성원에게 기본급과 수당 이외에 부정기적으로 지급되는 임금이다. 직무가 초과 달성된 경우나 근로의욕을 북돋고자 할 경우에 사용되고 있다.

퇴직금은 일정 기간 이상 근무한 후 퇴직하는 사람들에게 지불하는 부가급이다. 퇴직금의 경우「근로자퇴직급여보장법」제2장 제8조에 계속 근로 기간 1년에 대하여 30일분 이상의 평균 임금을 퇴직금으로 지급하도록 명시되어 있다.

(3) 복리후생

효과적인 보상관리의 마지막 요건은 종업원에게 균형 있는 보상을 제공하는 것이다. 종업원의 경제적인 안정을 위해서는 금전적인 임금 지불은 물론 인간적인 대우가 필요한데, 이를 통틀어 **복리후생**이라고 한다.

복리후생은 크게 법률에 의해 기업이 의무적으로 종업원과 그 가족에게 제공해야 하는 법정복리후생(legally required benefits)과 기업이 자발적으로, 혹은 노동조합과의 협의하에 제공하는 비법정복리후생(voluntary benefits)으로 구분된다.

① 법정복리후생

1인 이상 사업장에서 사업주와 근로자는 관계법령에 따라 고용보험, 산재보험, 국민연금,

건강보험의 4대 보험에 의무적으로 가입하여야 한다(**표 7-2**). 4대 보험 의무가입자에 대한 신고기한은 근로자를 고용한 날로부터 14일 이내(산재보험, 건강보험), 사유가 발생한 날이 속하는 달의 다음달 15일까지(고용보험, 국민연금)이다.

4대 보험료는 사업주와 근로자 급여의 일정 비율(보험 요율)에 따라 정해지며, 납부금액 중 50%는 사업주가, 50%는 근로자가 부담하여 급여에서 공제한다. 산재보험은 근로자 유형과 관계없이 모든 근로자가 의무적으로 가입하여야 하며 고용보험, 국민연금, 건강보험 또한 소정 근로시간 이상 근무하는 근로자들은 의무적으로 가입하도록 하고 있다.

표 7-2 4대 보험 의무가입 관련 신고대상 및 적용기준

구분	고용보험	산재보험	국민연금	건강보험
신고 대상	월 60시간(주 15시간) 이상 근로자, 3개월 이상 계속근로자 또는 모든 일용근로자 포함	근로자 6인 이상의 모든 사업장, 모든 근로자(공무원, 군인, 선원, 사립 교직원 등 제외)	모든 사업장(비직장인: 개인가입), 월 8일 이상 또는 월 60시간 이상 근로자	근로자 1명 이상의 모든 사업장, 월 60시간 이상 근로자
적용 범위	65세 미만(65세 이상 근로자도 가입신고는 해야 함)	고용형태 무관	만 18세~60세(1개월 미만 근로자 제외)	고용 1개월 이상자
신고 기한	고용한 달의 다음달 15일까지	고용한 달의 다음달 15일까지	고용한 달의 다음달 15일까지	근로자 고용일부터 14일 이내
벌칙	1. 직권 가입 조치 2. 3년간의 소급 보험료와 가산금·연체금 / 300만 원 이하 과태료(고용/산재보험) 3. 연체금 및 압류처분 / 500만 원 이하의 과태료(건강보험) 4. 1천만 원 이하의 벌금 / 50만 원 이하의 과태료(국민연금)			
관리 방안	• 고용보험, 건강보험, 국민연금의 적용 제외자 외에 모두 가입 원칙 (매달 14일까지 입/퇴사자 신고 및 일용근로내역확인 신고는 필수) • 4대 보험관리가 점점 강화되고 있어 기한 내 신고 및 합리적인 관리로 과태료 부과 미연 방지 • 국세청 인건비 신고내역과 4대 보험 인건비는 일치되도록 철저히 관리하여야 함			

자료 : 고용노동부, 국민연금공단, 산업재해보상보험법(2025 개정).

노트 외식업과 최저임금제도

최저임금제는 국가가 노사 간의 임금결정과정에 개입하여 임금의 최저수준을 정하고, 사용자에게 이 수준 이상의 임금을 지급하도록 법으로 강제함으로써 저임금 근로자를 보호하는 제도이다. 근로자에 대해 임금의 최저 수준을 보장해 근로자의 생활 안정과 노동력의 질적 향상을 가져와 국민경제의 건전한 발전에 이바지하게 함을 목적으로 한다. 최저임금위원회는 최저임금법에 따라 설치된 고용노동부 소속기관으로 매년 8월 위원회 심의를 거쳐 다음 연도의 최저임금을 고시하고 있다.

최저임금은 2024년은 전년 대비 2.5% 상승한 9,860원, 2025년은 1.7% 상승한 10,030원으로 고시되었으며 2026년은 2025년보다 2.6% 상승한 10,320원으로 결정되었다.

적용연도	최저시급	일급(8시간 기준)	월급(209시간)
2026년	10,320원	82,560원	2,156,880원
2025년	10,030원	80,240원	2,096,270원
2024년	9,860원	78,880원	2,060,740원

최저임금 인상 추이

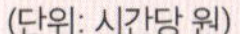
(단위: 시간당 원)

자료: 최저임금위원회
※ ( ) 안은 전년 대비 인상률, %

식품외식업계는 최저임금 상승으로 인한 타격이 큰 업종이다. 불황이 장기화되면서 인건비 비중이 높은 사업 특성상 최저임금 인상은 곧바로 경영난으로 이어지게 된다. 사회적 거리두기로 인해 방문외식이 위축되고 외식수요가 감소하면서 수익성이 악화된 외식기업들이 점포 폐점, 고강도 구조조정 등 자구책을 마련하고 있다.

자료: 최저임금위원회 홈페이지, 식품음료신문(2025. 7. 22.) 재구성.

- **고용보험**: 근로자의 직업 안정 및 고용구조 개선을 위한 고용안정 및 직능개발, 실직 근로자에게 실업급여 지급, 적극적인 취업알선을 통한 재취업 촉진
- **산재보험**: 직장에서의 업무수행과 관련하여 발생한 부상, 질병, 사망 등 재해에 대한 경제적 보상
- **국민연금**: 국민의 노령, 사망과 같은 노동력 사용가치 상실에 대비
- **건강보험**: 질병, 부상, 분만, 사망에 대한 보험 급여를 실시하여 국민보건을 향상시키고 사회보장 증진 도모

노트 외식업 경영주가 알아야 할 「근로기준법」

「근로기준법」은 근로자를 고용하는 사업주가 준수하여야 할 임금, 근로시간, 휴가 등 근로조건의 기준을 정한 법령이다. 「근로기준법」에서 규정하는 근로계약, 최저임금 적용, 퇴직금, 근로시간, 휴가, 휴일, 재해보상 등에 관한 조항들은 일용직(아르바이트), 기간제, 단시간, 계약직 근로자 등 임금을 목적으로 근로하는 모든 근로자에게 적용(동거의 친족만을 사용하는 사업장, 가사사용인은 제외)되므로 외식업 경영주들은 「근로기준법」을 숙지할 필요가 있다.
「근로기준법」은 상시 근로자 5인 이상을 고용하는 모든 사업 또는 사업장에 대하여 적용된다. 다만, 퇴직금제도는 사업장 규모와 관계없이 모든 사업장에 적용되며, 상시근로자 4인 이하 사업장에 대하여는 일부규정이 적용되고 연장·야간·휴일 근로에 대한 50% 가산은 발생되지 않는다. 현재 근로기준법 적용 대상에서 제외된 5인 미만 사업장을 포함하여 2028년까지 단계적으로 근로계약, 휴게시간, 주휴일 등의 관련 법규를 준수하도록 전면 확대 예정이다.

1. 근로계약

- 사업주는 근로자 채용 시 임금, 근로시간 기타 근로조건에 관한 근로계약을 체결하여야 한다.
- 근로계약서에는 4가지 근로조건(임금, 소정근로시간, 휴일, 연차유급휴가) 및 취업의 장소와 업무 등이 반드시 기재되어야 하며, 서면 혹은 전자 근로계약을 체결하여야 한다(위반 시 500만 원 이하 벌금 부과, 근로계약서, 근로자명부, 임금대장, 근로계약 중요서류는 사업장에 비치하고 3년간 보관 의무).
- 근로계약 기간은 기간을 정하지 않거나 2년 이내의 기간을 정하여 체결할 수 있되(계약직) 2년을 초과하는 경우에는 무기계약자로 전환된다. 근로계약 체결 시 노동관계법령에 규정되는 근로조건 이하로 체결하는 것은 효력이 없다.
- 해고의 제한 및 서면 통지: 해고 절차가 까다로워지므로, 채용 단계부터 신중한 검토와 근로계약서 작성이 더욱 중요하다.

2. 임금 및 최저임금

- 사업주는 매월 1회 이상 일정한 날짜를 정하여 근로자에게 임금 전액을 지급해야 한다(위반 시 3년 이하 징역 또는 3천만 원 이하 벌금).
- 사업주는 근로자에 대하여 최저임금 이하로 급여를 지급할 수 없으며, 최저임금에 미달하는 근로계약은 무효가 되고 부족하게 지급된 임금은 추가로 지급하여야 한다(위반 시 3천만 원 이하 징역 또는 2천만 원 이하 벌금). 최저임금은 매년 최저임금법에서 고시하며, 수습기간(수습한 날로부터 3개월 이내) 동안에는 최저임금의 90% 적용이 가능하다.
- 최저임금은 매월 소정 근로시간에 대하여 정기적으로 지급되는 통상임금이며, 2019년 「최저임금법」 개정에 따라 최저임금에 산입되는 임금의 범위에 정기상여금, 현금성 복리후생비의 일부가 추가되었다.

3. 퇴직금

- 상시 종업원 1인 이상을 고용하는 사업주는 1년 이상 근무자(1주 평균 15시간 이상 근무) 퇴직 시 퇴직연금 또는 퇴직금을 지급하는 제도를 설정하여야 한다.
- 퇴직금 계산 방식은 근무연수 1년에 대하여 30일분(1개월분) 평균임금이고, 1년 미만 근무자에 대하여는 지급의무가 없다.
- 퇴직금은 최종 퇴직 시 지급(퇴직일로부터 14일 이내)하는 것이 원칙이나 주택 구입, 의료비 등 긴급한 일시금 수요의 사유가 있는 경우에 한하여 근로자 요청이 있을 시 근로 기간에 대한 퇴직금을 중간 정산할 수 있다.

4. 근로시간, 휴게시간, 주 휴일 및 연차 유급휴가

- 「근로기준법」상 근로시간은 1일 8시간, 1주 40시간을 초과할 수 없다. 1주 40시간을 초과하여 일을 하는 경우 근로자와 반드시 합의하여야 하며, 이 경우에도 주 52시간을 초과할 수 없다(5인 미만 사업장은 해당 없음). 주 52시간 근로시간제는 2018년 7월부터 300인 이상 사업장, 2020년 1월부터 50~299인 사업장, 2021년 7월부터 5~49인 사업장으로 점차 확대 도입되었으며, 2022년 말까지는 근로자 대표 서면 협의에 의해 주 52시간에 추가로 8시간 특별연장근로가 가능하며 주 60시간까지 근로시간을 정할 수 있다.
- 법정근로시간을 초과할 경우 연장근무수당, 야간(22시~익일 06시)에 근무할 경우 야간근무수당, 휴일(약정)에 근무할 경우 휴일근무수당을 통상임금의 50%를 가산하여 각각 지급하여야 한다. 만일 휴일에 8시간 초과 시에는 통상임금의 100%를 가산하여 지급하여야 한다.
- 단, 음식점의 경우 업종의 특수성으로 인하여 하루 8시간이 넘는 근무시간 또는 밤 10시 이후 근무 또는 휴일에 근무하는 경우가 많은데, 이때 근로계약 체결 시 업종의 특성에 따라 통상적으로 발생하는 연장·야간·휴일근무에 대한 법정 제수당을 월급(또는 일급)에 포함한다는 취지의 내용을 명확히 하면 별도로 연장·야간·휴일근무에 대한 수당을 지급하지 않아도 된다.

- 사업주는 근로시간이 4시간인 경우는 30분 이상, 8시간인 경우에는 1시간 이상의 휴게시간을 근무시간 중에 주어야 한다. 근로시간에는 업무 시작 전 준비시간(작업도구 준비, 작업지시, 회의 등), 업무 종료 후 정리시간(청소, 판매대금 정산, 물품 정리 등), 고객을 기다리는 대기 시간(식당, 의류판매, 병원 등)과 같이 사업주의 지휘, 감독 아래에 있는 경우가 모두 포함된다.
- 주휴일은 15시간 이상 근무하는 근로자가 1주일 동안 개근한 경우 사업주는 주 1회 이상의 유급휴일(주휴일)을 부여하여야 한다. 이때 유급으로 지급하는 수당을 주휴수당이라고 하며, 주휴수당은 1주 40시간 근무하는 경우 1일 8시간에 해당하는 임금을 지급하고, 단시간 근로자는 근로시간에 비례하여 지급한다(위반 시 2년 이하 징역 또는 2천만 원 이하 벌금).
- 1년 이상 근무자에게 연 15일의 연차유급휴가, 여성 근로자의 청구가 있으면 월 1일의 생리휴가(무급)를 지급하여야 한다.
- 연차유급휴가는 1년 이상 근무자에 대하여 1년간 80% 이상 출근한 경우 15일의 유급휴가를 부여하는 것이 원칙이나, 1년 미만 근무자나 1년간 80% 미만 출근자에 대해서는 개근한 월 수당 1일의 유급휴가를 부여해야 하고, 미사용 일수에 대하여는 연말에 연차수당을 지급하여야 한다.

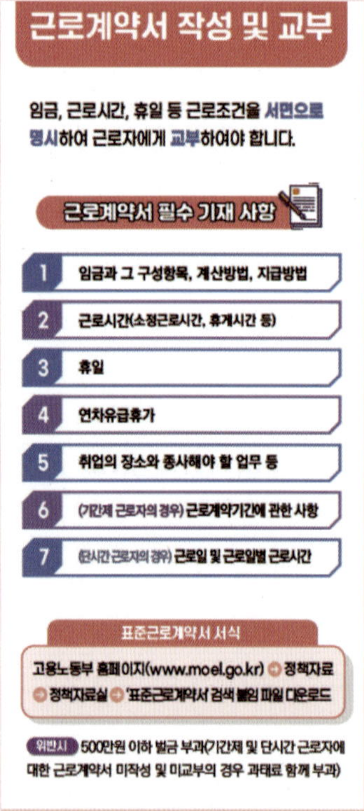

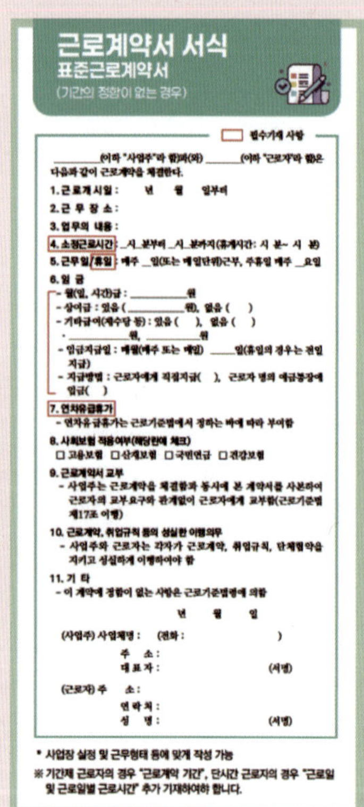

필수기재 사항

_____(이하 "사업주"라 함)과(와) _____(이하 "근로자"라 함)은 다음과 같이 근로계약을 체결한다.

1. 근로개시일 : 년 월 일부터
2. 근 무 장 소 :
3. 업무의 내용 :
4. 소정근로시간 : _시_분부터 _시_분까지(휴게시간: 시 분~ 시 분)
5. 근무일/휴일 : 매주 _일(또는 매일단위)근무, 주휴일 매주 _요일
6. 임 금
   - 월(일, 시간)급 : _____원
   - 상여금 : 있음 (_____원), 없음 ( )
   - 기타급여(제수당 등) : 있음 ( ), 없음 ( )
   · _____원, _____원
   - 임금지급일 : 매월(매주 또는 매일) ___일(휴일의 경우는 전일 지급)
   - 지급방법 : 근로자에게 직접지급( ), 근로자 명의 예금통장에 입금( )
7. 연차유급휴가
   - 연차유급휴가는 근로기준법에서 정하는 바에 따라 부여함
8. 사회보험 적용여부(해당란에 체크)
   □ 고용보험 □ 산재보험 □ 국민연금 □ 건강보험
9. 근로계약서 교부
   - 사업주는 근로계약을 체결함과 동시에 본 계약서를 사본하여 근로자의 교부요구와 관계없이 근로자에게 교부함(근로기준법 제17조 이행)
10. 근로계약, 취업규칙 등의 성실한 이행의무
   - 사업주와 근로자는 각자가 근로계약, 취업규칙, 단체협약을 지키고 성실하게 이행하여야 함
11. 기 타
   - 이 계약에 정함이 없는 사항은 근로기준법령에 의함

년 월 일

(사업주) 사업체명 : (전화 :)
주 소 :
대 표 자 : (서명)
(근로자) 주 소 :
연 락 처 :
성 명 : (서명)

* 사업장 실정 및 근무형태 등에 맞게 작성 가능
※ 기간제 근로자의 경우 "근로계약 기간", 단시간 근로자의 경우 "근로일 및 근로일별 근로시간" 추가 기재하여야 합니다.

자료 : 근로기준법, 매일경제(2025), 고용노동부, 한국프랜차이즈협회 홈페이지 자료 재구성.

사례 외식기업의 복리후생제도

외식기업	복리후생제도
맥도날드	단체 보험 지원, 건강 검진 지원, 명절 상여금 및 휴가, 경조사 지원, McFamily Coupon(직원할인 프로그램), 직원 전용 전자제품 할인몰, 기업 제휴 혜택, To the Future(맥도날드 산학협력 프로그램), YBM 어학원 수강 지원 , 워킹홀리데이, 우수직원 시상 'RGM어워드' 프로그램
CJ 푸드빌	보상·급여(4대 보험 적용, 야간, 심야, 휴일 수당 지급, 자녀 학자금 및 경조사비 지원, 장기근속에 따른 CREATIVE WEEK), 생활·편의(CJ푸드빌 브랜드 약 40% 할인, 해외여행 지원, TVING임직원 이용권, 생활구독서비스), 교육(CJ CAMPUS 수강, 어학 응시료 지원, 직무 교육 프로그램)
SPC	선택적 복리후생, 임직원 통합 할인(SPC그룹 모든 브랜드), PC-OFF제도(근무 시간 외 컴퓨터 사용 제한, 정시 출퇴근 문화 확립을 통한 워라밸 보장), 시차 출퇴근(유연 출퇴근제, 자기개발 및 생활 편의), 경조사 지원, 건강검진 지원(배우자 포함), 금연치료 프로그램 시행, 난임치료 휴가제, 임신기 근로시간 단축, 자녀 학자금 지원, 휴가 및 휴양시설 지원, UFO 데이 실시(매월 셋째 주 금요일 오후 1시에 조기 퇴근)
스타벅스	4대 보험 가입, 교육비 지원, 건강진단, 의료비 지원, 경조제도, 휴가제도, 사내 콘도 이용 가능, 선택적 복리후생 제도, 파트너 시음용 원두 지급, 오픈 파트너 조식 제공, 마감파트너 심야수당 제공, 신세계그룹 임직원 할인 혜택, 동호회, 포상제도
LOTTE GRS	건강(건강검진, 단체 보험), 여가(콘도지원), 교육/생활(이지러닝 학습비, 장기근속 포상휴가, 서클 활동 지원을 통한 워라밸 증진), 가족친화(경조사 지원, 임신·육아기 단축근무, 태아검진 휴가, 난임 휴가 및 지원금, 반려동물 휴가)

자료: 맥도날드, CJ푸드빌, SPC, 스타벅스, 롯데GRS 홈페이지.

② 비법정복리후생

- **경제적 복리후생**: 주택 대여·주택 소유를 위한 재정적 지원, 종업원과 가족의 교육비 지원, 급식, 구매 등 소비생활 보조, 퇴직금과 의료비 등 법정복리 이외의 추가 혜택 부여
- **보건 위생 복리후생**: 종업원 및 그 가족의 질병 치료 및 예방, 건강 유지 등 종업원의 건강한 생활을 보장하기 위한 제도나 시설을 제공
- **기타**: 문화, 체육, 여가 관련 복리후생, 휴가 및 실제 일하지 않은 날과 시간에 대한 보상

STEP 1
활동 사례
ACTIVITY

초고령 사회, 시니어 채용 늘리는 외식업계!

열린 채용

버거를 만드는 '사람들'의 회사

자료: 맥도날드 홈페이지.

최근에는 외식업계에서 일하는 노인을 쉽게 찾아볼 수 있다. 한국 '맥도날드'는 다양성을 존중하며 모두에게 기회를 지원하는 '포용'을 핵심 가치 중 하나로 삼으며, 연령에 상관없이 노인들에게도 안정적이고 의미 있는 일자리를 제공하기 위해 시니어 크루를 적극 채용하고 있다. 노년층 인력에 적합하도록 매장 시설과 원자재 관리 및 유지를 담당하는 메인터넌스(maintenance) 직무를 개발하여 이들을 활용하고 있어 2024년에는 노인복지 기여 공로를 인정받아 보건복지부 장관 표창을 수상한 바 있다. '롯데리아'는 10~20대 학생으로 이루어진 시간제 종업원의 근무시간 제한을 극복하기 위하여 오전 시간대에 자유롭게 근무가 가능한 실버직원을 채용하고 있다. 이들에게는 기기 작동이나 조리 파트의 직무보다는 플로어 업무 등 전반적인 매장 청결관리를 맡기고 있다. '버거킹'은 60세 이상 고령자, 주부, 장애인 등 취업소외계층의 채용과 합리적 임금체계 개편 등의 노력으로 고용노동부 지정 '2014년 사회적 책임실천 우수기업'으로 선정되었다. 한국노인인력개발원과의 협력을 통한 시니어 인턴십 채용, 시니어 배달원 사업 등을 시행하고 있다. '스타벅스'도 연령, 성별, 학력, 장애 여부 등 차별 없는 채용에 앞장서 오고 있으며, 현재 전국 1,700여 개 매장에서 2만 명이 넘는 파트너들을 모두 직접 고용하고 있다. 장애인, 중장년, 경력 단절여성 등의 취업 취약계층의 일자리 지원 역시 강화해 나가며 환경적·사회적 문제 해결에도 적극적으로 동참해 ESG 경영을 강화하며 고객이 신뢰하는 기업으로 성장했다.

은퇴한 장년층의 재취업을 돕는 프로그램도 개발되고 있다. 'CJ푸드빌'은 2013년 고용노동부와 함께 'CJ푸드빌 상생아카데미'를 설립하여 퇴직 이후 외식 창업을 준비하는 사람들을 위한 교육을 지원하기도 하였으며, 최근에는 50플러스 일자리 매칭 행사에 참여하여 주방종사원 채용을 지원하는 등 시니어 일자리 연계를 하고 있다.

자료: 매일경제(2024. 6. 10./10. 14.) 재구성.

1. 국내외 외식업체의 노인인력 채용 사례를 조사하고 현황을 파악해보자.
2. 국내 외식업의 노인인력 채용 확대 배경을 분석하고, 노인인력 채용의 긍정적 요소와 제한점에는 무엇이 있는지 생각해보자.
3. 자신이 외식기업 경영자라고 가정하고, 노인인력 채용에 대비하여 무엇을 준비해야 할지 논의해보자.

STEP 2
연습 문제
REVIEW

1. 외식기업의 채용 홈페이지에서 각 기업의 직급 종류, 주요 업무, 필요한 자질과 자격 요건을 조사해보자.
2. 외식기업의 인재상과 인사 채용 절차에 대해 알아보자.
3. 외식기업의 인력 선발에서 내부 모집과 외부 모집의 장단점에 대해 서술해보자.
4. 외식기업에서 실시 중인 교육·훈련 프로그램을 조사해보자.
5. 외식기업의 인사고과 시 주의해야 할 점을 설명해보자.
6. 외식사업경영 시 종업원의 이직률을 낮추기 위한 방안을 논의해보자.
7. 기업이 의무적으로 종업원에게 제공해야 하는 법정복리후생 4가지를 설명해보자.
8. 외식사업경영주가 알아야 할 「근로기준법」과 이를 위반한 사례를 조사해보자.

STEP 3
용어 정리
KEYWORD

- **인적자원관리** 조직의 목표 달성에 필요한 인적자원을 확보·개발·보상·유지하여 조직 내 인적자원을 최대한 효과적으로 활용하는 관리활동
- **직무** 다른 직무와 구별되는 주요한 일 또는 특징적인 일의 수행 측면에서 동일하다고 인식되는 직위들을 하나의 관리단위로 설정
- **직무기술서** 과업의 내용, 의무와 책임, 직무 수행에서 사용되는 장비 및 직무 환경 등 개괄적인 정보를 제공하는 서식
- **직무명세서** 특정 직무를 수행할 때 직무 담당자가 갖추어야 할 지식, 기술, 능력, 기타 신체적 특성과 인성 등의 인적 요건을 기록한 서식
- **직급** 직무의 등급으로 일의 종류나 난이도, 책임 정도가 비슷한 직위를 한데 묶은 최하위의 구분
- **모집** 수요 예측에 의해 결정된 인원을 기업의 적재적소에 배치하기 위해 인력을 선발하는 일련의 활동
- **선발** 조직이 필요로 하는 직무에 가장 적합한 자질을 갖춘 인력을 채용하는 과정
- **배치** 인력 선발 후 직무와 여건에 맞게 적절한 부서에 배속시키는 활동
- **현장 교육·훈련(OJT)** 현장 실습이라고도 하며, 업무를 직접 수행하면서 상사나 선배 및 동료로부터 업무에 대한 지식과 기능, 태도, 분위기, 관리 방식 등을 전수받는 교육·훈련활동
- **현장 외 교육·훈련(Off-JT)** 집합 교육이라고도 하며, 외부의 교육기관이나 연수기관에서 제공하는 각종 교육 훈련 프로그램에 참여하도록 하는 방법
- **승진** 조직 내에서 권한과 책임의 영역이 큰 상위의 직무로 수직 이동하는 것
- **인사고과** 조직에 대한 직원의 잠재적 유용성을 조직적으로 평가하는 제도
- **직무평가** 조직 내 공정한 임금 구조를 위한 기준을 마련하기 위해 직무의 가치를 평가
- **보상** 종업원이 제공한 노동에 대한 금전적 혹은 비금전적 대가
- **경제적 보상** 금전적인 대가로 주어지는 보상으로 임금, 복리후생 등
- **비경제적 보상** 교육 훈련 기회, 승진 기회, 쾌적한 직무환경 제공 등 비금전적인 보상
- **복리후생** 법정복리후생(건강보험, 국민연금, 산재보험, 고용보험)과 비법정복리후생(경제적 복리후생, 보건위생 복리후생, 기타)으로 구분

Restaurant Management:
A Strategic and Practical Approach

CHAPTER

08

고객서비스

외식산업의 고객은 단순히 식음료의 구매만을 위해 레스토랑을 방문하지 않는다. 테이블을 예약하고 음식을 주문하여 서비스와 분위기를 즐기는 등 즐겁고 추억이 되는 고객 경험에 핵심적인 역할을 하는 것이 바로 서비스이다. 서비스는 재화(goods)와 같은 하나의 개체가 아니라 일련의 행위(activities) 또는 과정(process)으로 전달된다. 서비스는 고객과 떨어져서 생각할 수 없다. 따라서 서비스 실패에 대한 고객 반응을 제대로 이해하고 불만고객을 효과적으로 관리함으로써 서비스 회복(service recovery)을 통해 고객만족을 이끌어내야 한다.
본 장에서는 외식서비스의 개념과 특성, 서비스관리 개념에 대해 알아보고 고객관리와 관련된 고객접점관리, 고객만족과 불만족, 서비스 회복, 고객관리 전략에 대해 살펴보고자 한다.

STARBUCKS RESERVE™ BAR

스타벅스 리저브 바(Reserve Bar)는 스타벅스의 프리미엄 매장으로, 고객 취향에 맞춰 원두를 선택하고 추출방식도 직접 고를 수 있도록 설계한 매장이다. 일반 스타벅스 매장과는 차별화된 고객서비스를 제공하기 위함이다. 스타벅스 리저브 바에서는 숙련된 바리스타가 스페셜티 원두를 다양한 추출기구를 이용하여 고객에게 차별화된 커피 경험을 제공한다.

WHERE MY TASTE STAYS

나의 취향이 머무는 곳, STARBUCKS RESERVE™ 입니다.

BREW GUIDES

추출 방식에 따라 즐기는 다채로운 경험, 스타벅스 리저브 커피

어떤 추출 방식을 선택하는지에 따라 커피가 가진 향과 풍미는 달라집니다.
부드럽고 깔끔한 풍미부터 진하고 강렬한 매력까지,
스페셜티 커피가 다양한 추출 방식을 만나 여러분의 커피 경험을 더욱 완벽하게 만듭니다.

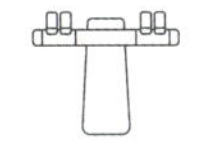

Starbucks Oviso™
스타벅스 오비소

Black Eagle
블랙 이글

Pour Over
푸어 오버

Chemex
케맥스

Cold Brew
콜드 브루

Clover®
클로버

자료: 스타벅스 리저브 홈페이지.

1. 서비스

1) 서비스의 개념

서비스(service)란 유형의 상품(goods) 이외의 생산이나 소비에 관련한 모든 경제활동을 일컫는다. 서비스의 정의는 서비스의 어떤 특징에 초점을 맞추었느냐에 따라 조금씩 다르다. 서비스에 대한 몇몇 정의를 살펴보면 다음과 같다.

- 미국마케팅협회(AMA)에서는 "서비스란 판매를 위하여 제공된 또는 제품의 판매와 관련된 활동, 편익, 만족"이라고 정의하였다.
- 코틀러(Kotler)는 "서비스란 한쪽 편이 상대편에게 제공하는 편익이나 활동으로, 무형적이며 소유권 이전이 수반되지 않는다. 서비스의 생산은 물질적인 상품과 연결될 수도 있고 그렇지 않을 수도 있다."고 정의하였다.

2) 서비스의 특성

서비스는 무형성, 비분리성(동시성), 이질성(비일관성), 저장불능성(소멸성)의 4가지 특성이 있다. 외식상품은 유형의 상품에 해당하는 음식과 이를 제공하는 데 관련된 서비스로 구성된다. 따라서 외식서비스의 특성을 이해하고 적절한 대응 전략을 세워야 한다(그림 8-1).

(1) 무형성

서비스는 유형의 제품과는 달리 형태가 없는 **무형성(intangibility)**을 지닌다. 서비스는 소비자가 구매 전까지 만지거나 볼 수 없기 때문에 성능을 평가하며 그 가치를 파악하는 것이 어렵다.

서비스가 무형성의 특징을 가지기 때문에 고객들은 서비스를 제공받기 전에 앞으로 제공받을 서비스에 대해 불확실성을 느끼게 되어 구매를 주저하게 되기도 하고, 서비스에 관한 정보와 신뢰를 얻기 위한 유형의 증거를 찾으려고 노력한다.

서비스의 무형성 특성은 외식기업이 극복해야 할 주요 과제이다. 예를 들어, 레스토랑에 도착한 고객이 처음 대하게 되는 레스토랑의 외형이나 레스토랑 내부 환경, 청결 상태 등은

서비스의 특성		대응 전략
무형성 intangibility	구매 전에는 볼 수도, 맛볼 수도, 들을 수도 없다.	실체적 단서를 제시하라.
비분리성(동시성) inseparability(simultaneity)	접객 종업원은 제품의 일부이다.	종업원의 선발과 교육에 전력하라.
이질성(비일관성) heterogeneity(inconsistency)	서비스 품질은 누가, 언제, 어디서, 어떻게 제공하느냐에 따라 달라진다.	서비스의 표준화 또는 개별화 전략을 도입하라.
저장불능성(소멸성) perishability	서비스는 저장할 수 없다.	수요와 공급 간의 조화를 이루어라.

그림 8-1 서비스의 특성 및 대응 전략

자료: Philip Kotler(2013) 재구성.

뉴욕의 셰이크 섁(Shake Shack) 패스트푸드 레스토랑은 밖에서도 안이 훤히 보이는 윈도 박스형(Window Box) 매장으로, 소비자가 직접 서비스를 경험하지 않고도 패스트푸드 레스토랑임을 인식할 수 있다.
유형적 단서를 제공함으로써 제공하는 제품과 서비스에 대한 소비자 기대감을 유발시키고 추구하는 무형적 이미지를 가시화한 사례이다.

서비스는 비분리성(동시성)을 가지므로 고객의 행동이 다른 고객에게 불쾌한 영향을 미치지 않도록 통제·관리해야 한다.

그 레스토랑이 얼마나 잘 운영되고 있는지를 무언 중에 방증한다. 따라서 여러 가지 유형적 요소들이 무형적 서비스의 질에 대한 신호를 제공해주고 있다는 것을 인식해야 한다. 고객은 서비스를 받기 전에 그들이 받을 서비스에 대하여 모르기 때문에 서비스 마케터들은 유형적 증거를 제공해야 한다. 음식 모형, 유니폼, 직원의 용모 및 레스토랑의 물리적 환경 등은 외식서비스를 유형화하는 데 도움을 준다.

(2) 비분리성(동시성)

서비스는 제공자에 의해 만들어짐과 동시에 고객에 의해 소비되는데, 이를 생산과 소비의 **비분리성(inseparability)** 또는 **동시성(simultaneity)**이라고 한다.

고객이 음식을 주문하면 주방에서 음식이 생산되고, 생산된 음식은 즉시 고객에 의해 소비된다. 서비스의 경우에는 유형제품과 달리 소비 발생 시 서비스 제공자가 그 자리에 존재해야 한다. 서비스 제공자가 고객에게 어떠한 수준의 서비스를 제공하는가는 고객의 반복 구매에 영향을 미친다. 동일한 시간과 장소에 존재하는 다른 고객의 행동 또한 서비스의 질에 영향을 준다.

예를 들어, 연인들이 레스토랑에서 조용하고 로맨틱한 분위기를 즐기려고 하는데 큰소리로 떠드는 다른 고객을 만난다면 불쾌한 경험을 하게 될 것이다. 따라서 서비스 제공자는 고객의 행동이 다른 고객의 경험에 나쁜 영향을 미치지 않도록 적절히 통제하고 관리해야 한다.

(3) 이질성(비일관성)

레스토랑 서비스 매뉴얼

자료: CreateSpace Independent Publishing Platform; 1st edition (February 16, 2014).

서비스는 유형의 제품처럼 동질적이지 않아서 표준화하기 어렵다. 이를 서비스의 **이질성**(heterogeneity) 혹은 **비일관성**(inconsistency)이라고 한다. 같은 서비스를 제공하더라도 서비스를 전달하는 사람의 숙련도, 전문성, 시간, 장소에 따라 차이가 생긴다. 서비스가 요구되는 상황 또한 각기 다르기 때문에 질적 수준을 항상 동일하게 관리하는 데는 한계가 있다.

외식산업의 특성상 수요 변동의 폭이 큰 성수기에는 서비스의 품질을 유지하기 어려운 것도 서비스의 이질성 혹은 비일관성 때문이다. 이러한 특징은 고객을 실망시키는 주요 원인이다. 따라서 회사의 이미지와 의견을 묻는 고객만족조사를 하거나 종업원 교육을 실시하여 서비스의 이질성을 극복하도록 해야 한다. 외식업체에서 서비스의 일관성을 창출할 수 있는 전략으로는 고용 및 훈련 진행 절차에 대한 투자, 조직 전체의 서비스 수행 절차 표준화, 고객만족감시 등의 방안이 있다.

(4) 저장불능성(소멸성)

제품은 대량으로 생산한 후 재고로 보관해두었다가 나중에 판매해도 품질에 큰 문제가 생기지 않는다. 하지만 서비스는 재고화하거나 저장할 수 없다. 이와 같은 특성은 외식산업에서 매우 중요한 측면이다. 음식은 유형의 상품이지만 생산 후 바로 소비하지 않으면 가치가 손상되어 재고화할 수 없으므로 그 자체를 서비스로 보는 것이 타당하다.

예를 들어, 뷔페에서 총 100인분의 음식 중 60인분만 판매되었다고 하자. 여기서 남은 40인분은 저장해두었다가 다음날 새로 만든 음식과 같이 판매할 수 없다. 내일이 되면 오늘과 같은 품질을 유지할 수 없기 때문이다. 생산되었으나 판매되지 않은 40인분에 대한 수익은 영원히 소멸된다.

이러한 서비스의 **저장불능성** 때문에 과잉 생산에 의한 손실과 과소 생산으로 인한 이익 기회의 상실이라는 문제가 발생한다. 이를 해결하기 위해 서비스의 수요와 공급이 조화를 이루게 하는 전략이 필요하다. 외식업체에서는 수요에 따라 생산계획을 변경한다거나 교차 직무 교육(cross job training)을 시행하여 직원 간 상호 업무 지원이 가능하도록 한다.

3) 서비스 이윤 사슬

Heskett 등(1994)은 서비스 품질과 고객만족에 대한 연구를 통해 **서비스 이윤 사슬(service profit chain)** 모델을 제시하였다. 서비스 이윤 사슬은 내부서비스 품질, 내부고객(직원)만족, 서비스 생산성, 고객만족, 고객충성도, 수익성 간의 연계관계를 잘 나타내준다(그림 8-2).

서비스 이윤 사슬에 의하면 우수한 직원의 선발과 교육·훈련을 통해 내부 서비스 품질을 높이면 직원이 만족하고 이직률이 낮아져 직원 유지율이 높아지고 직원의 생산성이 증가한다. 이는 외부 고객을 대상으로 한 서비스의 가치, 고객만족과 충성도, 재구매율의 증가로 이어져 매출 및 수익을 증대시킨다. 이는 다시 내부서비스 품질을 높이는 선순환을 이룬다.

메리어트 그룹의 회장인 빌 메리어트는 직원 채용 시 지원자들에게 기업이 만족시켜야 하는 3개 집단, 즉 고객, 직원, 주주를 어떤 순서로 만족시켜야 하는지 질문한다. 대부분의 지원자들은 고객이 먼저 만족해야 한다고 응답한다. 그러나 빌 메리어트는 직원이 먼저 만족해야 한다고 설명한다. 직원이 자기 일을 좋아하고 자부심을 느끼면 고객서비스 품질이

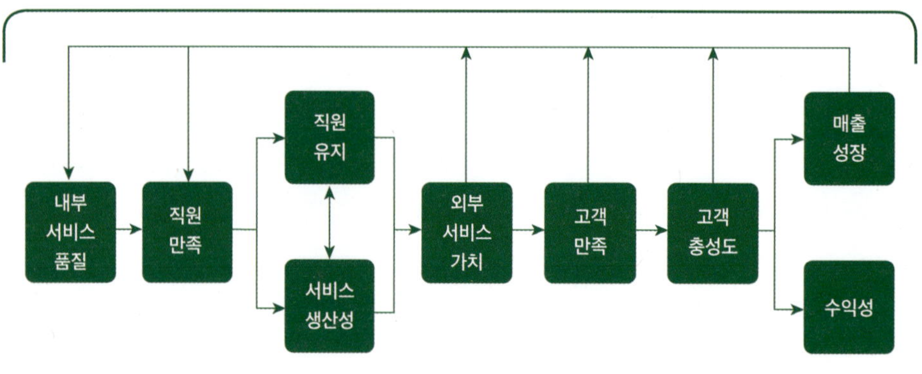

그림 8-2 서비스 이윤 사슬

자료: Kotler, P., Bowen, J. T., & Baloglu, S. (2025).

좋아지고, 이에 만족한 고객들이 호텔을 재방문하게 된다. 또한 만족한 고객을 대하는 직원들의 직원 만족도가 높아져 더 훌륭한 서비스를 창출하게 되고, 이것이 더 많은 고객의 재방문을 불러와 최종적으로는 메리어트 그룹의 주주들을 만족시킬 만한 이익을 창출하게 된다는 것이다.

사례 아웃백스테이크하우스: '아웃배커(Outbacker)'가 만드는 환대(Hospitality)의 가치

고객 만족의 출발점은 내부 고객인 종업원의 만족에서 시작된다는 '서비스-수익 사슬(service-profit chain)'의 원리는 외식 경영에서 변함없는 진리이다. 아웃백스테이크하우스는 종업원을 '아웃배커(Outbacker)'로 부른다. 단순한 노동력을 제공하는 종업원이 아닌 브랜드 가치를 전달하는 핵심 인력으로 여기고, 직원들에 대한 투자가 곧 고객 서비스의 질적 향상으로 이어진다는 신념을 실천하는 것이다.

아웃백은 직원들의 성장을 위한 경로 설계와 내부 승진 제도를 통해 종업원들에게 장기적인 비전을 제시한다. 파트타이머에서 출발해 매니저가 되고 매장의 점주까지 오른다. 우수 직원 포상 제도, 장기 근속자 혜택을 제공하여 소속감을 높이고 있다. 이는 업계 평균보다 낮은 이직률과 높은 서비스 숙련도로 이어진다.

아웃백에서 운영하는 '스테이크 아카데미'에서는 전문적인 스테이크 조리기술과 서비스 마인드를 함양하기 위한 정기 교육이 이루어진다. 아웃백만의 스테이크가 만들어지는 과정, 쇠고기의 부위별 특징, 굽기 팁, 그리고 스테이크에 대해 아웃백이 지켜온 철칙과 자부심을 고객과 소통하기 위해 만든 교육 프로그램이다. 원육, 숙성 방법, 커팅이나 굽는 방법에 따라 달라지는 스테이크 맛을 일정하게 유지하기 위해 직원들을 대상으로 매년 수차례 교육을 실시한다. 이러한 교육으로 직원들이 단순한 서빙을 넘어 고객에게 전문적인 메뉴 큐레이션을 제공할 수 있도록 돕는다.

아웃백의 종업원 중심 문화는 현장에서 고객이 체감하는 아웃백만의 환대로 나타난다. 담당 서버가 고객 눈높이에 맞춰 무릎을 굽히고 주문을 받는 퍼피독(Puppy dog) 서비스나 고객의 사소한 요구를 선제적으로 파악해 대응하는 밀착형 서비스는 기술로 대체할 수 없는 인간적인 온기를 제공한다. 경쟁사들이 비용 절감을 위해 서비스를 축소할 때 오히려 사람에 대한 투자를 강화함으로써, 불황 속에서도 충성 고객을 확보하고 브랜드 경쟁력을 공고히 하는 '서비스 가치 창출'의 선순환 모델을 보여주고 있다.

자료: 아웃백스테이크하우스 홈페이지.

2. 고객관리

1) 고객 접점관리

서비스 접점(service encounter)은 고객과 서비스 제공자 간의 직접적인 상호작용이 발생하는 순간이다. 보다 광의의 개념에서 보면 서비스 접점은 일정 기간 고객이 직접적으로 서비스와 상호작용하는 모든 것을 포함한다. 서비스 제공자, 물리적 설비, 다른 가시적 요소들을 포함한 고객이 인지하는 모든 대상과의 접촉을 서비스 접점이라고 볼 수 있다. 최근에는 서비스 접점을 서비스 제공자와 고객과의 상호관계로 이해하던 기존 개념을 확장하여 서비스 기업의 모든 면이 고객과 접점을 형성하게 되는 것으로 간주한다.

서비스 접점은 고객의 만족을 좌우한다. 고객이 처음 대하게 되는 최초의 접점은 그 외식기업의 첫인상을 결정할 확률이 높다. 고객이 외식기업과 다중 상호작용(multiple interactions)을 하는 경우에도 각 개별 접점은 기업의 전반적인 이미지를 형성하는 데 영향을 미친다. 각각의 서비스 접점에서 긍정적인 경험이 많을수록 기업의 전반적인 이미지는 좋아질

사례 한국 산업의 서비스품질지수

한국서비스품질지수(KS-SQI)는 한국표준협회(KSA)와 서울대학교 경영연구소가 우리나라 서비스 산업과 소비자 특성을 반영하여 공동 개발한 서비스품질 측정을 위한 종합지표이다. KS-SQI는 서비스품질 수준을 과학적으로 측정할 수 있는 모델로, 2000년 개발되어 한국마케팅학회 춘계 학술대회 및 마케팅연구, 한국서비스경영학회지 등에 발표하여 이론적 검증을 받았으며, 매년 한국표준협회와 중앙일보가 공동으로 조사 발표한다.

2025 KS-SQI 1위 인증기업 중 외식 분야에서는 부문(업종)별로 패스트푸드 맥도날드, 제과점 파리바게뜨, 커피전문점 스타벅스, 배달앱 요기요 등이 1위를 차지했다.

자료: 한국표준협회 홈페이지 재구성.

것이고, 부정적인 경험이 많을수록 반대의 결과를 낳을 것이다. 외식기업과 고객 간의 상호작용 결과는 기업의 성공에 중요한 영향을 미치므로 서비스 접점을 잘 관리해야 한다.

서비스 접점에서 서비스 제공자와 고객이 접촉하는 짧은 순간을 '진실의 순간(Moment of Truth, MOT)' 또는 '결정적 순간'이라고 한다. 매우 짧은 시간이지만 고객들은 서비스에 대한 인상을 결정하고 이러한 경험을 바탕으로 서비스 품질을 인식하기 때문에 매우 중요하다. 결정적 순간의 개념을 도입한 스칸디나비아항공의 CEO 얀 칼슨(Jan Carlzon)은 저서 《고객을 순간에 만족시켜라: 진실의 순간》에서 항공사의 1인 고객에 대한 1회 응대시간이 평균 15초이며, 고객과 만나는 짧은 순간이 서비스 품질을 결정짓는 중요한 순간임을 역설하였다.

고객이 레스토랑에서 종업원과 대면하여 서비스를 제공받는 것 자체를 결정적 순간으로 보기도 하지만, 레스토랑에 대한 정보를 검색하면서 접하는 광고와 레스토랑 선택 후 해당 장소에 도착하여 주차장에 차를 세우고 로비를 거쳐 테이블에 앉아 식사를 하고 계산을 한 후 떠나는 일련의 과정에서도 결정적 순간을 경험하게 된다. 종업원과 고객의 접촉은 물론이고, 고객과 물리적인 환경과의 접촉까지 고객이 접하는 모든 것이 결정적 순간 그 자체이며 이러한 결정적 순간에 발생하는 영향에 대한 대응 전략은 매우 중요하다.

고객과의 서비스 접점을 세부적으로 파악하기 위해서는 **서비스 청사진(service blueprint)**을 이용해 고객과 기업이 만나는 모든 접점을 분석하여 관리할 수 있다. 서비스 청사진은 기업이 고객에게 서비스를 전달하는 방법을 하이라이팅하여 전체적인 서비스를 묘사하는 것으로 고객과 종업원 사이의 상호작용과 서비스의 가시적 측면을 보여주며 서비스의 모든 프로세스를 나타낸다. 그림 8-3의 패밀리레스토랑 서비스 청사진은 상호작용선, 가시선, 내부적 상호작용선을 기점으로 크게 물리적 환경, 고객 행동, 종업원 행동, 지원 프로세스로 나누어져 있다.

상호작용선은 고객과 종업원의 직접적 접촉이 이루어지는 서비스 접점의 활동을 말하며, 가시선은 고객에게 보이는 행동과 보이지 않는 행동의 경계선으로 종업원의 현장 또는 주방에서의 활동을 나타낸다. 내부적 상호작용선은 서비스 접점과 식재료의 정보 시스템이나 POS 시스템, 교육·훈련활동과 같은 지원활동을 구분짓는다. 서비스 프로세스 과정을 고객의 관점에서 파악하기 위해서는 청사진의 왼쪽에서 오른쪽 방향으로 서비스 전달과정을, 종

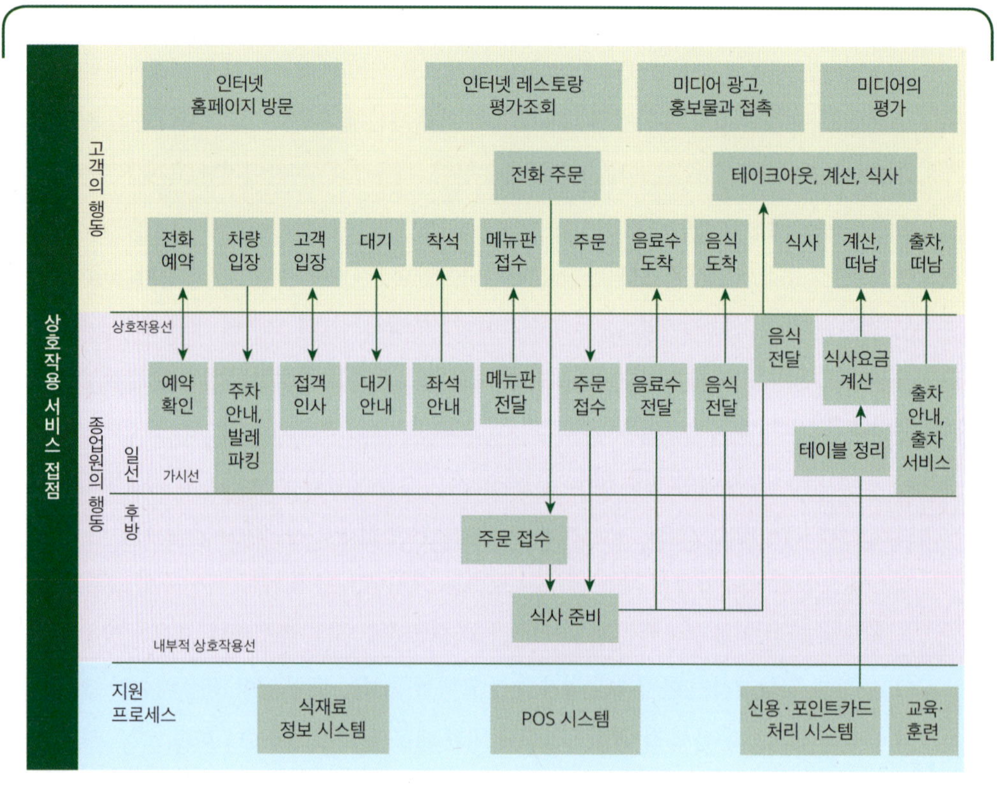

그림 8-3 패밀리레스토랑의 서비스 청사진

자료: 조미나(2006).

업원의 관점에서는 수평선의 가시선 위와 아랫부분을 살펴보도록 한다. 서비스 프로세스의 중요 요소를 파악하기 위해 청사진을 수직으로 분석할 수도 있다.

2) 고객만족과 불만족

(1) 고객만족

많은 외식기업이 경영 목표로 삼는 고객만족(customer satisfaction)이란 무엇일까? **고객만족**은 고객들이 외식업체가 제공한 음식과 서비스가 자신들의 기대 수준에 부합하거나 높다고 인식할 때 형성되는 태도적 반응이다(그림 8-4). 고객이 기대한 것에 미치지 못한다고 느낀다면 불만족을 형성하게 될 것이고, 반대로 만족한 고객은 재구매를 통해 고정고객이 될 것이다. 만족한 고객이 전하는 구전효과는 신규 고객을 창출하는 데 기여하는 반면, 불만족한 고객은 본인뿐만 아니라 주변의 잠재고객도 떠나게 만들기 때문에 보다 중요하게 다루어야 한다.

고객만족의 기본적 구성 요소에는 상품과 서비스, 그리고 현재 기업이 중요시하는 브랜드 이미지가 포함된다. 고객은 외식 브랜드를 통해 기대가치를 인식하고 이용 후 실제 사용가치에 대한 만족 정도를 표시한다. 고객만족은 기업의 성과와 직접적으로 연결되기 때문에 고객만족 중심의 경영을 하는 것은 매우 중요하다.

고객만족경영(customer satisfaction management)은 고객만족을 중심적 목표로 설정하고 이를 달성하기 위해 모든 경영활동이 이루어지는 기업경영이다. 상품과 서비스 이용 전의 기대치와 이용 후의 만족도를 조사하여 고객이 불만족스럽게 느끼는 내용을 기업활동을 통해 개선·보완하고, 나아가 지속적으로 소비자의 욕구를 충족시키기 위해 수행하는 기업활동이라고 할 수 있다.

상품과 서비스에 대한 고객만족을 창출하기 위해서는 기업 내부에 시스템을 구축하여 만족도를 정량적으로 측정할 필요가 있다. 그 결과에 따라 상품과 서비스 및 사내 풍토를 조직

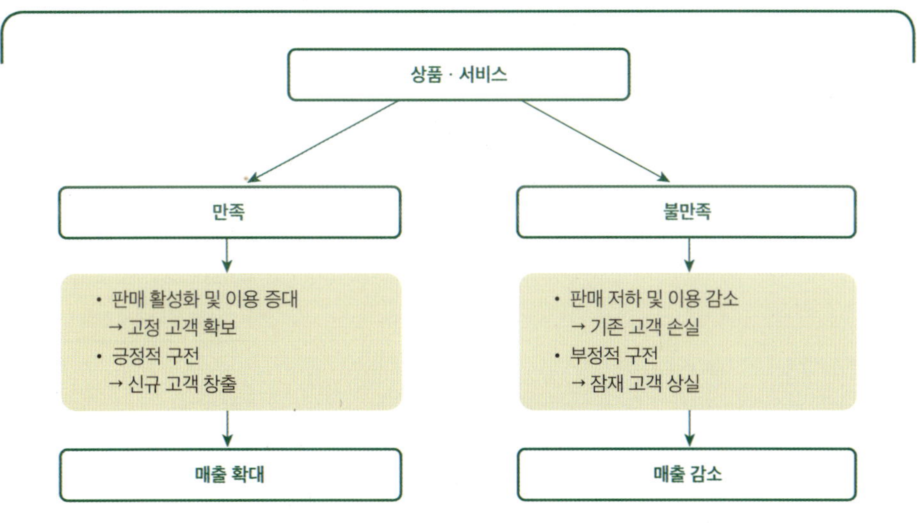

그림 8-4 고객만족의 중요성

적으로 개선·혁신하고 효과적인 불만처리를 통해 고객만족을 극대화하는 등 고객 중심 경영을 전개해야 한다.

고객만족이 기업 경쟁력의 원천으로 대두됨에 따라 외식산업에서 고객만족을 다각도로 측정하고 있다. 각 외식기업이나 외식업체에서 개별적으로 시행하고 있는 고객만족도 측정이나 KCSI(Korean Customer Satisfaction Index, 한국산업의 고객만족도) 지표와 같은 산업별 고객만족도를 통해 외식기업은 고객의 만족도를 가늠해볼 수 있다. KCSI는 1992년 이래 해마다 측정되고 있다. 이 중에서 외식산업과 관련된 영역은 '일반 서비스업'으로 제과·제빵점, 커피 전문점, 패밀리레스토랑, 패스트푸드점, 피자 전문점 영역에서 고객만족도 우수 브랜드를 매년 발표하고 있다.

(2) 고객불만족

외식기업의 다양한 노력에도 불구하고 완벽한 서비스를 제공하여 모든 고객들을 만족시키기란 매우 어려운 일이다. 따라서 외식기업들은 서비스 실패로 인한 피해가 심각하다는 것을 인식하고 즉각적인 대응으로 손실을 최소화해야 한다. 다음 그림 8-5는 불만족한 고객의 행동 패턴을 보여준다. **불만족한 고객** 중 63%의 대다수는 침묵한 채 불만을 표현하지 않는

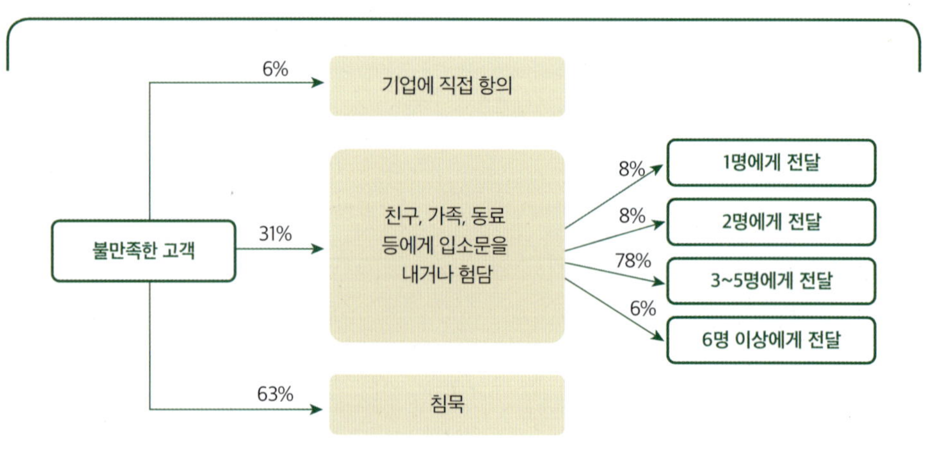

그림 8-5 불만족한 고객의 행동 패턴

자료: 와튼연구소(2006).

다. 31%는 친구, 가족, 동료 등 주변 사람에게 불만족스러웠던 경험을 전달한다. 해당 기업에 직접 항의하는 경우는 6%밖에 되지 않는다. 기업은 고객이 느끼는 불만족을 파악하지 못하며 이를 만회할 기회도 갖지 못한다.

미국의 기술지원연구소(Technical Assistance Research Programs Corporation) 연구 결과에 따르면 불평하는 고객 1명당 불만족하지만 불평하지 않는 고객이 26명이라고 한다. 불만족한 고객은 8~16명의 주변 사람에게 자신의 경험을 이야기하고, 이들 중 10%는 20명 이상에게 자신의 경험을 이야기한다. 따라서 3명이 불평을 한다면 1,000명의 잠재고객이 해당 기업에 대한 좋지 않은 평을 듣게 될 수 있다. 이들의 연구 결과는 불만족한 고객에 의해 기업이 인식하지 못하는 동안 얼마나 많은 사람들이 해당 기업에 대한 부정적인 평을 듣게 되는지를 단적으로 보여주며, 그 파급효과의 심각성을 일깨워준다.

불만족한 고객이 자신의 불만족을 해당 기업과의 관계에서 해결하지 못한 채 기업과의 관계가 끝나면, 근접성 효과(recency effect)에 의해 다음 구매 시 그 기업의 제품과 서비스에 대한 기대를 형성하는 데 부정적인 영향을 받는다. 부정적인 경험은 긍정적인 경험보다 생생하게 기억되므로 영향력이 더욱 크다.

3) 서비스 회복

서비스 회복(service recovery)이란 서비스 실패를 교정하고 시정하는 것이다. 서비스 회복이 중요한 이유는 서비스의 특성상 전달과정에서의 실패가 불가피하고, 고객의 기억에 오래 남으며 결국 고객의 이탈을 불러오기 때문이다.

서비스 실패에 대한 신속한 해결과 문제해결 노력은 충성고객을 확보하는 결정적인 수단이 된다. 서비스 회복은 서비스 품질과 고객의 충성도를 결정하는 가장 중요한 요인 중 하나이다. 그러나 기업의 수익률에 직접적인 영향을 미치고 있음에도 많은 외식기업의 경영자들은 서비스 회복에 거의 관심을 두지 않는다.

서비스 회복은 고객의 유지와 확보에 매우 중요하다. 효과적인 제품이나 서비스 전달을 통해 처음부터 만족한 고객보다, 처음에는 불만을 느꼈지만 사후 처리과정에서 만족한 고객의 전체적인 만족도가 더욱 높은 경향을 나타내기 때문이다. 이것을 서비스 회복의 역설(service recovery paradox)이라고 한다. 즉, 사후 처리를 잘할 경우, 고객만족의 실패를 효

불만고객에 대한 피드백과 고객반응

- 상품이나 서비스에 대해 불만을 갖고 있는 고객 중 단지 4%만이 불평한다. 나머지 96%는 불평하는 것이 귀찮다고 생각한다.
- 불평하는 4%는 불평하지 않는 96%의 사람들보다 서비스 제공자와 관계를 지속하고 싶어 한다.
- 불평하는 사람 중의 60%는 불평하는 문제가 해결되면 계속 남을 것이다. 문제가 신속하게 해결되면 불평하는 사람 중 95%가 계속 남을 것이다.
- 불만고객은 그들이 경험한 문제를 12~20명에게 이야기한다.
- 문제가 해결된 고객들은 약 5명의 사람들에게 그들의 경험을 이야기한다.

자료: Fitzsimmons(2007).

과적으로 만회할 수 있고 고객 충성도를 더욱 제고할 수 있다.

서비스 회복과 불평처리(complaint handling)는 모두 고객을 유지하기 위한 전략으로 사용되지만 서비스 회복이 불평처리보다 훨씬 더 포괄적인 활동이다. 서비스 회복은 서비스 실패가 발생하였으나 고객이 불평하지 않는 상황까지 포함하기 때문이다.

서비스 실패가 발생한 상황에서도 다음의 경우에는 불평하지 않을 수 있다. 첫째, 고객이 불평할 수 있는 제도적 장치가 없거나 불평하기를 원하지 않는 경우, 둘째, 일선 종업원이 서비스 실패를 먼저 인식하고 고객에게 이를 인정했기 때문에 고객이 불평할 필요가 없는 경우로 예를 들어 레스토랑에서 웨이터가 음식이 늦게 나오는 것을 인지하고 고객에게 사과한 후 무료 음료를 가져다주는 경우 등이다. 따라서 서비스 회복의 시작점은 고객이 공식적으로 불평하는 시점이 아니라 서비스 실패가 발생한 순간이라고 보는 것이 타당하다. 서비스 실패가 발생한 상황에서는 고객이 불평하지 않더라도 고객을 만족시키고 유지하기 위해 서비스 회복 노력이 필요한 경우가 많이 있다.

초연결성(hyper - connectivity)을 특징으로 하는 디지털 환경 변화에 따라 외식기업에서의 불만족 고객 관리와 서비스 회복 양상이 달라지고 있다. 불만족을 경험한 고객은 과거처럼 관리자에게 직접 항의하기보다 온라인 플랫폼에 불특정 다수에게 경험을 공유하는 방식을 택한다. 이제 서비스 회복은 단순한 문제 해결을 넘어 기업의 생존을 좌우하는 중요한 전략이 되었다.

그림 8 - 6은 서비스 회복 프로세스를 보여준다. 서비스 회복 프로세스는 4단계로 이루어

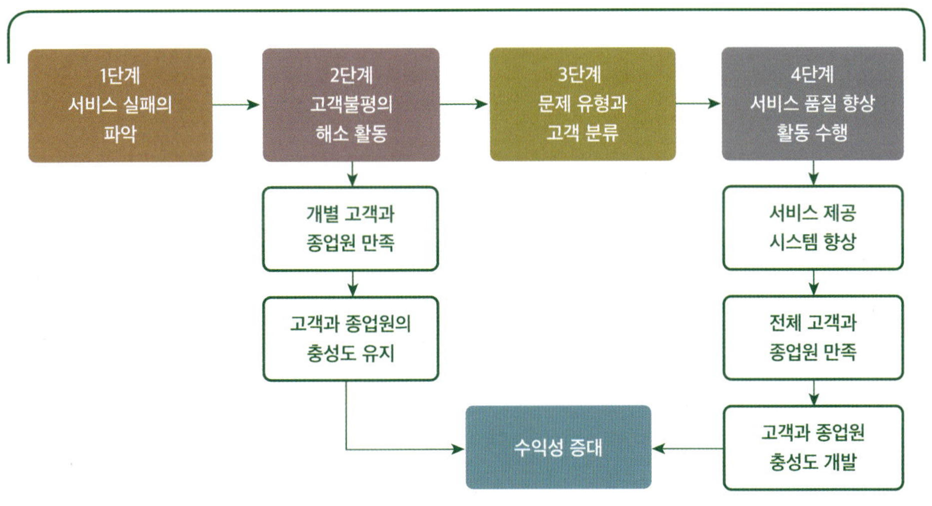

그림 8-6 서비스 회복 프로세스

자료: Kotler, P., Bowen, J. T., & Baloglu, S. (2025).

진다. 서비스 실패를 파악하는 것은 서비스 회복 프로세스의 첫 번째 단계로, 이 단계에서는 불만을 가지고 있는 고객이 가능하면 자신의 생각을 편하게 이야기할 수 있게 하는 것이 중요하다. 고객의 불평 사항을 파악하기 위해 고객 의견카드나 홈페이지에 의존하는 방법에는 한계가 있으며, 고객들은 간접적인 불평보다는 종업원이나 관리자에게 직접 불평하는 것을 더 선호하므로 고객에게 서비스하는 과정에서 불만을 파악해야 할 것이다.

두 번째 단계는 개별 고객 불평을 해소하는 활동이다. 고객불만의 원인이 고객에게 있는

서비스 회복의 핵심

- 고객을 잃었을 때 소요되는 비용을 계산한다.
- 불만이 있으나 불평하지 않는 고객이 불평할 수 있도록 한다.
- 서비스 회복에 대한 요구(기대)를 예측한다.
- 빠르게 대처한다.
- 종업원을 훈련시키고 권한을 부여한다.
- 고객에게 개선된 점을 알린다.

경우라도 불평하는 고객의 부정적인 구전효과를 고려할 때 물질적인 회복을 고려해볼 수 있다. 물질적 회복은 할인쿠폰부터 환불까지 종류가 다양하며 물질적으로 회복을 해준다는 것 자체가 중요하다고 할 수 있다.

세 번째 단계는 문제를 유형화하고 고객을 분류하는 단계이다. 이는 불평 상황을 해결하는 2단계와 4단계를 연결해주는 단계로 개별 상황이 하나의 사건으로 치부되지 않고 전체 프로세스 개선에 기여하게 한다. 사례를 데이터베이스(database)화하는 과정으로 이는 관계 마케팅에 필수적인 사항일 뿐만 아니라 최근 그 활용도가 높아지고 있는 개별 마케팅의 도구로도 활용할 수 있을 것이다. 불만 사항을 정리할 때는 실제 불평 내용을 가능한 구체적으로 기술한 자료를 보관하고, 그 내용을 검토하여 정기적으로 추후 분류를 시도하는 것이 바람직하다. 고객 불평 상황의 해결에 참여했던 종업원의 보고를 통해 고객의 반응 자료를 모아서 고객의 유형을 분류할 수도 있다.

네 번째 단계는 서비스 품질 향상 활동 수행 단계이다. 3단계에서 정리된 자료는 서비스 품질 전달 프로세스를 개선하기 위한 유용한 자료로 활용될 수 있다. 이 단계를 통하여 불평 상황에 개입했던 해당 고객과 종업원의 만족 창출이 전체 고객과 종업원의 만족을 이끌어낼 수 있도록 기획하는 것이 바람직하다. 이를 위해서는 비록 고객 불평 사항의 내용이 부정적이더라도 그 자료를 공개하는 개방적인 자세가 필요하다. 여기에는 불평 내용뿐만 아니라 그 불평이 해결된 과정도 포함되어 있어 고객이나 종업원의 신뢰를 형성할 뿐만 아니라 불평이 없을 때보다 만족도를 더욱 높일 수 있는 '서비스 회복 역설'의 효과도 노릴 수 있기 때문이다.

4) 고객관리 전략

(1) 고객관계관리

고객과의 관계(customer relationship)에 초점을 두지 않은 기업들은 종종 고객을 정확히 파악하지 못한다. 과거에는 기업이 기존 고객을 지속적으로 관계를 유지할 가치가 있는 자산이라고 생각하기보다는 새로운 고객을 유치하는 데 주력해왔다. 신규 고객 확보에만 열을 올리는 기업은 종종 단기적인 촉진이나 가격 할인, 광고에만 의존하여 장기고객 유치가 어려워지는 함정에 빠진다. 반면 고객과의 관계 형성 전략(relationship strategy)을 채택하면 고객을 깊이 있게 이해할 수 있기 때문에 그들의 변화하는 욕구와 기대를 보다 잘 충족시킬 수 있다.

1990년대 초반 고객만족을 위해 구체적으로 무엇을 어떻게 할 것인지에 대한 방법론으로 **고객관계관리(Customer Relationship Management, CRM)**의 개념이 등장하였다. 고객관계관리는 개인이나 기업이 전략적으로 고객에게 가치를 제공하고 관계를 지속하는 것이다.

고객관계관리는 신규 고객의 획득보다는 기존 고객의 유지와 향상에 초점을 맞추는 사업 철학이며 전략적 지향성이다. 관계마케팅은 '고객들은 그들이 원하는 가치를 찾아 계속적으로 제공자를 바꾸기보다는 한 조직과 지속적으로 관계를 맺는 것을 선호한다'는 것을 전제로 한다. 이와 같은 CRM의 기본 정신은 IT의 발달에 힘입어 고객과의 관계를 시스템적으로 관리할 수 있는 방향으로 발전하였으며, 외식업에도 CRM이 활발히 도입되어 활용되고 있다.

(2) 고객경험관리

2000년대 초반부터 등장한 **고객경험관리(Customer Experience Management, CEM)**는 IT 중심적이고 기업 중심, 판매 중심에 치우쳤던 CRM에 대한 비판에서 비롯되었다. CRM은 고객 데이터베이스를 가지고 타기팅(targeting)을 위한 분석에만 매달렸을 뿐, 정작 고객과의 커뮤니케이션은 소홀했다는 것이다. 이러한 비판과 함께 고객과의 관계를 잘 맺기 위해서는 고객이 좋은 체험을 해야 한다는 기본 전제하에 고객경험관리의 개념이 등장하였다.

본격적으로 CEM의 개념을 체계화한 슈미트에 의하면 CEM은 체험의 관점에서 고객관계를 관리해야 한다는 방법론으로 브랜드를 접하는 접촉점들에 있어서 고객의 경험을 좋게 만들어가는 활동이다. **표 8-1**은 커피 전문점의 주문 대기 접점에서 발생할 수 있는 긍정 경험과 부정 경험을 나열한 것이다. 즉, CEM은 고객접점관리의 개념과도 연결된다.

고객경험관리는 4단계의 프로세스를 거치게 되는데, 먼저 고객의 경험 세계를 분석하고 경험적 기반을 확립한 다음 차별적 경험을 디자인하고 마지막으로 지속적인 혁신을 이루는

사례 포인트에 가치를 더하는 방법: SPC와 CJ의 차별화된 멤버십 전략

"SPC, 여름방학 결식 아동 '해피포인트' 지원 8년째 이어간다"

SPC그룹은 초록우산어린이재단과 함께 결식 우려 아동에게 4,000만 원 상당의 해피포인트를 지원했다고 16일 밝혔다.

'SPC 해피포인트 지원사업'은 지난 2017년부터 8년째 지속 진행해온 SPC의 대표 사회공헌 프로그램이다. 방학 중 발생하는 아동 급식 문제를 예방하고자 결식 우려 아동들에게 파리바게뜨, 배스킨라빈스, 던킨, 파스쿠찌, 빚은 등 전국 6,600여 개의 SPC 계열 매장에서 현금처럼 사용이 가능하도록 충전된 해피포인트 카드를 지원한다.

해피포인트 지원사업을 통해 2017년 여름방학부터 매 방학마다 현재까지 총 16회에 걸쳐 전국의 약 1만 5,000여 명의 아동에게 누적 7억 2,000만 원 상당의 해피포인트를 전달해왔다.

이번 여름방학에는 초록우산어린이재단과 한국지역아동센터연합회를 통해 선정된 전국 400명의 결식 우려 아동들을 대상으로 총 4,000만 원 상당의 해피포인트를 전달했다.

아동들이 소외감과 낙인감을 느끼지 않도록 일반 고객들이 사용하는 카드 형태와 동일한 형태의 카드로 지급되며, 다양한 메뉴 구성과 많은 브랜드 매장으로 아동들이 언제 어디서나 편리하게 사용할 수 있도록 했다.

SPC관계자는 "해피포인트 지원은 다양한 브랜드와 많은 매장 수, IT기술을 갖춘 SPC그룹만이 할 수 있는 사회공헌 사업"이라며 "이번 해피포인트 지원을 통해 복지사각지대에 놓인 아이들이 건강한 방학을 보낼 수 있기를 희망한다"고 전했다.

자료: AP신문(2024. 7. 16.).

"CJ올리브네트웍스, 'CJ 원' 앱 리뉴얼… 혜택 공유 커뮤니티 신설"

CJ올리브네트웍스가 라이프스타일 멤버십 'CJ 원' 애플리케이션(앱)을 전면 개편, 회원 혜택과 사용 편의성을 강화했다.

CJ 원은 3,100만 명 회원을 보유한 멤버십 서비스로, CJ 브랜드 등 60여 개 브랜드를 연결해 생활·편의, 여행, 교육 등 다양한 카테고리로 멤버십 혜택을 제공한다.

이번 리뉴얼을 통해 포인트 적립·사용을 넘어 회원이 직접 콘텐츠를 제작하고 보상을 받는 참여형 플랫폼으로 전환한다.

이를 위해 혜택 공유 커뮤니티를 신설했다. 할인 이벤트, 앱테크 꿀팁, 한정판 상품 구매 방법 등 실생활에 도움이 되는 혜택 정보를 회원들이 자유롭게 작성하고 공유할 수 있는 커뮤니티를 운영한다.

활동 리워드 제도 '포인트 씨앗'을 도입해 커뮤니티를 활성화한다. 작성한 글이 '좋아요'를 받거나, 다른 회원의 글에 '좋아요'를 10회 이상 남기는 등 커뮤니티 활동을 하면 포인트 씨앗이 적립된다.

포인트 씨앗은 CJ 원 포인트로 전환할 수 있어 활동을 활발하게 할수록 더 많은 포인트를 모아 유용하게 사용할 수 있다.

자료: 전자신문.

표 8-1 커피 전문점 점포 내부 경험의 예

동선	분류	긍정 경험	부정 경험
주문 대기	대기 시간	• 대기 시간이 짧음 • 대기 고객을 위한 서비스가 있음 • 주문한 상품이 빨리 나옴 • 대기 고객이 혼잡해하지 않도록 안내해줌 • 대기 시 음료 혹은 푸드를 먹어볼 수 있도록 서비스함	• 대기 시간이 긺 • 대기 고객을 위한 서비스가 없음 • 주문한 상품이 빨리 나오지 않음 • 대기 고객이 혼잡해하지 않도록 안내하지 않음 • 대기 시 음료 혹은 푸드를 먹어볼 수 있도록 서비스하지 않음
	메뉴	• 위생적으로 음료를 만듦 • 내가 원하는 음료를 만들어줌 • 내가 원하는 대로 사이드 메뉴를 준비해줌 • 진열된 푸드가 넉넉함 • MD 상품 진열이 충분함	• 음료를 위생적으로 만들지 않음 • 원하는 음료를 만들어주지 않음 • 내가 원하는 대로 사이드 메뉴를 준비해주지 않음 • 진열된 푸드가 넉넉하지 않음 • MD 상품 진열이 충분하지 않음
	직원	직원들이 업무에 집중하고 있음	• 직원들이 잡담을 하고 있음 • 직원들이 간식을 먹고 있음

자료: 강여화(2011).

것이다. 고객의 경험을 관리하기 위해서는 가장 먼저 고객의 경험을 분석해야 하며, 이는 고객 통찰의 출발점이 된다. 경험적 기반을 확립하는 것은 고객에게 제공하고자 하는 경험적 가치의 콘셉트를 확립하는 것이다. 예를 들어, 스타벅스는 단순히 커피를 판매하는 곳이 아닌 '편안한 쉼터'라는 경험적 가치의 콘셉트를 갖고 있다. 다른 곳에서는 경험할 수 없는 차별적 가치를 고객에게 제공하고, 지속적인 혁신을 통하여 항상 새로운 경험을 제공하는 것이다. 기업은 이 모든 과정을 통해 고객의 경험을 성공적으로 관리할 수 있다.

STEP 1
활동 사례
ACTIVITY

"로봇 바리스타가 커피 타주는 성수동 무인 카페 가보니…"

서비스 로봇 스타트업 엑스와이지, 무인로봇 카페 '라운지엑스' 운영
바리스타 로봇 '바리스브루', 주문·제조·서빙 전 과정 무인 수행

라운지엑스는 서비스 로봇 기술 스타트업 엑스와이지(XYZ)가 자체 개발한 로봇 바리스타 기술을 적용한 무인화 카페다. 교보문고와 협업해 매장 내에는 다양한 도서가 비치되어 있으며, 같은 건물 내 별도 공간에서도 책과 커피를 함께 즐길 수 있도록 꾸몄다.

엑스와이지는 2019년 사람과 로봇이 협업하는 1호점 '라운지엑스'를 시작으로, 2022년부터는 완전 무인형 카페 '라운지엑스 알(LOUNGE X:AR)'을 카카오 판교 등지에 선보였다.

바리스브루는 주문·결제, 실시간 관제, 음료 제조, 스낵 픽업, 음성 안내 및 음악 재생 등 카페

서울 성수동 무인로봇 카페 '라운지엑스' 외관
© 설재윤 기자

기능을 수행한다. 지난해 공개된 바리스브루 3.0은 기존 제품 대비 크기가 축소됐으며, 스마트픽 업존, 인공지능(AI) 비전기술, 보이스오더 기능 등이 개선 및 추가 적용됐다. 또한 1평 남짓 공간에서도 운영 가능한 콤팩트 모델 '바리스브루X'와 함께 출시해 선택지를 넓혔다.

엑스와이지는 지난 6월에는 '라운지엑스 24h 원그로브점'을 정식 오픈하며, 매장 확장에 나섰다. 향후 성수, 마곡을 기점으로 전국 주요 도심 상권에 무인로봇 카페 모델을 확대할 계획이다.

누적 고객 주문 데이터는 약 70만 건 이상에 달하며, 이를 기반으로 공동 투자형 로봇 카페 모델을 통해 다음해까지 100여 개 매장 확장을 목표로 하고 있다. 공동 투자형 모델이란 투자자는 일정 기간 내 원금 이상의 수익이 보장되는 라운지엑스 직영점에 간접 투자하는 방식을 말한다.

엑스와이지는 로봇 비전·AI·HRI(Human-Robot Interaction) 기술을 중심으로 지속적인 연구개발(R&D) 투자를 이어가고 있다.

엑스와이지 관계자는 "라운지엑스는 단순한 무인 카페를 넘어 기술이 사람의 경험을 확장시키는 공간을 지향한다"며 "앞으로도 로봇과 인간이 공존하는 새로운 일상 문화를 만들어갈 것"이라고 말했다.

자료: 아이뉴스24(2025. 10. 21.) 재구성.

1. 로봇 바리스타가 어떠한 방식으로 외식 서비스를 제공하는지 조사해보자.
2. 기술을 고객서비스에 적용하는 것의 장단점을 논의해보자.
3. 외식업계 고객서비스에 향후 등장하게 될 테크놀로지를 어떻게 적용할 수 있을지 생각해보자.

STEP 2
연습 문제
REVIEW

1. 서비스의 4가지 특성을 설명하고, 이에 대한 대응 전략을 수립해보자.
2. 외식산업의 서비스관리에서 서비스 이윤 사슬의 이점을 기술해보자.
3. 서비스 접점의 정의를 내리고 서비스 접점의 중요성을 설명해보자.
4. 외식산업에서 서비스에 실패했을 때, 즉각적인 대응이 필요한 이유를 불만족한 고객의 행동패턴과 연관지어 설명해보자.
5. 서비스 회복과 불평처리의 차이점에 대해 나열해보자.
6. 고객관계관리(CRM)과 고객경험관리(CEM)의 차이점에 대해 설명하고, 외식업체의 구체적인 실천 사례를 찾아보자.

STEP 3
용어 정리
KEYWORD

- **서비스** 판매를 위하여 제공된 또는 제품의 판매와 관련된 활동, 편익, 만족
- **서비스의 특성** 무형성, 비분리성(동시성), 이질성(비일관성), 저장불능성(소멸성)
- **서비스 이윤 사슬** 우수한 직원의 선발과 교육·훈련을 통해 내부 서비스 품질을 높이면 직원이 만족하고 이직률이 낮아져 직원 유지율이 높아지고 직원 생산성이 증가하며, 이로 인해 외부 고객을 대상으로 한 서비스의 가치가 높아져 고객이 만족하고 충성도가 높아져 재구매율이 높아지며 매출 및 수익이 증가하게 되어, 이는 다시 내부 서비스 품질을 높이게 되는 선순환을 이루게 됨
- **서비스 접점** 좁은 의미로는 고객과 서비스 제공자 사이의 직접적인 상호작용이 발생하는 순간. 넓은 의미로는 일정기간 동안 고객이 직접적으로 서비스와 상호작용하는 것이며, 서비스 제공자, 물리적 설비, 다른 가시적 요소들을 포함한 고객이 인지하게 되는 모든 대상과 접촉하는 것
- **MOT** 서비스 접점에서 서비스 제공자와 고객이 접촉하는 짧은 순간을 가리켜 '진실의 순간' 또는 '결정적 순간'이라 함
- **서비스 청사진** 기업이 고객에게 서비스를 전달하는 방법을 하이라이팅하여 전체적인 서비스를 묘사하는 것이며, 고객과 종업원 사이의 상호작용과 서비스의 가시적 측면을 보여주는 것으로

서비스의 모든 부분은 프로세스로 나누어짐

- **고객만족** 고객이 외식업체에 의해 제공된 음식과 서비스가 자신들의 기대 수준에 부합하거나 높다고 인식할 때 형성되는 태도적 반응
- **고객만족경영** 고객만족을 중심적 목표로 설정하고 이를 달성하기 위해 모든 경영활동이 이루어지는 기업경영. 외식업체에서 고객의 상품과 서비스 이용 전 기대치와 이용 후의 만족도를 조사하여 고객이 불만족스럽게 느끼는 내용을 기업활동을 통해 개선·보완하고, 나아가 지속적으로 소비자의 욕구를 충족시켜 나가기 위해 수행되는 기업활동
- **서비스 회복** 서비스 실패를 교정하고 시정하는 것
- **고객관계관리** 신규 고객의 획득보다는 기존 고객의 '유지'와 '향상'에 초점을 맞추는 사업철학이자 전략적 지향성
- **고객경험관리** 체험의 관점에서 고객관계를 관리해야 한다는 방법론. 브랜드를 접하는 접촉점들에서 고객의 체험을 좋게 만들어가는 활동

CHAPTER

09

마케팅 커뮤니케이션

마케팅 커뮤니케이션(Marketing Communication)이란, 기업이 자사의 상품이나 서비스를 목표 고객에게 인식시키고, 궁극적으로 구매 행동으로 유도하기 위해 다양한 정보와 혜택을 전달하는 마케팅 활동을 말한다.

외식 산업의 경쟁이 점차 치열해짐에 따라 많은 외식기업들은 고객의 요구에 부합하는 메뉴와 서비스 개발을 위해 상당한 시간과 비용을 투자하고 있다. 그러나 이러한 상품 개발 노력만큼이나, 출시된 제품을 목표 고객에게 효과적으로 전달하고 긍정적인 이미지를 형성하는 활동 또한 중요하다.

고객이 상품의 존재를 인지하지 못하거나 매력을 느끼지 못한다면 구매로 이어지기 어렵다. 따라서 마케팅 관리자는 고객의 관심을 유도하고, 방문과 구매로 이어질 수 있도록 가장 효과적인 커뮤니케이션 수단을 선택하여 전략적으로 실행해야 한다.

본 장에서는 마케팅 커뮤니케이션의 기본 개념을 시작으로, 광고(advertising), 판매촉진(sales promotion), 인적판매(personal selling), 홍보 및 PR(public relations), 다이렉트 마케팅(direct marketing) 등 주요 프로모션 수단을 살펴본다. 마지막으로, 이러한 수단들을 통합적으로 기획하고 실행하는 마케팅 커뮤니케이션 전략 수립 과정을 다룬다.

외식업계의 프로모션

SPC그룹은 2025년 가을을 맞아 주요 외식 브랜드가 참여하는 통합 프로모션인 '2025 다이닝 페어'를 개최했다. 이번 행사는 외식 수요가 완만히 회복되는 시점에 맞춰 고객 방문을 촉진하고 브랜드 재방문율을 높이기 위해 기획된 것이다. SPC의 라그릴리아, 베라, 퀸즈파크 등 패밀리 레스토랑 · 카페형 브랜드들이 공동으로 참여하여, 2인 세트 메뉴나 디저트 세트를 중심으로 최대 30% 할인 혜택을 제공한다. 또한 일부 매장에서는 무료 사이드 증정 이벤트나 한정판 메뉴를 함께 운영해 소비자 체험을 극대화했다.

이 프로모션은 계절성 요인을 활용한 단기 판매촉진(sales promotion)의 대표적 사례로 평가된다. 가격 인센티브와 세트 구성을 통해 구매 위험을 낮추고, 브랜드 간 시너지를 통해 고객 접근성을 넓힌 점이 특징이다. 특히 세트 메뉴 중심의 전략은 커플 · 가족 단위 고객을 주요 타깃으로 하여 식사 단가를 유지하면서 객단가 상승을 유도하는 효과가 있다.

기업 입장에서는 외식 경기 침체 속에서도 가시적인 매출 상승과 고객 유입 효과를 기대할 수 있고, 소비자는 합리적 가격으로 프리미엄 외식 경험을 누릴 수 있다. 다만 할인율이 높을수록 수익성 저하나 '할인 의존형 소비'로 이어질 위험이 존재해 장기적 관점의 브랜드 가치 유지 전략이 병행되어야 한다. SPC의 '다이닝 페어'는 외식업계가 시즌 · 브랜드 · 고객 세그먼트를 결합해 단기 매출 증대와 고객 경험 향상을 동시에 달성한 성공적인 프로모션 사례로 분석된다.

자료: 한국경제(2025. 9. 12.) 재구성.

1. 마케팅 커뮤니케이션의 개념

마케팅 커뮤니케이션(marketing communication)은 기업이 자사의 상품이나 서비스를 현재 혹은 잠재 고객에게 알리고, 구매를 설득하며, 나아가 구매 행동을 촉진할 수 있는 다양한 인센티브를 제공하는 활동을 의미한다.

고객의 욕구(needs)와 욕망(wants)에 부합하는 상품을 개발하더라도, 그 존재를 충분히 알리지 못하거나 경쟁사 대비 우위 요소를 효과적으로 전달하지 못하면 구매로 이어지기 어렵다.

따라서 기업은 다양한 커뮤니케이션 수단을 활용하여 고객이 상품을 인지하고 긍정적인 이미지를 형성하도록 설득해야 하며, 이러한 의미에서 마케팅 커뮤니케이션은 '마케팅 프로모션(marketing promotion)'으로도 불린다. 마케팅 커뮤니케이션은 단순한 정보 전달이 아니라, 사전에 기획된 메시지를 목표 고객에게 효과적으로 전달하여 인식시키는 것을 목적으로 한다.

이를 수행하기 위한 주요 수단을 **마케팅 커뮤니케이션 믹스(marketing communication mix)**라고 하며, 여기에는 광고(advertising), 홍보 및 PR(public relations & publicity), 판매촉진(sales promotion), 인적판매(personal selling), 다이렉트 마케팅(direct marketing) 등이 포함된다.

이러한 수단들은 각각의 목적에 따라 개별적으로 활용될 수도 있지만, 통합적이고 일관된 메시지를 통해 고객에게 더 큰 설득 효과를 제공할 수 있다. 이처럼 여러 커뮤니케이션 도구를 전략적으로 결합해 사용하는 접근을 **통합적 마케팅 커뮤니케이션(Integrated Marketing Communication, IMC)**이라고 한다.

IMC는 고객의 경험 전반에 걸쳐 기업의 메시지를 일관되게 유지함으로써 브랜드 인지도와 신뢰도를 높이는 데 핵심적인 역할을 한다.

2. 마케팅 커뮤니케이션의 수단

외식업과 같은 서비스 산업은 제조업에 비해 고객과의 접점이 다양하기 때문에 보다 폭넓은 커뮤니케이션 수단을 활용할 수 있다.

최근에는 페이스북, 인스타그램, 유튜브, 트위터 등 소셜 미디어(social media)가 소비자와의 상호작용을 강화하고 참여를 유도하는 핵심적인 커뮤니케이션 채널로 부상하고 있다. 각 커뮤니케이션 수단은 그 특성과 효과, 비용 구조에서 차이를 보인다.

예를 들어, 광고(advertising)는 다수의 소비자에게 상품이나 서비스를 빠르게 인식시킬 수 있는 효율적인 수단이지만, 제작비와 매체 비용이 높다는 한계가 있다.

반면, 인적판매(personal selling)는 고객과의 직접적인 커뮤니케이션을 통해 구매 결정을 유도하는 데 효과적이나, 대중적 파급력은 제한적이다.

또한 홍보용 기사(publicity)는 신뢰성을 높이는 장점이 있지만, 언론 매체의 편집권에 따라 기업이 의도한 메시지를 완전히 통제하기 어렵다는 단점이 있다.

현대의 마케팅 커뮤니케이션은 이러한 수단들을 독립적으로 사용하는 것보다 상호 보완적으로 결합하여 통합적으로 운영하는 경향이 강하다. 예를 들어, 판매촉진(sales promotion)의 일환으로 경품 이벤트를 기획했다면, 이를 홍보하기 위해 광고 및 소셜 미디어 채널을 병행하여 노출 효과를 극대화할 수 있다.

이처럼 기업은 목표 달성을 위해 다양한 커뮤니케이션 수단을 전략적으로 조합해야 하며, 마케팅 담당자는 각 수단의 특성과 효과를 정확히 이해하고 상황에 가장 적합한 커뮤니케이션 믹스를 선택·운영할 역량을 갖추어야 한다.

표 9-1 마케팅 커뮤니케이션의 수단

유형	종류	도달 범위	장점	단점
광고	TV, 인쇄, 인터넷, 옥외광고 등	광범위	신속, 메시지 통제 가능	효과 측정의 어려움, 정보의 양 제한
PR 및 홍보	기업광고, 언론매체, 컨퍼런스, 특별 이벤트, 스폰서십, 박람회 등		높은 신뢰성	통제의 어려움, 간접 효과
판매촉진	가격 할인, 샘플, 쿠폰, 경품, 경연대회 등		인지도 향상, 빠른 효과	경쟁사 모방 용이
인적판매	인적판매, 고객서비스, 텔레마케팅, 구전 등	개별고객	정보의 양과 질이 탁월, 즉각적인 피드백	느린 속도
기타	홈페이지, PPL, 음성메일, 기업 로고, 건물 내부 인테리어, 장비, 직원 유니폼 등	보통	서비스의 무형성 극복	정량화가 어려움

1) 광고

광고(advertising)는 광고주가 자사 브랜드 또는 상품을 목표시장(target market)이나 청중(audience)에게 알리고, 구매를 유도하거나 촉진하기 위해 TV, 라디오, 신문, 잡지 등 다양한 매체를 활용하여 메시지를 전달하는 대표적인 마케팅 커뮤니케이션 수단이다.

광고는 제품의 장기적 브랜드 이미지 형성과 단기적 판매촉진을 모두 목적으로 하며, 한 번의 노출만으로도 대규모 소비자에게 동시에 접근할 수 있다는 장점을 가진다.

그러나 비대면(非對面) 방식이기 때문에 인적판매만큼의 직접적 설득력은 낮으며, 상대적으로 높은 제작비와 매체비용이 수반된다는 한계가 있다.

광고매체 중 가장 대표적인 형태는 TV 광고이다. TV 광고는 비용이 매우 높지만, 도달률(reach)과 주의 환기력(attention - getting power)이 뛰어나 소비자의 인지도를 단기간에 높일 수 있다. 이에 따라 외식기업에서는 신메뉴 출시나 시즌 한정 상품의 홍보 시 TV 광고를 적극적으로 활용하여 브랜드 노출과 판매촉진 효과를 극대화한다. 이 외에도 신문·잡지 등 인쇄매체(print media), 옥외광고(outdoor advertising), 라디오 광고(radio advertising) 등이 지속적인 브랜드 인지도 제고를 위한 유용한 수단으로 사용된다.

최근 인터넷과 디지털 기술의 발전으로 인해 온라인 광고(online advertising)의 중요성이 급격히 증대되고 있다. 온라인 광고는 쌍방향 커뮤니케이션(interactive communication)이 가능하며, 시공간의 제약이 없고 24시간 노출이 가능하다는 점에서 기존 전통 매체와 구별된다. 또한 컴퓨터와 데이터베이스 기반으로 운영되기 때문에 광고의 노출 빈도, 수신 여부, 클릭 반응률 등의 정보를 정량적으로 기록·측정할 수 있어, 이는 데이터베이스 마케팅(database marketing) 및 맞춤형 광고 전략(personalized advertising)의 기초 자료로 활용된다. 전통적 매체 광고는 광고 노출 시점과 실제 구매 시점 사이의 시간적 간극이 존재하지만, 온라인 광고는 노출 즉시 상품 인지 → 검색 → 예약 및 구매로 이어지는 즉시 반응 구조(immediate response)를 형성할 수 있다.

온라인 광고는 형태와 전달 방식에 따라 다양하게 분류된다. 주요 유형으로는 배너 광고(banner ad), 텍스트 광고(text ad), 키워드 광고(keyword ad), 이메일 광고(email marketing), 온라인 이벤트(event promotion) 등이 있다. 이러한 광고는 메시지 전달 방식에 따라 푸시형(push type)과 풀형(pull type)으로 구분된다.

푸시형 광고는 기업이 소비자에게 광고 메시지를 능동적으로 밀어내는 방식으로, 웹페이지 배너, 콘텐츠 삽입 광고, 전자우편(email) 발송 등이 이에 해당한다. 풀형 광고는 소비자가 자발적으로 광고에 접근하도록 유도하는 방식으로, 기업이 운영하는 홈페이지나 SNS 채널을 중심으로 고객의 방문과 참여를 유도한다.

현대의 외식산업에서는 이 두 방식을 상호보완적으로 결합한 통합 디지털 광고 전략(integrated digital advertising strategy)을 구축함으로써, 소비자 접점을 다각화하고, 효율적인 브랜드 인지도 및 구매전환율(conversion rate)을 높이는 데 주력하고 있다.

2) PR 및 홍보

PR(Public Relations)과 **홍보(Publicity)**는 일반적으로 혼용되지만, 그 개념 범위에는 차이가 있다.

PR은 기업이 대중과의 우호적 관계를 형성하고 유지하기 위해 수행하는 일련의 커뮤니케이션 활동 전반을 의미하며, 홍보는 그중에서도 비용을 직접 지불하지 않고 언론매체를 통해 기업 활동이나 상품 정보를 기사나 뉴스 형식으로 노출시키는 구체적 활동을 가리킨다. 따라서 홍보는 PR의 하위 개념이라 할 수 있다.

PR은 소비자가 기업의 활동을 직접 보고 경험할 수 있도록 함으로써 신뢰감을 형성하는 데 효과적인 마케팅 커뮤니케이션 수단이다. 예를 들어, 레스토랑 오픈 시 언론인 및 인플루언서를 초청하여 진행하는 프레스 이벤트(press event)나, 기업 차원의 사회공헌활동(Corporate Social Responsibility, CSR)은 대표적인 PR 활동에 해당한다.

과거에는 이러한 사회공헌활동이 일부 기업의 이념적 실천 수준에 머물렀으나, 최근에는 브랜드 이미지 제고와 사회적 책임 이행의 일환으로 외식기업 전반에서 활발히 전개되고 있다.

홍보는 직접적인 판매를 목표로 하는 광고와 달리, 기업이나 상품에 대한 긍정적인 인식을 형성하기 위한 정보 전달 활동을 말한다. 즉, 고객이 자연스럽고 신뢰감 있게 기업의 메시지를 받아들이도록 하는 데 목적이 있다. 홍보의 장점은 비용 효율성과 높은 신뢰도에 있으나, 언론매체가 기사 내용을 편집·선정하는 권한을 갖기 때문에 기업이 커뮤니케이션 방향을 완전히 통제하기 어렵다는 한계도 존재한다. 따라서 기업의 의도가 왜곡되거나 핵심 메시지가 누락될 위험이 있다. 이러한 한계를 보완하기 위해 많은 외식기업은 신규 브랜드 또는 매장 오픈 시 '프레스 키트(press kit)'를 사전에 제작하여 언론사에 배포한다. 프레스 키트에는 기업 개요, 신메뉴나 매장 콘셉트, 주요 인물 인터뷰, 대표 이미지 등이 포함되어 언론이 기사를 작성할 때 기업이 전달하고자 하는 메시지가 일관되게 반영되도록 지원하는 역할을 한다.

외식기업에게 있어 가장 효과적인 홍보 형태 중 하나는 사진기사를 통한 시각적 홍보(photographic publicity)이다. 보도기사는 그 내용이 언론사에 의해 통제되지만, 사진기사는 실제 촬영된 이미지 자체로 메시지를 전달하기 때문에 보다 직접적이고 감성적인 커뮤니케이션 효과를 기대할 수 있다. 특히 레스토랑의 인테리어, 메뉴 비주얼, 셰프의 조리 장면 등은 고객의 시각적 만족과 호기심을 자극하여 브랜드 인지도와 호감도를 높이는 데 매우 효과적이다.

이처럼 PR과 홍보는 단순히 정보를 전달하는 수준을 넘어, 브랜드 신뢰 구축과 장기적

이미지 형성의 핵심 수단으로 기능하며, 외식기업의 지속 가능한 성장을 위한 전략적 커뮤니케이션 자산으로 평가된다.

3) 판매촉진

판매촉진(sales promotion)은 제품이나 서비스의 구매를 촉진하기 위해 단기적인 인센티브를 제공하는 활동을 말한다. 판매촉진은 단기적인 매출 증대 효과가 크고, 새로운 브랜드나 메뉴에 대한 고객의 인지도를 빠르게 높이는 역할을 한다. 그러나 장기적인 브랜드 선호도나 고객 관계 구축의 측면에서는 광고나 인적판매에 비해 상대적으로 효과가 제한적이다. 광고나 인적판매가 고객에게 구매할 이유를 제시하는 활동이라면, 판매촉진은 고객이 지금 바로 구매하도록 설득하는 활동이라고 할 수 있다.

판매촉진의 수단은 일반적으로 가격지향적 판매촉진과 비가격지향적 판매촉진으로 구분된다.

가격지향적 판매촉진에는 **가격 할인(price-offs)**과 환불·상환(refunds and rebates)이 있다. 가격 할인은 상품의 가격을 낮추어 고객을 유인하는 방법으로, 판매촉진이나 서비스 이용률을 높이는 데 자주 사용된다. 이러한 할인은 고객이 느끼는 구매 위험을 줄이고 구매 가능성을 높여주는 장점이 있지만, 지나치게 자주 시행하면 브랜드 이미지가 손상되거나, 할인 행사가 없을 때 고객이 구매를 중단하는 부작용이 발생할 수 있다. 대표적인 예로 세트메뉴 할인, 카드사 할인, 평일 런치 할인 등이 있다. **환불**은 고객이 지불한 금액을 일정 조건하에 되돌려주는 것이며, **상환**은 구매 증빙을 제시하면 일정 금액이나 혜택을 돌려주는 방식이다. 두 방법 모두 구매자의 참여를 유도하고 구매 만족도를 높이는 데 효과적이다.

비가격지향적 판매촉진에는 샘플(sampling), 프리미엄(premiums), 경연대회 및 경품(contests and sweepstakes), 단골고객 프로그램(frequent customer programs) 등이 있다. 샘플 제공은 상품의 일부를 무료로 제공하여 고객이 직접 사용해볼 수 있도록 하는 방법이다. 점포 내 시식, 거리 배포, 상품 부착, 우편 배송 등 다양한 형태로 이루어진다. **샘플**은 잠재 고객에게 무료 체험의 기회를 제공하여 구매 전환과 재방문을 유도할 수 있으나, 비용이 많이 들거나 배포 효율이 낮을 경우 비효율적일 수 있다. 일반 기업에서는 샘플 제공이

제한적으로 이루어지지만, 외식기업에서는 오픈 행사나 신메뉴 출시 시 무료 음료나 간단한 메뉴를 제공함으로써 신규 고객을 유치할 수 있다. 또한 무료가 아닌 저가 샘플 형태도 활용된다. 예를 들어, 햄버거와 커피를 함께 주문할 경우 커피를 할인된 가격에 제공하는 것이 이에 해당한다.

프리미엄은 제품 구매를 유도하기 위해 무료 혹은 저비용으로 제공되는 사은품을 의미한다. 패스트푸드점이나 커피전문점에서 프로모션용 유리컵을 제공하거나, 맥도날드의 해피밀 세트 구매 시 영화 캐릭터 장난감을 증정하는 것이 대표적 사례이다. 프리미엄은 브랜드 이미지를 향상시키는 긍정적인 효과가 있으나, 지나치게 고가의 사은품은 불공정거래로 간주될 수 있으므로「경품류 제공에 관한 공정거래위원회 규정」에 따라 사전 검토가 필요하다.

경연대회와 **경품**은 고객에게 현금이나 여행 등 다양한 상품을 획득할 기회를 제공하는 판매촉진 수단이다. 경연대회는 고객이 일정한 활동에 참여해야 하는 반면, 경품은 별도의 참여 없이 추첨을 통해 상품을 받을 수 있다는 차이가 있다. 이러한 행사는 고객의 흥미와 참여도를 높이고, 서비스 이용을 즐겁게 만들어 브랜드와의 긍정적 관계를 강화한다. 신제품 출시 시 브랜드명이나 슬로건을 공모하는 이벤트가 좋은 예이다.

단골고객 프로그램은 일정 기간 동안의 구매 실적에 따라 고객에게 현금, 포인트, 사은품 또는 추가 서비스를 제공하는 제도이다. 이러한 프로그램은 단골 고객의 충성도를 높이고 재구매를 유도함으로써 고객 이탈을 방지한다. 동시에 고객 데이터를 축적해 개인 맞춤형 마케팅을 가능하게 한다는 점에서 관계마케팅(relationship marketing)의 핵심 도구로 평가된다. 다만, 높은 구매액이 반드시 높은 수익으로 이어지는 것은 아니므로, 고객 등급 산정과 혜택 설계 시 수익성과 효율성을 함께 고려해야 한다.

이처럼 판매촉진은 단기간에 고객의 구매 행동을 유도하고 신규 고객을 확보하는 데 매우 효과적이다. 그러나 장기적 관점에서 브랜드 이미지와 고객 관계의 지속성을 유지하기 위해서는 광고, PR, 인적판매 등 다른 커뮤니케이션 수단과의 균형 있는 통합적 접근이 필요하다.

외식업체는 판매촉진 활동을 통해 단기적인 매출 증대를 도모하고, 동시에 신규 브랜드나 제품에 대한 인지도를 향상시킬 수 있다. 이러한 판매촉진 전략은 소비자의 구매를 유도하고 브랜드 충성도를 강화하는 데 중요한 역할을 한다.

자료: 맥도날드 홈페이지, 버거킹 홈페이지, 스타벅스 홈페이지.

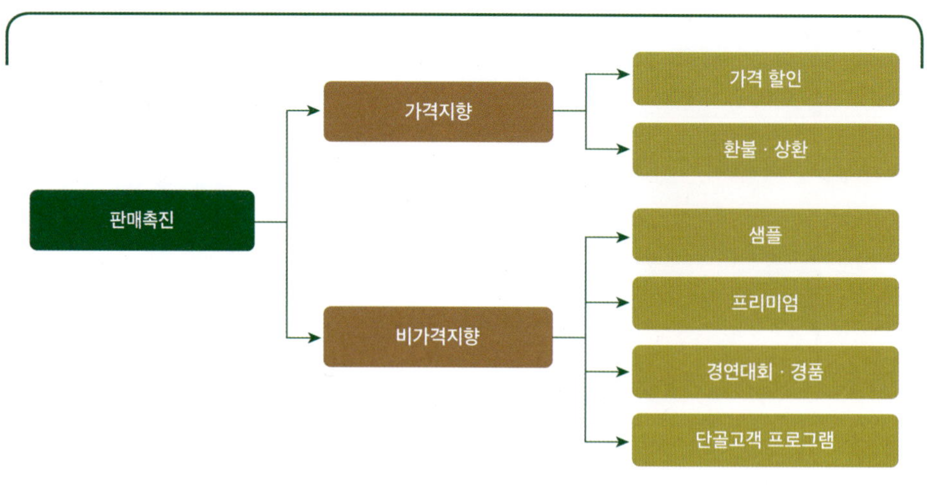

그림 9-1 판매촉진의 유형

자료: 이유재(2019).

4) 인적판매

인적판매(personal selling)는 기업의 판매 담당자가 고객과 직접 접촉하여 제품이나 서비스에 대한 정보를 제공하고, 고객이 이를 선택·구매하도록 설득하는 커뮤니케이션 활동을 말한다. 인적판매는 직접 대면을 통해 고객의 반응을 즉시 확인하고, 그에 맞추어 유연하게 대응할 수 있다는 점에서 매우 효과적인 마케팅 수단이다.

외식산업은 생산과 소비가 동일한 장소에서 동시에 이루어지는 산업이기 때문에 인적판매가 그 어느 산업보다도 중요한 역할을 한다. 외식업에서의 인적판매는 단순히 상품을 제안하거나 주문을 유도하는 수준을 넘어, 고객 만족과 재방문 그리고 브랜드 충성도 형성에까지 직접적인 영향을 미친다.

광고가 소비자에게 제품이나 서비스를 인식시키는 역할을 한다면, 인적판매는 구매를 유도하고 매출을 확대하는 데 핵심적인 기능을 담당한다. 특히 판매 직원의 응대 태도와 제안 방식에 따라 객단가를 높이는 효과도 기대할 수 있다.

이와 관련된 대표적인 기법으로 업셀링(up-selling)과 크로스셀링(cross-selling)이 있다. **업셀링**은 고객에게 더 높은 품질이나 가격대의 상품을 제안하여, 고객이 계획했던 것보다 상위 제품을 선택하도록 유도하는 방법이다. 예를 들어, 파스타를 주문하려던 고객에게 스테이크 메뉴를 추천하는 것이 이에 해당한다. 반면 **크로스셀링**은 한 제품을 구매하려는 고객에게 관련 상품을 함께 제안하여 추가 구매를 유도하는 방법이다. 예를 들어, 스테이크를 주문한 고객에게 파스타나 음료가 포함된 세트 메뉴를 권유하는 경우가 대표적이다. 이러한 판매 기법은 외식업의 고객 접점에서 주문을 담당하는 직원에 의해 이루어지며, 고객의 반응에 따라 실시간으로 대응할 수 있어 효과적이다.

인적판매의 장점은 고객의 요구에 즉각적이고 융통성 있게 대응할 수 있으며, 잠재 고객에게만 초점을 맞추어 접근할 수 있고, 실시간으로 구매 결정을 유도할 수 있다는 점이다. 그러나 반면에 영업 목적이 지나치게 노출되면 고객이 심리적 부담을 느끼거나 불쾌감을 가질 수 있으며, 이러한 부정적 인식은 고객 불만이나 이탈로 이어질 수 있다. 또한 판매 직원의 역량과 태도에 따라 성과가 달라질 수 있어, 서비스 품질의 일관성을 유지하기 어렵다는 한계도 있다.

따라서 인적판매를 효과적으로 수행하기 위해서는 광고, PR 및 홍보, 판매촉진 등 다른 마케팅 커뮤니케이션 수단과의 연계가 중요하다. 이를 위해 판매 직원의 전문성 향상과 서비스 품질 유지를 위한 체계적인 교육과 훈련이 필요하다. 또한 직원의 사기와 자발적 참여를 높이기 위해 내부 마케팅과 동기 부여가 함께 이루어져야 한다.

외식기업 스타벅스(Starbucks)는 인적판매의 중요성을 잘 보여주는 사례이다. 스타벅스는 직원들을 단순한 종업원이 아니라 '파트너(partner)'로 부르며, 회사를 함께 성장시키는 동반자로 인식한다. 이와 함께 임금체계와 복리후생을 통해 직무 만족도를 높이고, 서비스 품질 향상과 인적판매의 성과 제고를 동시에 추구하고 있다. "스타벅스는 커피로 유명한 회사입니다. 그러나 스타벅스를 빛나게 만드는 것은 바로 사람입니다."라는 문구는 인적판매의 본질이 단순한 상품 판매가 아니라, 사람을 통한 브랜드 경험의 전달에 있음을 잘 보여준다.

5) 다이렉트 마케팅

다이렉트 마케팅(direct marketing)은 특정 장소나 시간의 제약 없이 다양한 매체를 통해 고객의 반응이나 구매를 직접적으로 이끌어내는 마케팅 활동이다. 대표적인 수단으로는 카탈로그 마케팅, 이메일 마케팅, 텔레마케팅, 온라인 마케팅 등이 있으며, 최근에는 이 중 온라인 마케팅(online marketing)이 가장 빠르게 성장하고, 외식기업에서도 널리 활용되고 있다.

온라인 마케팅은 인터넷을 기반으로 이루어지는 쌍방향 커뮤니케이션 형태의 마케팅 활동으로, 데이터베이스와 연계할 수 있고, 시공간의 제약이 없으며, 효과 측정이 용이하다는 장점이 있다. 특히 모바일 기기를 활용한 마케팅 활동은 폭발적으로 증가하고 있으며, 소셜커머스(social commerce)의 등장은 외식업체들에게 새로운 판매촉진 수단으로 자리 잡았다. 소셜커머스는 소비자 간의 정보 공유와 자발적 홍보를 기반으로 하며, 마케팅 비용을 크게 절감하면서도 높은 홍보 효과를 기대할 수 있다.

그러나 소셜커머스를 이용한 마케팅은 몇 가지 문제점도 수반한다. 대표적으로 높은 할인율과 수수료 지급으로 인한 수익성 저하, 고객의 심리적 표준가격 하락, 행사 종료 후 고객 이탈 등의 부작용이 발생할 수 있다. 또한 단기간에 많은 고객이 몰릴 경우 외식업체의 서비스 제공 능력을 초과해 오히려 서비스 품질 저하와 고객 불만을 초래할 가능성도 있다. 따라서 외식기업은 소셜커머스를 활용할 때 단기 매출 증대뿐만 아니라 장기적인 고객 관계 관리 측면에서의 리스크도 고려해야 한다.

최근에는 소셜 미디어를 활용한 실시간 온라인 마케팅이 외식기업의 주요 커뮤니케이션 수단으로 자리 잡고 있다. 트위터, 페이스북, 인스타그램 등은 고객과의 실시간 상호작용이 가능하며, 대중적 인기를 지속적으로 유지하고 있어 효과적인 홍보 채널로 활용되고 있다. 이러한 플랫폼을 통해 외식기업은 각종 이벤트와 프로모션을 진행하며 고객 참여를 유도하고, 브랜드 인지도를 높이는 데 전략적으로 활용하고 있다.

예를 들어, 페이스북의 경우 게시물에 대한 '좋아요(like)'와 공유 기능을 통해 정보가 빠르게 확산될 수 있으며, 인스타그램은 이미지 중심의 홍보를 통해 브랜드의 시각적 이미지를 강화하는 데 효과적이다. 그러나 소셜 미디어 마케팅은 일회성 이벤트 중심으로 운영될 경우 지속성이 떨어질 수 있고, 고객 불만이나 부정적 경험이 발생했을 때 부정적 구전(negative word-of-mouth)이 빠르게 확산될 수 있다는 위험도 존재한다.

결국 다이렉트 마케팅은 소비자와의 직접적이고 상호작용적인 관계를 바탕으로 고객의 즉각적인 반응을 유도하는 마케팅 수단이다. 외식기업은 다양한 온라인 채널과 고객 데이터를 효과적으로 통합하여 고객 맞춤형 커뮤니케이션을 수행함으로써, 단기적인 판매촉진뿐만 아니라 장기적인 관계 형성이라는 두 가지 목표를 동시에 달성해야 한다.

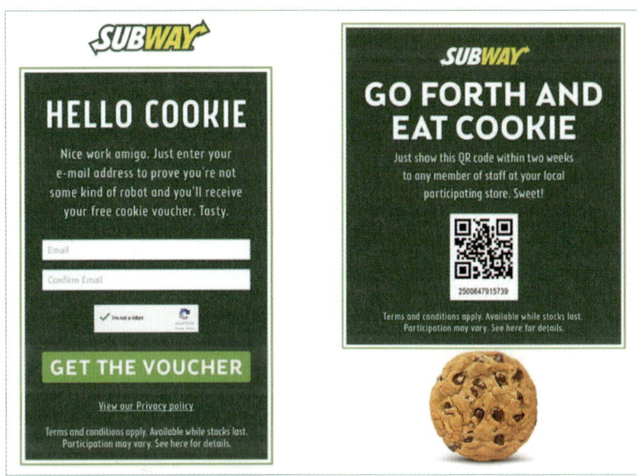

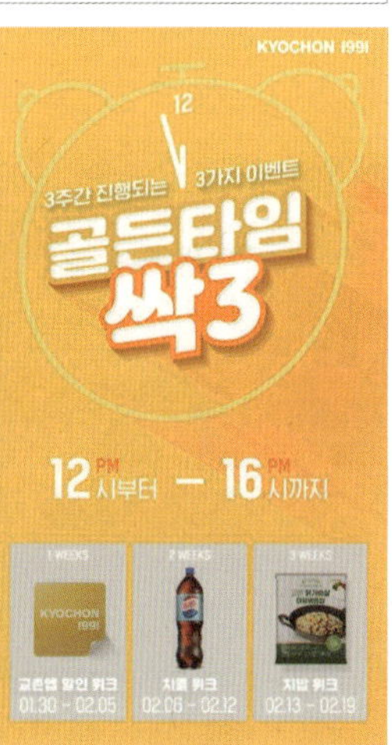

다이렉트 마케팅 외식기업 사례

자료: Subway 홈페이지, Domino's Pizza 홈페이지, 교촌치킨 홈페이지.

3. 마케팅 커뮤니케이션의 기획 및 수행

통합적 마케팅 커뮤니케이션(Integrated Marketing Communication, IMC)의 관점에서 외식기업의 **마케팅 커뮤니케이션 기획**은 단기적으로는 매출 목표 달성, 장기적으로는 브랜드 이미지 창출이라는 일관된 목표 아래 이루어진다. 외식기업은 각기 성격과 역할이 다른 커뮤니케이션 수단을 조화롭게 활용하여 최대의 시너지 효과를 창출하는 데 초점을 맞춘다.

통합적 마케팅 커뮤니케이션 기획에서 대중매체의 역할은 전통적 마케팅 커뮤니케이션에 비해 제한적이다. 즉, TV나 신문, 잡지 등 대중매체를 활용한 커뮤니케이션은 주로 상품이나 브랜드의 초기 인지도(awareness) 창출을 통해 다음 단계의 커뮤니케이션 활동을 위한 기초적 기반을 마련하는 데 활용된다. 반면, 통합적 마케팅 커뮤니케이션에서는 단순한 인지도 제고보다 고객의 직접적 행동 반응(direct response) 유도를 더 중시한다. 이러한 이유로 뉴미디어(new media)의 역할이 점점 중요해지고 있다.

뉴미디어는 고객의 행동 반응을 유도하는 데 있어 전통적 대중매체보다 효율적이다. 특히 인터넷을 중심으로 한 뉴미디어는 1 : 1 커뮤니케이션과 쌍방향(interactive) 커뮤니케이션의 특성이 있어, 통합적 마케팅 커뮤니케이션 기획에서 핵심적 역할을 수행한다. 대중매체와 1 : 1 매체는 상호보완적인 관계를 이루는데, 대중매체는 브랜드나 상품의 출시(launching) 단계에서 인지도 형성을 위한 초기 홍보 수단으로 활용되고, DM(Direct Mail), 텔레마케팅, 이메일, 인터넷 등과 같은 1 : 1 매체는 제품 성장기 및 성숙기에 고객의 직접적인 구매 행동을 유도하는 데 주로 이용된다.

마케팅 커뮤니케이션의 수행 과정은 아이디어 도출 → 콘셉트 추출 → 플래닝(planning) → 실행(implementation) → 평가 및 피드백(feedback)의 단계로 구분할 수 있다.

첫 번째 단계인 아이디어 도출은 마케팅팀을 중심으로 영업팀, 메뉴개발팀, 교육·훈련팀 등 관련 부서가 참여하여 브레인스토밍(brainstorming)을 통해 다양한 아이디어를 제시하는 과정이다. 이 단계에서 중요한 것은 신문, 잡지, 방송, 홈페이지 등 대중매체를 통해 경제·문화적 트렌드 및 사회 이슈를 사전에 분석하는 것이다. 이를 통해 커뮤니케이션 전략의 방향성을 구체화할 수 있다.

두 번째 단계인 콘셉트 추출에서는 아이디어 회의 결과를 바탕으로 핵심 콘셉트를 도출

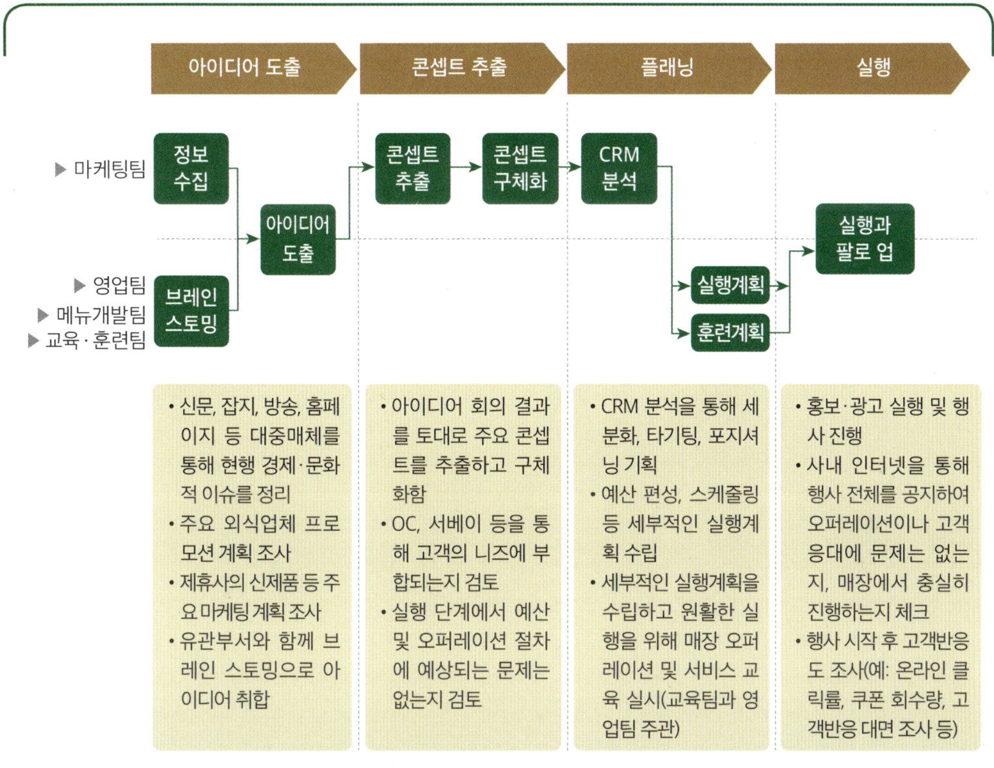

그림 9-2 마케팅 커뮤니케이션 수행 프로세스

하고, 고객 인터뷰나 설문조사를 통해 고객의 니즈에 부합하는지 검토한다. 이 단계에서는 실행 과정에서 발생할 수 있는 예산 문제나 운영상의 제약 요소도 함께 점검한다.

세 번째 단계인 플래닝(planning)에서는 CRM(Customer Relationship Management) 시스템을 활용하여 타깃 고객(target customer)을 선정하고, 예산과 일정, 매체 계획, 실행 절차 등을 포함한 세부 실행계획(detailed action plan)을 수립한다. 특히 매장 운영 및 서비스 품질과 관련된 부분은 교육·훈련팀과 영업팀이 협력하여 사전에 준비함으로써 실행과정에서의 혼선을 최소화한다.

네 번째 단계는 실행(implementation) 단계로, 실제 마케팅 커뮤니케이션 활동이나 이벤트를 수행하는 과정이다. 이 단계에서는 행사 진행 중 발생할 수 있는 오퍼레이션상의 문제를 실시간으로 점검하고, 고객 응대에 문제가 없는지 확인한다.

마지막 단계는 평가 및 피드백(feedback)으로, 캠페인 종료 후 고객 반응 조사나 매출 분석을 통해 커뮤니케이션 효과를 평가한다. 이를 바탕으로 개선점을 도출하고, 차후 커뮤니케이션 전략 수립 시 반영함으로써 지속적인 성과 향상을 도모한다.

이와 같이 외식기업의 마케팅 커뮤니케이션 기획 및 수행은 단순한 홍보나 판촉활동에 그치지 않고, 기업의 비전과 브랜드 정체성(brand identity)을 일관되게 전달하는 전략적 커뮤니케이션 활동으로 발전하고 있다. 특히 디지털 시대의 외식산업에서는 뉴미디어를 활용한 통합적 접근이 필수적이며, 이를 통해 기업은 고객과의 장기적인 관계를 구축하고 경쟁우위를 확보할 수 있다.

사례 온라인 마케팅 채널

국내 최대 배달 피자로 전체 주문의 85%를 전화나 온라인으로 주문받아 고객에게 직접 배달하고 있는 '도미노피자'는 2002년 최초로 온라인 주문 시스템을 탑재한 후 지금까지 끊임없는 투자와 리뉴얼로 쉽게 구매 가능한 편의성과 함께 "Creative Domino's"라는 캐치프레이즈와 부합하는 차별성을 추구하고 있다.

'도미노피자'의 온라인 주문은 단순한 고객 DB 축적을 통한 CRM 활용의 측면을 훨씬 넘어 브랜드 측면에서 정서적 친근감, 프로모션 비용 절감, 우량 고객 DB 확보 및 객단가와 매출을 증대시키고, 고객 측면에서 더 나은 구매환경과 정보, 할인된 가격으로 제품을 구매할 수 있는 상호이익의 공간이다. 기존 QSR(Quick Service Restaurant)업계나 패밀리레스토랑 그리고 동종 업계의 경쟁 브랜드와 비교하더라도 기업의 개념상 온라인 주문 및 채널의 확대를 통한 이점은 다양하고 강력하다.

가치	이익
고객	전화 + 온라인 주문을 통한 대고객 주문 접점 확대로 우량 DB 확보
커뮤니케이션	신제품 · 프로모션에 대한 회원 고객을 대상으로 한 저비용 커뮤니케이션
CRM	회원 고객 EDM · SMS 발송을 통한 프로모션 비용 절감
매출	신규매장 별도 오픈 없이 온라인 유통망을 통한 별도의 Profit Center 역할
객단가	제품 및 사이드 메뉴 이미지 부각으로 오프라인 주문 대비 객단가를 15% 높임
가격	콜센터 비용 상쇄를 통한 온라인 채널 특가 할인 판매 가능
MOT	고객 접점이 없는 배달 전문 브랜드로서 홈페이지를 통한 정서적 친근감 고양

STEP 1
활동 사례
ACTIVITY

외식기업의 다양한 CSV(Creating Shared Value, 공유가치 창출)

사례 1

스타벅스 코리아는 외식산업 내에서 공유가치 창출(CSV) 전략을 가장 성공적으로 실행하고 있는 기업 중 하나로 평가된다. 2007년 첫 장애인 바리스타를 채용한 이후 포용적 고용(inclusive employment)을 지속적으로 확대해 왔으며, 2024년 기준 장애인 파트너 수는 511명, 2025년에는 전체 인원의 약 4% 수준으로 법정 의무고용률을 초과 달성했다. 특히 장애인 파트너 중 약 10%는 매장 관리자 또는 리더 직책을 맡고 있으며, 이는 단순 고용이 아닌 성장과 승진 기회를 보장하는 지속가능한 포용 고용 모델로 주목받고 있다.

스타벅스는 장애인 근로자의 근무 환경을 개선하기 위해 '청각장애인 전용 진동 타이머', '시각 자료 기반 음료 제조 가이드', '수어(手語) 교육 콘텐츠', '장애인 전담 인사·교육팀' 등을 도입했다. 또한 장애인 파트너의 안정적인 근무를 위해 근무 매장 내 동료 파트너들이 장애인 이해 교육을 정기적으로 이수하도록 하여, 내부 구성원 간의 존중과 협력 문화를 확산시키고 있다.

이러한 활동은 외식기업의 본업인 매장 운영 및 서비스 제공 역량을 활용하여 사회문제를 해결하는 전형적인 CSV 모델로 평가된다. 장애인 고용 확대는 사회적으로는 일자리 창출과 포용 문화 확산이라는 긍정적 영향을 주고, 기업 측면에서는 브랜드 이미지 제고, 고객 신뢰도 향상, 인재 유입 확대 등 장기적 경쟁우위를 확보하는 결과를 낳았다.

더 나아가 스타벅스는 '그린 매장(greener store)' 구축, 재활용 소재 사용 확대, 커피 찌꺼기 자원순환 프로그램 등 환경 분야에서도 CSV 활동을 병행하고 있다. 이처럼 스타벅스는 경제적 성과와 사회적 책임을 조화시키며 고객 가치·사회 가치·기업 가치를 통합적으로 창출하는 대표적 외식기업 CSV 사례로 자리매김하였다.

자료: 스타벅스 홈페이지, 한국경제(2024. 4. 18.) 재구성.

사례 2

네스카페(Nescafé)는 네슬레의 대표적인 CSV 브랜드로, 전 세계 커피 가치사슬 전반에서 사회적·환경적 가치를 함께 창출하는 경영 모델을 실천하고 있다. 2024년 발표된 Nescafé Plan 2030 보고서에 따르면, 네스카페는 "Better Coffee, Better Life"라는 비전 아래 재생농업(regenerative agriculture), 농가 지원, 환경보전, 지속가능 포장 혁신을 핵심 전략으로 추진하고 있다.

가장 중점적인 분야는 재생농업이다. 네스카페는 인도네시아, 브라질, 베트남 등 주요 커피 원산지에서 약 40만 명의 농가와 협력하여 토양 침식 방지, 나무 그늘재배, 유기퇴비 활용 등 친환경

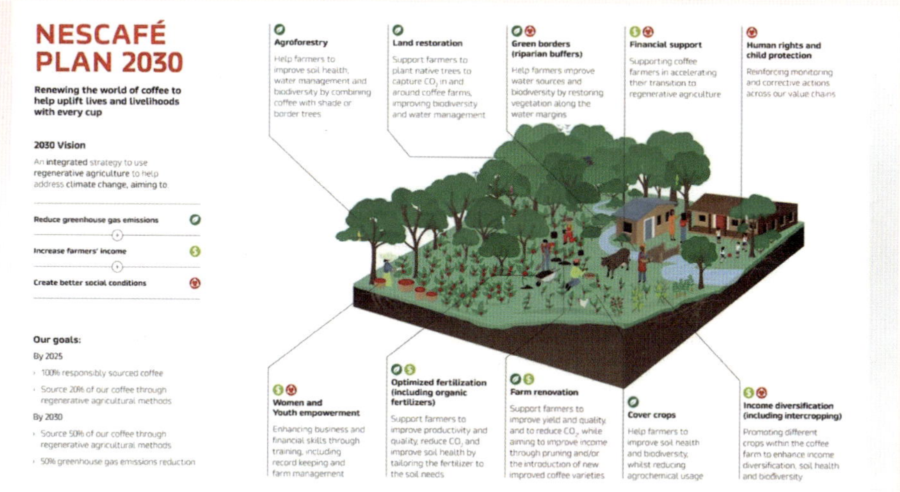

재배기술을 지원하고 있다. 이를 통해 농가의 생산성을 향상시키고, 기후변화에 대응할 수 있는 지속가능한 생태계를 조성하고 있다. 네스카페는 2030년까지 커피 원두의 50% 이상을 재생농업 방식으로 재배하겠다는 목표를 세웠으며, 이를 위해 농부들에게 직접 교육·컨설팅·재정지원을 제공하고 있다.

또한 포장재 혁신과 탄소 저감 활동을 통해 환경 가치를 창출하고 있다. 2024년에는 '네스카페 골드 리필용 종이팩'을 출시하여 기존 유리병 대비 포장 중량을 97% 절감하고, 플라스틱 사용량을 대폭 줄였다. 이는 매년 수천 톤의 탄소배출을 감소시키는 효과를 가져왔다.

사회적 가치 측면에서도 농가 소득 향상, 여성 농부 역량 강화 프로그램, 청년농 지원사업 등을 통해 지역사회의 자립 기반을 강화하고 있다. 이러한 활동은 단순한 원료 구매 관계를 넘어 생산자와의 상생적 파트너십을 형성하는 CSV의 대표 사례로 평가된다.

결과적으로 네스카페의 CSV 전략은 "좋은 커피 생산이 곧 지역사회와 지구의 지속가능성을 보장한다"는 철학을 실천하는 모델이다. 즉, 기업의 이익과 사회·환경의 발전이 조화를 이루는 공유가치 창출의 글로벌 모범사례라 할 수 있다.

자료: Nescafé Plan 2030(Nestlé Global, 2024).

사례 3

Chipotle Mexican Grill(미국)은 'Food With Integrity(정직한 음식)'를 핵심 가치로 삼아 외식업에서 CSV를 실천한 대표적 사례이다. 이 기업은 패스트푸드의 한계를 넘어, 건강하고 지속가능한 식문화 조성을 목표로 삼았다. 우선, 공급망 단계에서 GMO(유전자변형식품) 사용을 배제하고 모든 재료의 원산지와 생산과정을 투명하게 공개하였다. 또한 동물복지 기준을 준수한 축산농가와의 직거래 시스템을 도입해 환경 보호와 농가의 안정적 수익 창출을 동시에 도모하였다.

Chipotle은 '지속가능한 농업'을 기반으로 공급업체와 상생관계를 구축하고, 지역 농가 지원 프로그램을 운영함으로써 식재료 품질과 사회적 책임을 동시에 달성했다. 이러한 노력은 소비자의 신뢰를 높이고, 브랜드 이미지를 '건강하고 윤리적인 외식 브랜드'로 정착시키는 결과를 낳았다. 또한 식자재 운송·포장 과정에서 친환경 자재를 활용하고, 매장 내 에너지 효율 설비를 확대하는 등 환경적 가치 창출에도 힘썼다.

이러한 CSV 전략은 단기적인 홍보효과를 넘어 기업의 경쟁력 강화로 이어졌다. 윤리적 소비를 중시하는 고객층이 확대되며 매출 증가와 브랜드 충성도 상승을 동시에 얻었고, 지속가능한 공급망은 원재료 품질을 안정적으로 유지하게 했다. Chipotle은 단순한 사회공헌을 넘어, 사회적 가치와 경제적 이익을 통합한 경영 전략을 구현한 외식기업으로 평가된다.

자료: Chipotle 홈페이지.

1. 외식기업의 공유가치 창출(CSV) 활동이 고객 만족, 사회적 가치 확산 그리고 기업의 브랜드 자산과 경쟁우위 형성에 어떠한 영향을 미치는지 구체적으로 분석하고 논의하시오.
2. 외식기업이 수행하는 CSV 기반의 사회공헌활동이 단순한 기업 이미지 제고를 넘어, 전략적 마케팅 커뮤니케이션 도구로 활용되어야 하는 이유와 그 구체적 실행 방안을 논의하시오.

STEP 2
연습 문제
REVIEW

1. 외식기업이 단일 홍보 수단에 의존하지 않고, 다양한 커뮤니케이션 수단을 통합적으로 활용해야 하는 이유를 구체적으로 서술하시오. 예를 들어, 브랜드 이미지 일관성, 고객 참여 확대, 매체 간 시너지 효과 등의 측면에서 설명해보자.
2. 마케팅 커뮤니케이션 믹스(marketing communication mix)의 주요 구성 요소를 열거하고, 각각의 특징을 간략히 설명해보자.
3. 외식기업의 입장에서 사용된 커뮤니케이션 수단과 그 목적을 정리하고, 고객의 입장에서 느낄 수 있는 효과나 반응을 구체적으로 기술해보자.
4. 외식기업의 마케팅 커뮤니케이션 기획 및 수행 과정을 단계별로 정리하고, 각 단계(아이디어 도출 → 콘셉트 추출 → 플래닝 → 실행 → 평가 및 피드백)에서 마케팅 관리자가 고려해야 할 핵심 사항을 작성해보자.

STEP 3
용어 정리
KEYWORD

- **마케팅 커뮤니케이션** 어떤 상품이나 서비스를 현재 또는 미래의 고객에게 알리고, 이를 구매하도록 설득하며, 구매를 유도하기 위한 다양한 인센티브를 제공하는 활동
- **통합적 마케팅 커뮤니케이션(IMC)** 광고, 판매촉진, 인적판매, 홍보, 다이렉트 마케팅 등 여러 커뮤니케이션 수단을 전략적으로 통합하여 고객에게 일관된 메시지를 전달하는 마케팅 접근법
- **마케팅 커뮤니케이션 믹스** 기업이 목표 고객에게 메시지를 전달하기 위해 활용하는 다양한 커뮤니케이션 수단의 조합으로, 광고, 인적판매, 판매촉진, 홍보(PR), 다이렉트 마케팅 등이 포함
- **광고(Advertising)** 기업이 비용을 지불하고 대중매체(TV, 라디오, 신문, 잡지 등)를 통해 불특정 다수에게 상품이나 서비스를 알리고 구매를 유도하는 비대면적 커뮤니케이션 수단
- **판매촉진(Sales Promotion)** 제품이나 서비스의 구매를 촉진하기 위해 단기간 동안 가격 할인, 경품, 샘플 제공 등의 인센티브를 제공하는 활동
- **PR 및 홍보(Public Relations & Publicity)** 기업이 대중과의 우호적 관계를 형성하고 유지하기 위한 모든 활동을 의미하며, 홍보는 언론 보도나 기사 등을 통해 비용을 지불하지 않고 정보를 제공하는 PR의 한 형태
- **인적판매(Personal Selling)** 판매 담당자가 고객과 직접 대면하여 제품이나 서비스를 설명하고 구매를 설득하는 커뮤니케이션 활동으로, 외식산업과 같이 서비스 접점이 중요한 분야에서 핵심적 역할을 함
- **다이렉트 마케팅(Direct Marketing)** 이메일, 전화, 카탈로그, 인터넷 등 다양한 매체를 활용하여 고객과 직접적으로 소통하고, 즉각적인 구매 반응이나 참여를 유도하는 마케팅 활동
- **업셀링(Up-Selling)** 고객이 구매하려는 제품보다 더 높은 품질이나 가격의 상품을 제안하여 구매를 유도하는 판매 기법
- **크로스셀링(Cross-Selling)** 고객이 구매하려는 상품과 관련된 다른 상품을 함께 제안하여 추가 구매를 유도하는 판매 기법
- **CRM(Customer Relationship Management)** 고객 데이터를 체계적으로 관리하고 분석하여 고객과의 장기적인 관계를 강화하고, 맞춤형 서비스를 제공하기 위한 마케팅 관리 시스템

Restaurant Management:

A Strategic and Practical Approach

CHAPTER

10

원가관리

외식업을 성공적으로 경영하려면 기본적으로 외식경영활동 중에 발생하는 원가를 정확히 파악하고 효율적으로 관리해야 한다. 사업계획서를 작성할 때도 원가비율을 미리 계획하여 사전에 사업타당성을 분석하고, 외식업을 운영하는 동안에도 원가비율에 대한 기준을 가지고 원가를 통제해야 한다. 더 나아가 외식업의 전반적인 재무 상황을 파악하고 자금의 흐름과 손익을 분석하는 활동은 외식경영자가 반드시 갖추어야 할 업무능력이다.

본 장에서는 외식원가의 기본 개념과 구성 요소, 효율적 원가관리를 위한 주요 업무, 외식업에서 주로 이용되는 재무제표의 종류 및 분석 방법에 대해 살펴본다.

“외식산업, 매출 성장에도 수익성 악화…
영세업체 직격탄”

지난 10년간 국내 외식산업 매출은 꾸준히 성장했으나 개별 매장의 수익성은 하락했다. 한국은행 경기본부 보고서에 따르면, 2023년 기준 외식업체 수와 매출은 각각 25%와 연평균 7% 성장했으나, 영업이익률은 2013년 12.3%에서 2022년 8.1%로 하락했다. 특히 대형 프랜차이즈는 규모의 경제로 일부 회복세를 보였지만, 영세업체는 수익 악화가 뚜렷했다.

5인 미만의 소규모 외식업체는 2013년 17.8%였던 영업이익률이 2019년 9.7%로 급감했으며, 코로나19 이후 회복도 미약했다. 반면 대형업체와 프랜차이즈는 인건비 · 원가 절감 효과 덕분에 상대적으로 양호한 흐름을 보였다. 영세업체가 전체 외식업체의 88%를 차지하는 만큼, 이들의 어려움은 곧 외식산업 전반의 위기로 이어지고 있다.

수익성 악화의 원인으로는 ▲식재료비 및 인건비 증가 ▲배달앱 수수료 부담 ▲밀키트 · 간편식 확대 등 외식 대체재 성장 ▲코로나19 팬데믹 이후 인력 · 영업시간 축소가 지적됐다. 최근 10년간 영업비용은 152.4% 증가해 매출 성장률을 상회했으며, 특히 배달 주문당 9.8%에 달하는 수수료와 최대 3,000원의 배달비 부담이 커졌다.

한은 경기본부는 외식산업의 구조적 수익성 악화가 자영업 부실, 지역경제 침체, 내수 회복 지연 등 거시경제에 부정적 영향을 미칠 수 있다고 경고했다. 따라서 정부와 지자체가 ▲식재료비 · 수수료 부담 경감 ▲인건비 지원 ▲지역 내 외식수요 진작 ▲자영업자 재취업 및 구조조정 지원 등을 통해 외식산업의 생태계 회복을 도와야 한다고 강조했다.

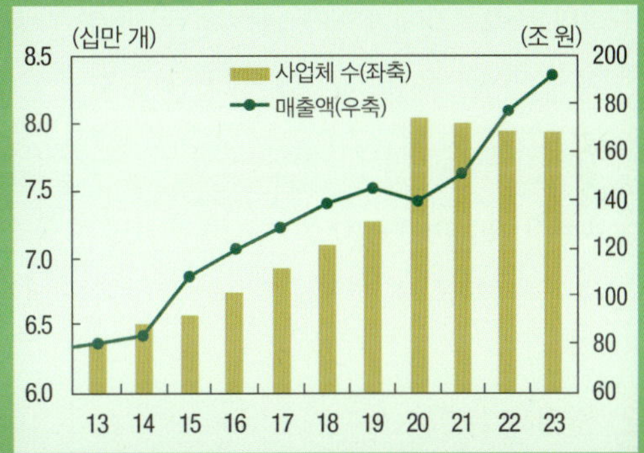

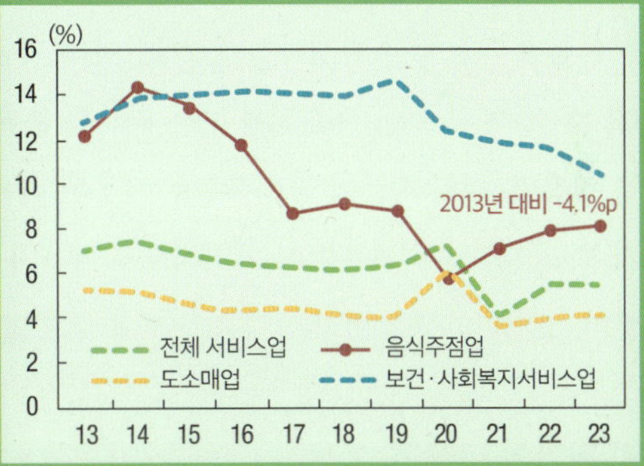

외식산업 사업체 수 및 매출(위), 외식산업 영업이익률(아래)
자료: 한국은행 경기본부 제공.

자료: 경기신문(2025. 3. 1.) 재구성.

1. 원가의 이해

1) 원가의 개념과 구성 요소

원가(cost)는 상품의 제조, 판매, 서비스 제공 등을 위하여 투입된 재화나 용역의 경제가치를 의미한다. **외식원가**란 외식상품인 음식을 생산하여 제공하기 위해 소비된 경제적 가치로 정의되며 크게 식재료비, 인건비, 경비의 3가지로 구성되는데, 이를 외식원가의 3요소라 한다.

식재료비는 음식 생산에 소비되는 식재료 구입 비용으로 주식비, 부식비 등이 포함된다. **인건비**는 직원들에게 제공되는 임금, 급료, 각종 수당, 상여금, 퇴직금 등을 의미한다. **경비**는 식재료비와 인건비를 제외한 모든 비용으로 광열비, 전력비, 감가상각비 등이 포함된다.

외식업에서는 식재료비와 직접 인건비가 운영 비용의 대부분을 차지하므로 이 2가지를 **주요원가(prime cost)** 또는 기초원가라고 부른다. 일반적으로 주요원가는 60% 이하가 되는 것이 바람직하며 70%를 초과하면 수익을 내기 어려워진다.

2) 원가의 분류

외식경영 활동에서 발생하는 원가는 여러 기준에 의해 다양한 방법으로 분류할 수 있다(**표 10-1**). 제품 생산 관련성에 따라 원가를 분류하면 특정 제품의 생산을 위해 사용된 비용은 **직접비**, 여러 제품에 공통적으로 사용된 비용은 **간접비**로 구분된다. 생산량과의 관계에서 보면 생산량에 관계없이 고정적으로 발생하는 **고정비**, 생산량 증감에 따라 변화하는 **변동비**, 고정비와 변동비의 성격을 동시에 갖고 있는 **반변동비**로 구분된다(그림 10-1).

3) 원가와 판매가

외식상품에 대한 원가를 구성하는 요소는 판매가격 결정의 근거가 된다. 즉, 직접원가, 제조원가, 총원가를 기초로 하여 판매가가 결정된다(그림 10-2).

- **직접원가**는 특정 제품의 생산을 위하여 직접적으로 소비된 원가이다. 직접재료비, 직접인건비, 직접경비로 구성되며 제조간접비가 포함되기 전의 원가이다. 예를 들어, 피자

표 10-1 원가의 분류

기준	구분	의미
제품 생산과의 관련성	직접비	특정 제품의 생산을 위해서 직접 쓰인 원가(직접재료비 · 직접인건비 · 직접경비 등)
	간접비	여러 제품에 공통으로 또는 간접적으로 소비되는 원가(제조간접비)
생산량에 따른 비용의 변화	고정비	생산량 증감에도 불구하고 고정적으로 발생하는 원가(감가상각비 · 지급임차료 · 월정액 급료 등)
	변동비	생산량의 증감에 따라 증가 또는 감소하는 원가(식재료비)
	반변동비	특정 범위의 생산량에서는 일정한 금액이 발생하지만, 변동비와 고정비의 성격을 동시에 갖고 있는 비용으로, 이 범위를 벗어나면 일정액만큼 증가 또는 감소하는 원가(시간제 종업원 임금)

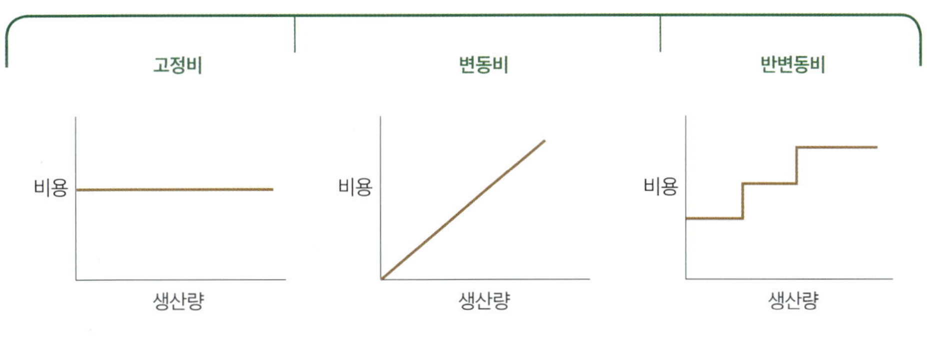

그림 10-1 고정비, 변동비, 반변동비

조리를 위해 사용된 직접원가는 직접재료비 4,000원, 직접인건비 3,000원 그리고 직접경비 1,000원으로 구성된다.

- **제조원가**는 직접원가에 일정한 기준으로 배정된 제조간접비를 가산한 원가이다. 제품의 생산 활동, 즉 재료를 가공해서 제품으로 완성하기까지 소비된 원가이다. 피자를 만들기 위하여 소비된 직접원가 8,000원에 제조간접비 2,000원을 가산한 금액인 1만 원이 제조원가가 된다.

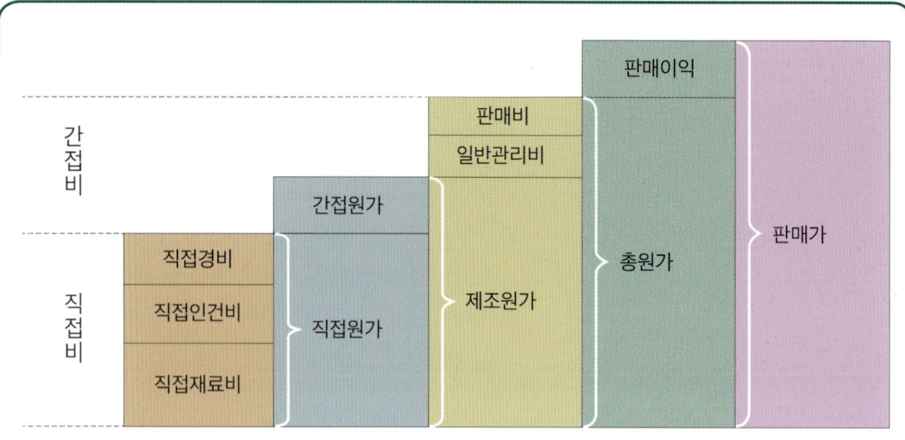

그림 10-2 원가의 구조

사례 본업 흔들리는 교촌, 메밀·수제맥주로 반등 노린다

교촌에프앤비는 국내 치킨 프랜차이즈 시장에서 한때 선두 브랜드였지만, 최근 몇 년간 매출 성장세가 둔화되고 점포 확대도 정체되어 있다. 경쟁사 대비 확장력이 떨어지며 본업에서의 입지가 흔들리고 있다는 평가가 나온다. 치킨 사업의 성장 한계에 부딪힌 교촌은 새로운 성장 동력을 찾기 위해 다양한 신사업에 뛰어들었다. 특히 외식업 포화와 원가 상승, 수요 분산 등으로 본업에서 안정적인 수익을 확보하기 어려워진 것이 배경이다.

교촌은 2024년 서울 여의도에 메밀 요리 전문점 '메밀단편'을 열며 한식 외식 브랜드 확장에 나섰다. 이는 치킨을 넘어 다양한 한식 메뉴를 기반으로 한 외식 다각화를 시도한 사례로, 신선하지만 업계에서는 다소 의외의 선택이라는 평가도 있다. 또한 자사 소스를 활용한 'K1 핫소스' 시리즈를 글로벌 시장에 론칭하고, 수제맥주 브랜드 '문베어브루잉'을 인수·확장하며 외식과 가공식품을 아우르는 포트폴리오를 구축하고 있다. 이는 해외 시장 진출과 브랜드 확장을 동시에 노린 전략으로 풀이된다.

그러나 신사업 매출은 여전히 전체의 약 3% 수준에 그치며, 2년째 정체 상태를 보이고 있다. 특히 수제맥주 사업은 기대와 달리 매출 기여도가 낮고, 소스·메밀 사업도 아직 본격적인 성과를 내지 못하고 있다. 본업 부진 속에서 신사업만으로 돌파구를 마련하기는 어렵다는 지적이 많다. 치킨 시장에서의 입지를 강화하는 동시에, 신사업이 안정적으로 자리잡을 수 있는 차별화 전략과 지속적인 투자, 그리고 브랜드 정체성 재정립이 교촌의 핵심 과제로 꼽힌다.

자료: 신동아(2025. 4. 10.) 재구성.

- **총원가**는 제조원가에 일반관리비와 판매비를 가산한 금액으로 외식상품의 제조에서 판매까지 발생한 모든 원가를 의미한다. 피자를 조리하기 위하여 소비된 제조원가 1만 원에 일반관리비와 판매비 3,000원을 가산한 1만 3,000원이 총원가가 된다.
- **판매가**는 총원가에 일정 이윤을 가산하여 결정된 금액이다. 피자 생산 및 판매에 소비된 총원가 1만 3,000원에서 이익 마진(예: 20%)인 2,600원을 가산한 1만 5,600원이 판매가가 된다.

2. 원가관리

1) 원가관리의 중요성

원가를 관리한다는 것은 경영의 목표를 효율적으로 달성하기 위해서 경영 시스템을 통해 기회손실을 최소화하는 것을 의미한다. 판매가에 비해 원가가 너무 높을 경우 목표 이익이 줄어들어 경영 목적을 달성하기 어려워진다. 원가가 너무 낮을 경우에는 단기적으로는 목표 이익을 달성하기 쉬우나 상품의 품질관리가 제대로 되지 않아 고객만족도가 낮아지고 장기적으로 이익이 감소될 수 있다.

외식업에서는 식재료비의 지출 비중이 상당히 크기 때문에 식재료 원가를 효과적으로 관리하는 것이 성공에 있어서 중요한 기준이 되며 구매, 검수, 저장, 출고, 생산, 판매 각 단계에서의 원가관리를 통해 효과적인 통제가 이루어져야 한다.

2) 식재료비

(1) 표준 식재료 원가의 이해

외식업에서 **표준 식재료 원가(standard food cost)**는 표준 레시피에 의한 재료의 사용량에 따라 결정되며 각 상품의 품목별로 산출되며 효율적 원가통제의 수단이 된다. 실제와 표준 식재료 원가의 차이를 분석하여 발생된 문제를 찾아내어 이에 대한 책임을 명확히 함으로써 해결책 제시에 근거가 된다. 표준원가를 계산하기 위해서는 4가지 표준에 대한 개념

이해가 선행되어야 한다.

- **표준 1인분(standard portion size)**은 상품의 품목별로 1인분에 해당하는 크기, 수량, 무게 등을 의미하는 것으로 정해진 분량과 무게를 일정하게 유지하여 식재료 원가의 변동성을 최소화할 수 있다.
- **표준 레시피(standard recipes)**는 메뉴 한 품목을 생산하기 위해 사용되는 식재료의 소요량이 상세히 기재되어 있는 자료명세를 의미하며 식재료명, 분량, 총원가, 판매가, 조리의 방법 및 과정이 기술되어 있다. 표준 레시피는 메뉴 품목의 표준 원가 결정의 근거가 된다.
- **표준 구매명세서(standard purchase specification)**는 메뉴상품에 사용되는 식재료 품목에 대한 품질, 분량, 무게, 가격을 간단하게 설명해놓은 설명서이다. 구매담당자, 납품업자, 검수직원, 조리장은 원가 손실을 최소화하고 구매과정에서 오류가 발생하지 않도록 표준 구매명세서를 숙지하여야 한다.
- **표준 산출량(standard yields)**은 조리나 준비과정에서 식재료의 감소나 낭비를 최소화하여 원가를 관리하려는 목적으로 설정되는 생산량 표준을 의미한다. 식재료 구매 시 중량(As Purchased, AP)과 판매하기 위해 준비된 최종 상태의 중량(Edible Portion, EP)의 차이를 최소화하고 높은 산출률을 얻을 수 있도록 적절한 조리 방법을 모색하는 것이 중요하다.

(2) 표준 식재료 원가와 실제 식재료 원가의 차이

실제 식재료 원가와 표준 식재료 원가의 차이는 구매나 생산량에 대한 통제 시점이나 담당자가 다른 경우에 발생하며, 구체적으로 다음과 같은 원인에 의해 나타난다.

- 실제 1인분 표준량을 초과하여 제공한 경우
- 부정확한 예측에 의해 과잉생산한 경우
- 구매 또는 검수과정에서 과잉구매가 일어난 경우
- 조리과정에서 1인분 이상의 식재료를 소비하는 경우
- 저장과정 중 식재료의 부패와 변질이 일어난 경우

- 남은 식재료가 적절하게 활용되지 않는 경우
- 식재료가 무단으로 외부에 유출되는 경우

이와 같은 문제를 예방하기 위해서는 종업원들의 원가관리에 대한 중요성 인식이 필요하며 표준 1인 분량을 철저히 지키도록 교육해야 한다. 정확한 수요량을 판단하는 훈련과 갑작스런 식수 변동 상황에 대한 예측도 수행되어야 한다. 또한 과잉구매나 검수과정의 실수로 인해 변질되어 낭비되는 식재료가 없도록 해야 한다.

(3) 실제 식재료 원가계산

한 달 동안 소비된 식재료 원가(cost of food consumed)는 월말에 계산하며 월초의 식재료 재고량과 해당 월의 식재료 구매량에서 월말의 식재료 재고량을 감하여 구한다. 실제 사용한 식재료의 원가계산을 위해서는 고객에게 제공된 식재료 원가와 직원 식사에 사용된 식재료 원가를 구분하는 것이 바람직하다.

판매된 식재료의 총원가(cost of food sold)는 소비된 식재료의 총원가에서 직접적으로 음식 판매에 사용되지 않고 종업원 식사로 사용된 식재료와 타 업장으로 이동한 식재료를 제외하고, 타 업장에서 주방으로 이동한 식재료를 더하여 계산한다(**표 10-2**).

표 10-2 식재료 원가계산의 예시

식재료 원가계산	월간 식재료 원가계산 예시(단위: 천 원)
월초 식재료 재고량	3,000
+ 해당 월 식재료 구매량	+12,000
− 월말 식재료 재고량	−5,000
= 월간 소비된 식재료 원가	=10,000
− 종업원 식사	−1,000
− 타 업장으로 이동한 식재료	−500
+ 타 업장에서 주방으로 이동한 식재료	+500
= 월간 판매된 식재료 원가	=9,000

노트 식재료관리의 단계별 주요 업무

고객에게 최상의 메뉴를 제공하면서 기업의 이익을 증가시키기 위해서는 구매, 검수, 저장, 생산, 서비스 단계에서 식재료를 효율적으로 관리해야 한다.

구매(purchasing) 단계

구매담당자는 필요한 식재료의 정확한 구매를 위해서 식재료 품목별 구매명세서를 숙지하고, 구입할 식재료의 종류, 규격, 구매량, 가격 등의 정보를 구매발주서에 명확히 기입하여 발주한다. 이는 향후 검수, 입고, 비용 처리 시 주요한 원가관리 도구로 활용된다.

데이터 기반 수요예측 시스템을 활용하여 과거 실적 데이터와 외부 환경 변수를 반영한 정밀한 수요 예측으로 과잉 발주를 방지한다.

검수(receiving) 단계

검수담당자는 주문한 물품이 입고되면 제대로 입고되었는지 확인하기 위해서 공급자가 제시하는 납품서와 구매발주서를 비교·확인하며 입고된 물품의 품질, 규격, 입고량 등을 확인한다. 구매발주서와 납품서에 제시된 가격이 일치하는지도 반드시 확인한다.

IoT 온도 센서 등을 활용하여 입고 시점 식재료의 신선도, 온도를 과학적으로 기록하고 검증한다.

저장(storage) 단계

창고관리 책임자는 물품이 낭비되거나 손실되는 일이 없도록 입고되는 식재료와 출고되는 식재료를 지속적으로 기록하여 정확한 재고량을 파악하도록 한다. 저장고에 있는 물품들은 재고자산이므로 식재료별 재고량과 함께 재고금액을 지속적으로 기입하여 재무보고서 작성에 필요한 정보를 제공해야 한다.

실시간 재고 통제가 가능하도록 클라우드 시스템을 통해 선입선출(FIFO) 현황을 실시간 모니터링함으로써 저장 중 재료 손실을 최소화한다.

생산(production) 단계

관리자는 초과 생산으로 인한 식재료비 낭비를 최소화하기 위해 과거 기록을 토대로 메뉴별 생산량을 정확히 예측하여 생산계획서를 작성하고 이를 주방에서 준수하도록 지도 및 감독하여 필요한 양만큼 생산되도록 한다. 조리 시 표준 레시피를 따르는지도 지속적으로 점검하여 표준 식재료 원가를 초과하지 않도록 지도한다.

조리 중 발생하는 폐기물(waste) 데이터를 분석하여 식재료 수율을 높이고 환경적 책임을 강화한다.

서비스(service) 단계

표준 레시피에 제시된 1인 분량이 제공되도록 1인 분량을 조절할 수 있는 도구를 활용하거나 1인 분량을 미리 식기에 담아 준비해둔다. 종업원의 훈련을 통해 정해진 분량이 제공되도록 하여 표준 식재료 원가가 유지되도록 노력한다.

서비스 단계에서 수집된 잔반 및 고객 선호도 데이터를 다시 구매와 생산 계획에 환류(feedback)시킨다.

자료: National Restaurant Association(2025), 장윤정(2024).

(4) 식재료비 비율

식재료비 비율(food cost percentage)은 외식업에서 식재료 원가를 통제하는 주요 수단이다. 전체 매출액 중 식재료비가 차지하는 비율로 일정 기간의 실제 식재료비를 계산하고 이를 총매출액으로 나누어 산출한다.

예를 들어, 한 달 동안의 실제 식재료비가 51만 원, 총매출액이 150만 원인 경우 해당 월의 식재료비 비율은 34%가 된다. 이는 한 달간 총매출액의 34%가 음식을 생산하는 데 필요한 식품 구입에 사용되었다는 것을 의미한다. 만약 계획된 식재료비 비율을 초과했다면 이에 대한 적절한 통제가 필요하다.

$$\text{식재료비 비율(\%)} = \frac{\text{식재료비}}{\text{매출액}} \times 100$$

3) 인건비

(1) 인건비의 이해

인건비는 외식상품 생산을 위해 소비되는 노동력에 대한 대가, 또는 그와 관련하여 지급되는 비용이다. 인건비는 식재료비와 함께 외식업체의 원가 구성에서 가장 큰 비중을 차지하며 서비스 품질과 관련이 있기 때문에 그 중요성이 크다. 인건비는 다음의 **표 10-3**과 같이 지

표 10-3 지급 형태에 따른 인건비 분류

구분	내용
임금	종업원에게 지급되며 기본급과 제수당으로 구성
급료	사무직 직원에게 지급되는 노동의 대가
잡급	임시고용직과 잡역 인부에게 지급되는 급여
종업원 상여수당	직원의 작업과 직접적인 연관 없이 경상적으로 지급되는 정기상여금, 가족수당, 통근수당 등
퇴직급여 충당금	직원의 퇴직에 대비하여 설정한 비용
법정복리	건강보험, 국민연금, 산재보험, 고용보험 등
기타	복리후생비, 교육비

급 형태에 따라 임금, 급료, 잡급, 종업원 상여수당, 퇴직급여 충당금, 법정복리, 기타 인건비로 구분된다.

(2) 인건비 비율

인건비 비율(labor cost percentage)은 전체 매출액 중 인건비가 차지하는 비율로 계산되며 이는 외식업에서 종업원의 인건비관리 및 생산성을 평가하는 방법으로 활용된다. 식재료비 비율분석과 마찬가지로 일정 기간의 실제 인건비를 계산하고 이를 총매출액으로 나누어 인건비 비율을 산출한다. 예를 들어, 한 달 동안의 인건비가 52만 5,000원, 총매출액이 150만 원이라면 해당 월의 인건비 비율은 35%가 된다. 계획된 목표 인건비 비율을 달성했다면 인건비가 제대로 관리되고 있다는 뜻이다.

$$\text{인건비 비율(\%)} = \frac{\text{인건비}}{\text{매출액}} \times 100$$

4) 경비

경비는 외식상품의 생산을 위해 소비되는 원가 중에서 재료비와 인건비를 제외한 모든 원가 요소를 말한다. 경비는 구성 내용이 다양하고 간접비의 성격을 갖는 원가가 대부분이다. 경비는 다음과 같이 지급경비, 월할경비, 측정경비로 분류된다.

- **지급경비**: 실제로 지급한 금액, 또는 지급청구액에 의하여 계산되는 경비로 여비교통비, 운임비, 외주가공비, 복리후생비, 수리수선비 등이 있다.
- **월할경비**: 일정 기간 발생한 총경비액을 월별로 분할해서 계산하는 경비로 감가상각비, 보험료, 임차료, 공과금, 특허권 사용료 등이 있다.
- **측정경비**: 그 달의 소비액을 실제 소비량 측정을 통해 산정하는 경비로 전기료, 가스비, 수도광열비 등이 있다.

사례 외식 물가 상승, 식재료·인건비가 핵심 요인

최근 외식 물가가 소비자물가를 12년째 웃돌며 상승세를 이어가고 있다. 올해 2월 외식 물가는 지난해 동월 대비 약 3% 상승했으며, 서울에서 김치찌개 백반은 한 달 만에 약 3% 인상되어 8,500원이 되었다.

외식 비용에서 식재료비와 인건비가 차지하는 비중은 무려 약 70%를 차지하는 것으로 나타났다. 특히 식재료비는 전체 매출의 40.4%, 인건비는 29.4%로 집계되었으며, 전년 대비 각각 2.9%포인트, 0.1%포인트 상승한 수치이다. 해외 주요 선진국과 비교해도 매우 높은 수준으로 분석되었다. 반면, 자영업자들이 자주 문제 삼는 배달 앱 수수료는 외식비용에서 차지하는 비중이 2~3% 수준으로 나타났다.

이처럼 원가 구성이 높은 구조(식재료 + 인건비 비중 약 70%)는 자영업자들이 수익을 내기 어려운 구조적 원인으로 꼽혀, 외식 물가 안정에는 구조적 대응이 필요하다는 전문가들의 지적이 이어지고 있다.

자료: 매일경제(2025. 3. 23.) 재구성.

5) 손익분기점 분석

손익분기점(Break-Even Point, BEP)이란 이익과 손실이 발생하지 않는 일정 수준의 매출액이 달성되는 지점으로 총매출액(총수익)과 총비용(총원가)이 일치하는 시점에서의 판매량(매출액)이다. 이는 외식기업이 영업비용을 회수하는 데 필요한 최소한의 판매량 또는

사례 외식업계, 5인 미만 「근로기준법」 확대에 인건비 부담

소비 위축과 비용 부담이 커지는 가운데, 5인 미만 사업장에 대한 「근로기준법」 적용 확대가 본격화될 조짐을 보여 외식업계가 긴장하고 있다. 업계는 유연한 인력 운용이 필수적인데, 규제가 한꺼번에 몰리며 고용 경직성과 인건비 부담이 심화될 것이라는 우려가 나온다.

국정기획위원회는 국민보고대회를 통해 5인 미만 사업장에 대한 「근로기준법」 단계적 적용 확대를 발표했지만, 현장에서는 오히려 고용 불안이 커질 수 있다는 걱정이 제기된다. 해고 제한, 연차휴가 의무, 수당 지급 등 추가 의무로 영세업체는 인력 축소나 채용 기피에 나설 가능성이 있다.

외식업은 점심·저녁 등 특정 시간대에 손님이 집중되는 구조로, 탄력적 근무와 수요에 따른 유연한 고용이 필수다. 업주들은 「근로기준법」 확대 적용 시 필요한 시간에만 인력을 운용하기 어려워, 비용 부담 때문에 직원 수를 줄이거나 직접 근무해야 하는 상황이 올 수 있다고 토로한다.

현재 외식업계는 인건비 부담과 구인난, 지속되는 물가 상승으로 어려움을 겪고 있다. 소비 위축으로 매출은 감소하고, 임대료·관리비·상시 인건비 등 고정비 부담은 계속 증가하며 업계의 재정 압박이 커지고 있다. 최저임금 인상과 근무일 단축 정책, 프랜차이즈 규제 강화 등 외식업계를 둘러싼 환경 악화가 계속되고 있다.

외식업계는 대부분 5인 미만 영세 사업장으로, 법적 의무가 추가될 경우 운영 자체가 어려워질 수 있다고 지적한다. 업종 특성과 현장 목소리를 반영한 유연한 제도가 필요하며, 단기적 규제 강화가 오히려 고용 축소와 실업자 증가 등 사회적 부작용을 초래할 수 있다는 우려가 나온다.

자료: 데일리안 미디어(2025. 8. 13.) 재구성.

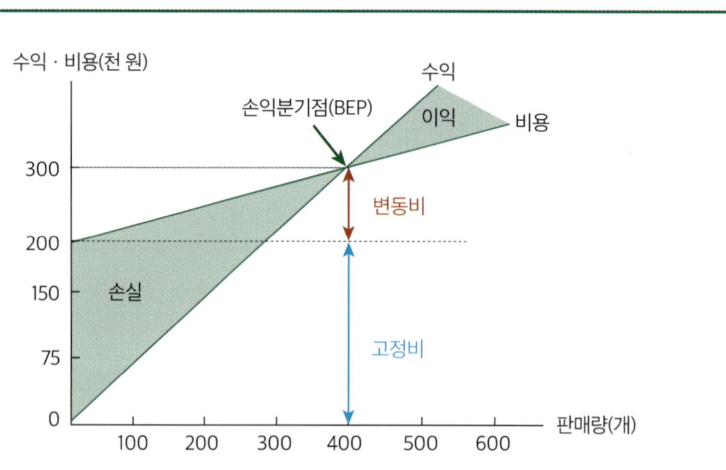

그림 10-3 손익분기점 분석

매출액을 의미한다. 손익분기점 이상의 매출액은 이익을 의미하여, 손익분기점 이하의 매출액은 손실을 나타낸다.

손익분기점 분석(Break-Even Analysis, BEA)은 메뉴판매에 따른 이익과 손실의 규모를 정확하게 파악하여 영업이익 규모를 미리 예측할 수 있어 판매 전략 수립에 매우 유용한 도구로 사용되고 있다(그림 10-3). 비용(원가), 매출액(수익), 이익의 관계분석에 기초하여 CVP 분석(Cost-Volume-Profit Analysis)이라고도 한다.

손익분기점에서는 정의에 따라 이익을 0으로 보기 때문에 총매출액과 총비용이 일치한다. 총비용은 총고정비와 총변동비를 합한 값이므로 손익분기점 매출액은 총변동비와 총고정비를 합한 값이 된다.

총매출 = 총비용 + 이익(0)

총비용 = 총고정비 + 총변동비

즉, 손익분기점 매출액 = 총고정비 + 총변동비

총매출액은 단위당 판매가격에 매출량을 곱한 값이고, 총변동비는 단위당 변동비에 매출량을 곱한 값이므로 위의 등식을 다음과 같이 표현할 수 있다.

단위당 판매가격 × 매출량 = 총고정비 + (단위당 변동비 × 매출량)

손익분기점에서의 매출량과 매출액은 다음과 같은 식으로 구할 수 있다.

$$p \times Q = F + v \times Q$$

p: 단위당 판매가격, Q: 손익분기점 매출량
F: 고정비, v: 단위당 변동비

위 식을 Q에 대해 정리하면 손익분기점 매출량(Q)은 다음과 같다. 여기서 단위당 판매가격(p)에서 단위당 변동비(v)를 뺀 값을 공헌이익(Contribution Margin, CM)이라고 한다.

$$\text{손익분기점 매출량 Q} = \frac{F}{p - v}$$

$$\text{공헌이익} = p - v$$

손익분기점 매출액(S)은 단위당 판매가격(p)에 손익분기점의 매출량(Q)을 곱함으로써 계산하거나 공헌이익률을 이용하여 다음과 같이 계산할 수 있다.

$$\text{손익분기점 매출액 S} = p \times Q$$

$$= P\left(\frac{F}{p - v}\right) = \frac{F}{1 - \frac{v}{P}}$$

$$\text{공헌이익률} = 1 - \frac{v}{p}$$

[예제] 신규로 오픈하는 스파게티 업장의 손익분기점을 분석해보자. 객단가(단위당 판매가격)가 8,000원, 연간 고정비가 4,000만 원이고, 단위당 변동비가 4,000원일 경우 손익분기점의 매출량과 매출액을 계산해보자.

1. 손익분기점의 매출량 계산

$$\text{손익분기점의 매출량 Q} = \frac{\text{고정비(F)}}{\text{단위당 판매가격(p)} - \text{변동비(V)}}$$

$$= \frac{40{,}000{,}000\text{원}}{(8{,}000\text{원} - 4{,}000\text{원})} = 10{,}000\text{식}$$

2. 손익분기점의 매출액 계산

- 손익분기점 판매량을 이용한 계산:
  손익분기점 매출액 (S) = 단위당 판매가격(p) × 손익분기점 판매량(Q)
  = 8,000원 × 10,000식
  = 80,000,000원
- 공헌이익률을 이용한 계산:
  공헌이익률 = 1 − v / p = 1 − (4,000원 / 8,000원) = 0.5
  손익분기점 매출액 = 고정비 / 공헌이익률
  = 40,000,000원 / 0.5 = 80,000,000원

이는 연간 10,000식 이상의 매출량 또는 8,000만 원 이상의 매출액을 달성해야 영업이익이 실현됨을 의미한다. 즉, 10,000식 미만을 판매하는 경우 영업손실을 초래한다고 할 수 있다.

노트 레스토랑 수익관리

환대산업에서의 수익관리(revenue management)는 원래 항공산업이나 호텔에서 수요 공급을 조율하여 수익을 극대화하기 위해 도입된 기법이다. 서비스산업에서 수익관리는 시간이 지남에 따라 소멸되는 상품과 서비스를 적절한 고객에게 원하는 시기에 합리적인 가격에 판매해 수익을 극대화시키는 것을 목표로 한다.

호텔의 '객실당 수익(Revenue per Available Room - night, RevPAR)'에 상응하는 개념으로 레스토랑의 특성을 고려해 도입된 개념이 '좌석당 수익(Revenue per Available Seat Hour, RevPASH)'이다. 호텔에서 객실을 관리하는 것처럼 레스토랑에서는 좌석(seat)을 기업의 자원(capacity)으로 보고 '좌석당 수익'을 극대화하는 것이 수익관리의 목표이다. 카임스(1999)는 고객이 식당에 체류하는 시간과 객단가의 조절을 통해 레스토랑의 수익관리가 가능하다고 하였다. 예를 들어, 고객의 체류시간을 개선하기 위해 좌석회전율이 낮은 점포의 경우 고객의 식사시간을 감소시키거나 기다리는 시간을 줄일 수 있는 방안을 강구하여 수익을 향상시킬 수 있다.

황(Hwang, 2008)은 4가지 테이블 배치 방법(table assignment policy) 중 방문하는 고객이 주로 소규모 그룹일 경우에는 프런트 투 백(front - to - back) 방법이, 대규모 그룹일 경우에는 아웃인(out - in) 방법이 다른 방법인 인아웃(in - out)과 랜덤(random) 방법보다 테이블 조합 및 배치에 융통성을 부여해 고객들의 기다리는 시간을 유의적으로 감소시켜 좌석회전율을 개선시킬 수 있을 것이라고 보고하였다. 또한 수요에 따라 다양한 가격을 차별적으로 제공하는 전략, 즉 고객이 몰리는 시간에 식사 판매금액을 높이는 방법을, 한가한 시간에는 수요를 유인하기 위한 가격 할인 정책을 이용하여 기업의 수익을 극대화할 수 있다고 하였다.

현재 대부분의 레스토랑에서는 단순한 영업 실적을 나타내는 객단가 및 단순 총매출액 규모에 기초한 수익관리에 의존하고 있으나, 향후 좌석당 회전율 등을 고려하여 좌석당 수익에 기초한 효율적인 수익경영 기법을 도입한다면 레스토랑의 수익 현황을 좀 더 정확히 파악할 수 있을 것이다. 또한 이를 토대로 하여 서비스 제공시간 조정, 수요에 기초한 최적의 테이블 배치 및 공간 활용, 그리고 가격의 탄력적 조정 등 운영에 필요한 방안을 모색하는 데 유용한 자료를 얻을 수 있을 것이다.

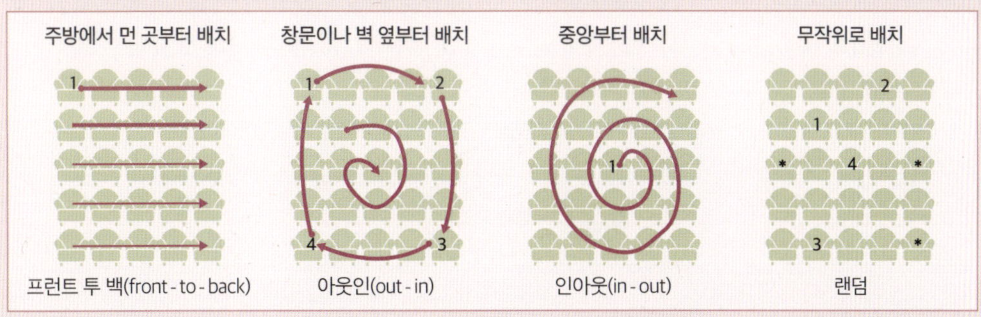

자료: Kimes(1999, 2004), Hwang(2008), 구원일·정유경·안윤영(2012) 재구성.

3. 재무제표

1) 재무제표의 이해

재무제표(financial statement)는 회사의 경영활동에 관한 정보를 보고하기 위해 일정 시점 기업의 재무 상태나 활동 결과를 요약한 표로, 특정 기간의 특정 회계실체와 관련하여 발생된 거래를 측정·기록·분류·요약한 회계 보고서이다. 이 보고서는 주주, 채권자, 거래처 등과 같은 외부 이해 관계자에게 기업의 재무적인 정보를 전달해준다. 주요 재무제표로는 **재무상태표, 손익계산서, 현금흐름표** 등이 있다(그림 10-4).

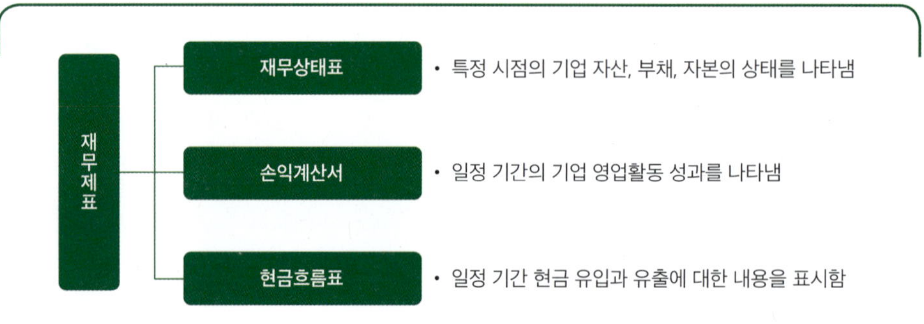

그림 10-4 재무제표의 종류

(1) 재무상태표

재무상태표는 연속적인 기업의 경영활동 중 일정 시점에서 기업의 재무 상태를 나타내며 자산(assets), 부채(liabilities), 자본(equity)의 3가지 항목으로 표시된다. 재무상태표상의 차변(자산의 합)과 대변(부채와 자본의 합)의 비교를 통해 자본 조달과 자산 운용의 균형을 파악할 수 있다(표 10-4).

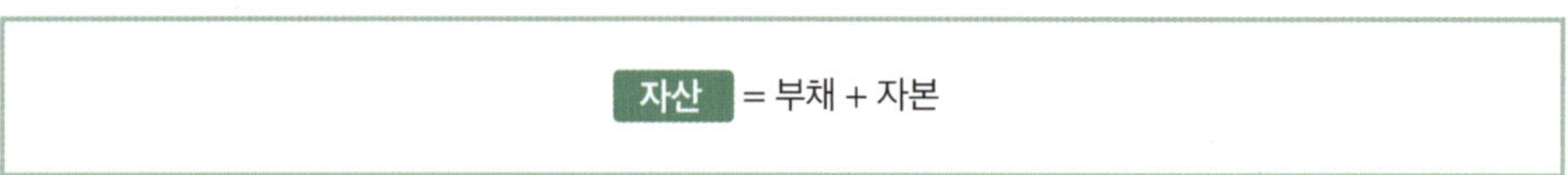

표 10-4 외식기업의 재무상태표 예

(단위: 원)

재무상태표 2024. 12. 31.			
자산	금액	부채, 자본	금액
1. 유동자산	123,486,330,102	1. 부채	96,993,262,187
(1) 당좌자산	82,275,477,170	(1) 유동부채	81,078,426,496
(2) 재고자산	35,467,115,399	(2) 비유동부채	15,914,835,691
(3) 기타 유동자산	5,743,737,533		
2. 비유동자산	258,980,227,657	2. 자본	285,473,295,572
(1) 투자자산	85,306,610,734	(1) 자본금	87,641,895,893
(2) 유형자산	173,673,616,923	(2) 자본잉여금	197,831,399,679
자산 총계	382,466,557,759	부채와 자본 총계	382,466,557,759

자료: S 외식기업.

자산은 기업이 보유하고 있는 경제적 자원으로 보통 1년 이내에 현금화될 수 있는 유동자산과 현금화에 1년 이상이 소요되는 비유동자산으로 분류된다. 유동자산은 현금, 유가증권

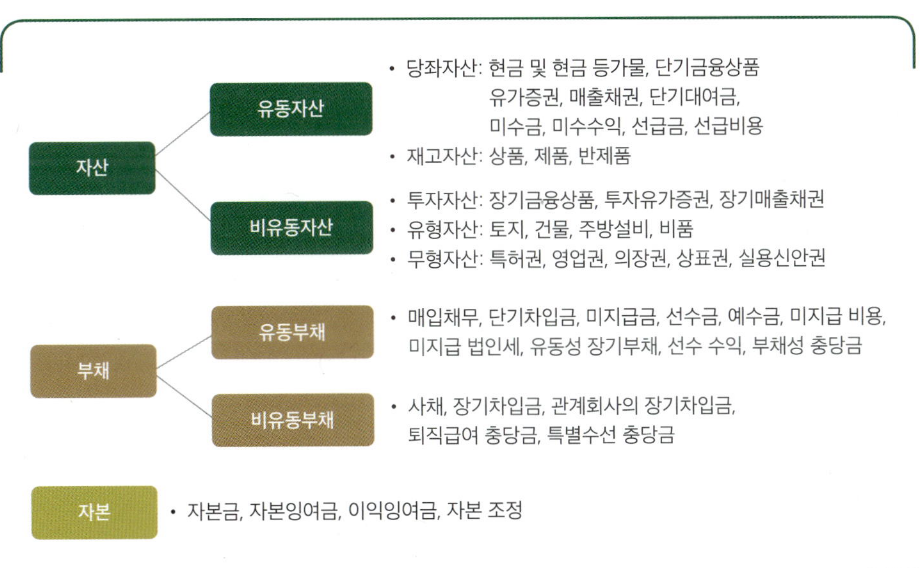

그림 10-5 재무상태표의 구성

등의 당좌자산과 상품, 제품, 반제품 등 판매과정을 거쳐 현금화가 가능한 재고자산으로 구성된다. 비유동자산은 1년 이상 장기간에 걸쳐 자산의 이익 증식을 목적으로 하는 투자자산과 기업의 생산능력과 규모를 결정하는 유형자산, 그리고 장기적으로 법률적 권리나 경제적 권리를 부여하여 기업이 경제적 효익을 얻을 수 있는 무형자산으로 구분된다.

부채는 타인에게 지급할 것을 약속한 채무로 1년 이내 현금으로 상환해야 하는 유동부채와 상환기간이 장기로 미래에 지급할 금액을 가치로 표시한 비유동부채로 구성된다. 한편 **자본**은 총자산에서 총부채를 차감한 소유 또는 주주지분으로 순자산이라고도 한다. 자본은 주주들이 출자한 자본금과 자본거래에 의해 발생한 잉여금, 자본잉여금으로 구성된다(그림 10-5).

(2) 손익계산서

손익계산서(Income Statement, IS)는 기업이 일정 기간 달성한 경영 성과를 나타내는 보고서이자 일정 기간 실현된 수익(revenue)과 비용(expense)의 차이를 순이익(net income) 형태로 보고하는 회계 자료이다. 즉, 기업의 손익을 나타내는 회계 보고서로 기업의 효율성을 평가하기 위한 기초 정보를 제공한다.

손익계산서는 기업의 당기 영업활동 성과에 대한 정보를 제공하며 기업 수익과 발생비용의 원천을 파악하고 기업의 미래 수익과 손익흐름 예측을 비롯하여 향후 경영계획이나 신규투자계획에 관한 기초 정보를 제공한다.

순이익 = 수익 – 비용

수익은 총매출액을 의미하고, 외식기업의 주요 상품인 음식과 서비스 제공을 통해 획득하는 매출액과 영업 외 활동에서 얻게 되는 영업 외 수익과 특별이익으로 구성된다. 영업 외 수익은 영업활동과 무관하게 발생한 이익금으로 이자수익, 임대료 수입 등이 있고 특별이익은 부동산 처분으로 인한 이득이나 보험 차익 등을 말한다.

비용은 외식기업이 음식과 서비스를 생산 및 판매하기 위해 소모한 금액으로 매출원가,

판매비 및 관리비, 영업 외 비용, 특별손실, 법인세 등을 포함한다. 매출원가는 상품 판매를 위해 소요된 비용으로 식재료비, 인건비 및 제반경비를 합한 금액이다. 판매비 및 일반관리비는 판매활동 및 기업의 관리와 유지에 따른 비용으로 광고비, 일반 직원의 급여, 보험료, 교통통신비 등이 있다. 영업 외 비용은 기업의 주요 영업활동에 직접 관련되지 않는 비용으로 임대료, 지급이자 등이 포함된다. 특별손실에는 불규칙적으로 발생하는 손실로 자산 처분손실, 재해손실 등이 있으며, 세금에는 개인이 내는 사업소득세와 법인이 내는 법인세가 있다.

순이익은 외식기업이 일정 기간의 영업활동을 통해 획득한 수익에서 수익창출을 위해 소비한 비용을 차감한 것으로 수익이 비용보다 많으면 순이익이 발생하고 수익보다 비용이 많은 경우에는 순손실이 발생한 것이다.

표 10-5 외식기업의 손익계산서 예

(단위: 원)

손익계산서 2024. 1. 1.~2024. 12. 31.			
		구분	금액
1단계	매출액	1. 매출액	652,135,490,132
	– 매출원가	2. 매출원가	566,813,909,454
2단계	매출 총이익	3. 매출 총이익	85,321,580,678
	– 판매비 및 일반관리비	4. 판매비와 일반관리비	77,163,546,131
3단계	영업이익	5. 영업이익	8,158,034,547
	+ 영업 외 수익	6. 영업 외 수익	3,164,352,482
	– 영업 외 비용	7. 영업 외 비용	5,555,447,804
4단계	경상이익	8. 경상이익	5,766,939,225
	+ 특별이익	9. 특별이익	1,462,389,734
	– 특별손실	10. 특별손실	–
5단계	법인세 차감 전 순이익	11. 법인세 차감 전 순이익	7,229,328,959
	– 법인세 비용	12. 법인세 비용	3,026,857,247
	당기순이익	13. 당기 순이익	4,202,471,712

자료: S 외식기업.

손익계산서는 다음의 5단계를 통해 계산할 수 있다(표 10-5). 첫 번째 단계에서 총매출액에서 매출원가를 차감하여 매출총이익을 계산하고 두 번째 단계에서는 매출총이익에서 판매비 및 관리비를 차감하여 영업이익을 산출한다. 세 번째 단계에서는 영업이익에 영업 외 수익을 더하고 영업 외 비용을 차감하여 경상이익을 산출한다. 네 번째 단계에서는 경상이익에서 특별이익을 더하고 특별손실을 차감하여 법인세 차감 전 순이익을 산출한다. 마지막으로 법인세 비용을 제하고 남는 것이 바로 당기순이익이다.

(3) 현금흐름표

현금흐름표(statement of cash flows)는 일정 기간 기업의 현금흐름을 나타내는 재무제표로 영업활동, 투자활동, 재무활동에 따른 현금의 유입과 유출에 대한 구체적인 정보를 제공한다(그림 10-6). 현금흐름표는 재무상태표나 손익계산서의 당기순이익에 대한 정보에 추가적으로 현금흐름의 순변동을 알 수 있어 매우 유용하다. 이를 통해 기업의 현금 유동성

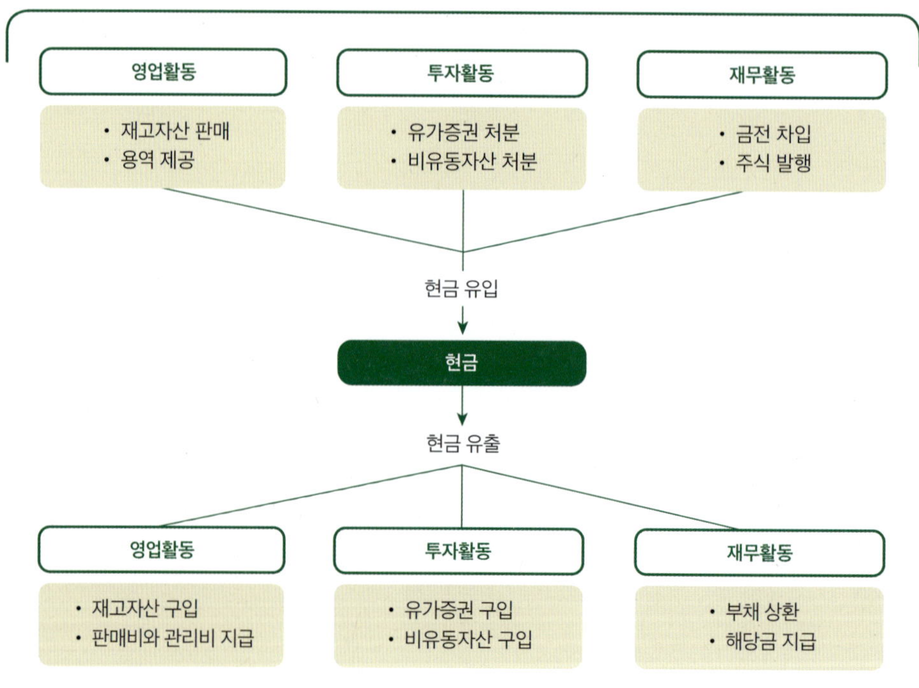

그림 10-6 활동별 현금흐름표

표 10-6 외식기업의 현금흐름표 예

(단위: 원)

현금흐름표 2024. 1. 1.~2024. 12. 31.	
구분	금액
1. 영업활동으로 인한 현금흐름	40,737,357,217
영업으로부터 창출된 현금	43,832,238,370
이자의 수취	1,429,312,227
이자의 지급	0
법인세 납부액	(−)4,524,193,380
2. 투자활동으로 인한 현금흐름	(−)31,504,320,964
투자활동으로 인한 현금유입액	76,412,829,609
투자활동으로 인한 현금유출액	(−)107,917,150,573
3. 재무활동으로 인한 현금흐름	(−)30,510,417,000
재무활동으로 인한 현금유입액	0
재무활동으로 인한 현금유출액	(−)30,510,417,000
4. 현금 및 현금성 자산의 증가(감소)	(−)21,277,380,747
5. 기초의 현금 및 현금성 자산	31,274,508,094
6. 기말의 현금 및 현금성 자산	9,997,127,347

자료: S 외식기업.

확보를 위한 거래 내역을 알 수 있으며, 기업의 자금 동원능력을 평가할 수 있다(**표 10-6**).

현금흐름표에서 현금은 현금, 예금 및 현금등가물을 의미한다. 현금흐름표를 통해 수익, 자산의 처분, 부채의 조달, 소유자 지분의 증가를 통한 **현금유입(cash flow)**과 현금의 사용, 비용, 자산의 취득, 부채의 상환, 자본의 감소 등에 의한 **현금유출(cash outflow)**을 파악할 수 있다.

순현금흐름 = 현금유입 − 현금유출

2) 재무제표 분석

재무제표 분석은 재무제표를 통하여 기업의 재무 상태나 영업 실적을 분석하는 것이다. 기존 사업의 기업들은 과거의 실적 자료에 의한 재무제표의 분석을 통하여 기업의 경영효율을 평가할 수 있으며 신규 사업의 기업은 추정 재무제표의 비율분석을 통하여 기업의 향후 경영 상태를 판단할 수 있다. 재무제표의 분석 방법 중 재무비율 분석이 가장 많이 활용되고 있다.

재무비율 분석은 재무제표에 있는 구성 항목 중 상관성이 있는 것을 선택하여 비율로 산출하는 것이다. 안전하고 효율적인 경영을 위해 외식기업 경영자가 지속적으로 검토해야 할 지표로는 수익성, 안전성, 성장성, 활동성 비율이 있다(그림 10-7).

(1) 수익성 비율

수익성 비율은 외식기업의 이익 창출능력을 평가하는 지표로 매출액에 비하여 또는 투자자본에 비하여 어느 정도의 이익을 올렸는지를 측정한다. 기업활동의 결과로 나타난 일정 기간의 경영 성과를 의미하므로 높을수록 좋다.

총자산 순이익률은 수익성을 대표하는 비율로 ROI(Return on Investment)라고도 한다. 이 비율이 낮으면 총자산은 많으나 순이익이 적다는 것을 의미한다. **자기자본 순이익률**은 자기자본이 이익에 얼마나 기여했는지 나타내는 비율로 주주들이 관심을 보이는 비율이

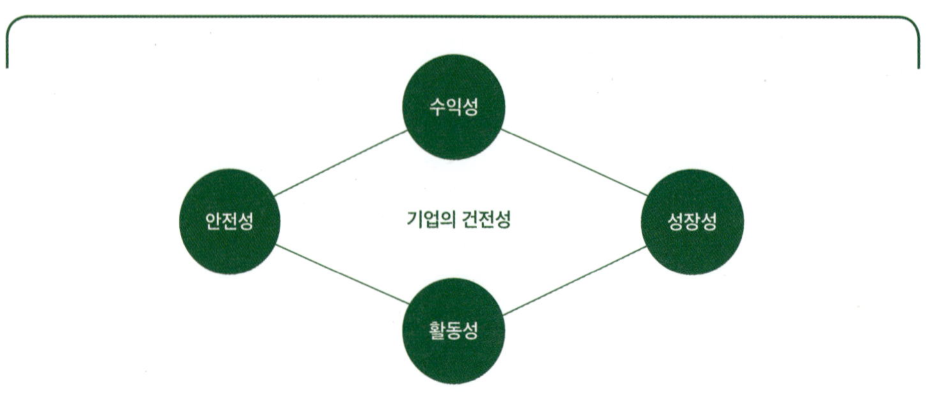

그림 10-7 외식기업의 건전성 평가지표

다. **매출액 순이익률**은 매출액의 건실성을 판단하는 비율로 이것이 낮으면 매출액은 많으나 순이익이 적다는 의미이다.

$$\text{총자산 순이익률(\%)} = \frac{\text{순이익}}{\text{총자산}} \times 100$$

$$\text{자기자본 순이익률(\%)} = \frac{\text{순이익}}{\text{자기자본}} \times 100$$

$$\text{매출액 순이익률(\%)} = \frac{\text{매출순이익}}{\text{매출액}} \times 100$$

(2) 안전성 비율

안전성 비율은 외식기업의 채무를 지급할 수 있는 능력을 평가하는 지표로 이용되며 기업위험도와 밀접한 관계가 있다. 안전성이 낮은 경우 채무를 상환할 수 있는 능력에 문제가 생겼다는 뜻으로 기업위험도는 높아진다. 기업의 안전성은 부채비율과 반비례하여 부채비율이 일정 수준 이상으로 높아지면 기업이 위험에 처했다는 의미이다.

$$\text{부채비율(\%)} = \frac{\text{부채}}{\text{자기자본}} \times 100$$

(3) 성장성 비율

성장성 비율은 외식기업의 규모 및 영업활동 결과가 전년과 비교하여 얼마나 증가하였는지를 평가하는 지표로 기업의 미래 경쟁력과 수익 창출능력을 나타낸다. 예를 들어, 기업의 매출액 증가율이 동일 업종 내 다른 기업보다 높으면 그 업계에서의 경쟁적 지위가 향상되고 시장점유율이 계속 상승하고 있음을 의미한다. 매출액 증가율과 순이익 증가율은 회사의 성장성을 측정하는 대표적인 비율로, 매출액 및 순이익이 전기보다 얼마나 증가했는지 나타내준다.

$$\text{매출액 증가율(\%)} = \frac{\text{당기 매출액} - \text{전기 매출액}}{\text{전기 매출액}} \times 100$$

$$\text{순이익 증가율(\%)} = \frac{\text{당기 순이익} - \text{전기 순이익}}{\text{전기 순이익}} \times 100$$

(4) 활동성 비율

활동성 비율은 수입 증대를 위하여 투입한 자본과 영업활동의 성과인 매출액을 비교하여 매출액으로 활동성의 정도를 평가하는 지표이다. 총자산 회전율은 총자산에 비하여 얼마의 매출을 올렸는지 나타내며 이외에도 비유동자산 회전율, 재고자산 회전율 등의 지표가 있다. 또한 이 지표들은 기업이 보유하고 있는 자원을 효율적으로 활용하고 있는지를 평가하고, 외식기업의 자본 과잉 투자 여부를 판단하는 데도 이용된다. 기업이 적은 자산으로 큰 매출을 창출했다면 활동성 비율이 상승할 것이며, 이는 기업의 자산이 효율적으로 관리되고 있음을 의미한다.

$$\text{총자산 회전율(회)} = \frac{\text{매출액}}{\text{총자산}} \times 100$$

$$\text{비유동자산 회전율(회)} = \frac{\text{매출액}}{\text{비유동자산}} \times 100$$

$$\text{재고자산 회전율(회)} = \frac{\text{매출액}}{\text{재고자산}} \times 100$$

STEP 1
활동 사례
ACTIVITY

외식기업 A사의 재무상태표와 손익계산서는 다음 표와 같다. 이를 이용하여 다음에 제시되어 있는 재무제표 비율을 분석해보자.

재무상태표

A사 (단위: 천 원)

과목	2024년 12월 31일	2023년 12월 31일
자산		
Ⅰ. 유동자산	672,716	575,349
(1) 당좌자산	411,517	331,053
(2) 재고자산	261,199	244,296
Ⅱ. 비유동자산	303,874	240,933
(1) 투자자산	50,549	40,192
(2) 유형자산	251,660	199,960
(3) 무형자산	1,665	781
자산 총계	976,590	816,282
부채		
Ⅰ. 유동부채	696,602	565,657
Ⅱ. 비유동부채	112,217	86,443
부채 총계	808,819	652,100
자본		
Ⅰ. 자본금	70,000	70,000
Ⅱ. 자본잉여금	54,770	52,000
Ⅲ. 이익잉여금	43,001	42,182
자본 총계	167,771	164,182
부채와 자본 총계	976,590	816,282

손익계산서

A사 (단위: 천 원)

과목	2024년 12월 31일	2023년 12월 31일
1. 매출액	1,619,632	1,383,678
2. 매출원가	1,559,435	1,317,619
3. 매출총이익	60,197	66,059
4. 판매비와 관리비	42,865	31,841
5. 영업이익	17,332	34,218
6. 영업 외 수익	121,051	59,615
7. 영업 외 비용	130,773	45,442
8. 경상이익	7,610	48,391
9. 특별이익	1,819	3,301
10. 특별손실	307	2,308
11. 법인세 차감 전 순이익	9,122	49,384
12. 법인세비용	1,230	7,363
13. 당기순이익	7,892	42,021

1. 2024년 A사의 재무구조의 수익성을 나타내는 자기자본 순이익률을 다음과 같이 계산하였을 때 이 수치의 의미를 해석해보자.

$$\text{자기자본 순이익률} = \frac{\text{순이익}}{\text{자기자본}} \times 100 = \frac{7,892}{167,771} \times 100 = 4.7\%$$

2. 2024년 A사의 재무구조의 안전성을 평가하는 부채비율을 다음과 같이 계산하였을 때 이 수치의 의미를 해석해보자.

$$\text{부채비율} = \frac{\text{부채}}{\text{자기자본}} \times 100 = \frac{808,819}{167,771} \times 100 = 482\%$$

3. 2023년의 수익성과 안전성 비율을 산출해보고 2024년과 비교하였을 때 어떠한 변화가 있었는지 토의해보자.

STEP 2
연습 문제
REVIEW

1. 외식원가의 개념과 3가지 구성 요소를 설명해보자.
2. 실제 식재료 원가가 표준 식재료 원가와 차이가 나게 되는 원인과 그 문제를 해결할 수 있는 방안을 제시해보자.
3. 패스트푸드 외식기업에서 인건비 절감을 위해 노력하고 있는 방안들을 제시해보자.
4. 손익분기점의 정의와 손익분기점 매출량 및 매출액 산출 방법을 설명해보자.
5. 외식기업에서 사용하고 있는 주요 재무제표의 종류와 활용 목적을 설명해보자.
6. 외식기업의 건전성 평가를 위해 재무분석에 활용되는 여러 지표를 열거해보자.
7. 외식업체 한 곳의 식재료비 절감을 위한 원가관리 실태를 조사해보자.
8. 최근 외식업에서 인건비 절감과 인력관리를 위해 강구하고 있는 방안을 조사해보자.
9. 외식업체 한 곳의 손익계산서를 토대로 기업의 경영 성과를 분석해보자.

STEP 3
용어 정리
KEYWORD

- **원가** 상품의 제조, 판매, 서비스 제공을 위하여 투입된 재화나 용역의 경제가치
- **외식원가** 외식상품인 음식을 생산하여 제공하기 위해 소비된 경제적 가치
- **외식원가의 3요소** 식재료비, 인건비, 경비로 구성되며 이 중 외식업에서 운영비용의 대부분을 차지하는 식재료비와 인건비를 주요원가(prime cost), 또는 기초원가라고 함
- **식재료비** 음식 생산을 위하여 소비되는 식재료 구입비용으로 주식비, 부식비 등이 포함
- **인건비** 음식을 생산하는 데 종사한 직원에게 제공되는 임금, 급료, 각종 수당, 상여금, 퇴직급여 충당금 등
- **경비** 음식 생산을 위해 소비되는 원가 중에서 재료비와 인건비를 제외한 모든 비용으로 광열비, 전력비, 감가상각비 등
- **표준 식재료 원가** 표준레시피에 의한 재료의 사용량에 따라 결정되며 각 상품의 품목별로 산출되는 원가로 효율적 원가통제의 수단

- **식재료비 비율** 전체 매출액 중에서 식재료비가 차지하는 비율로 외식업에서 식재료 원가를 통제하는 주요 수단으로 활용
- **인건비 비율** 전체 매출액 중 인건비가 차지하는 비율로 외식업에서 종업원의 인건비 관리 및 생산성을 평가하는 방법으로 활용
- **손익분기점** 이익과 손실이 발생하지 않는 일정 수준의 매출액이 달성되는 지점으로 총매출액(총수익)과 총비용(총원가)이 같아지는 판매량(매출액)
- **재무제표** 회사의 경영 활동에 관한 정보를 보고하기 위해 일정 시점 기업의 재무 상태나 활동 결과를 요약한 표로 특정 기간 동안에 특정 회계실체에 관련하여 발생된 거래를 측정·기록·분류·요약한 회계 보고서
- **재무상태표** 연속적인 기업의 경영활동 중 일정 시점의 기업 재무 상태를 나타내며 자산, 부채, 자본의 3가지 항목으로 표시
- **손익계산서** 기업의 일정 기간 달성한 경영 성과를 나타내는 보고서로 일정 기간 실현된 수익과 비용의 차이를 순이익 형태로 보고하는 회계자료
- **현금흐름표** 일정 기간 기업의 현금흐름을 나타내는 재무제표로 영업활동, 투자활동, 재무활동에 따른 현금 유입과 유출에 대한 구체적인 정보 제공
- **재무제표 분석** 재무제표를 통하여 기업의 재무 상태나 영업 실적을 분석
- **수익성 비율** 외식기업의 이익 창출능력을 평가하는 지표로 매출액에 비하여 또는 투자자본에 비하여 어느 정도의 이익을 올렸는지를 측정
- **안전성 비율** 외식기업의 채무를 지급할 수 있는 능력을 평가하는 지표로 기업위험도와 밀접한 관계가 있음
- **성장성 비율** 외식기업의 규모 및 영업활동 결과가 전년보다 얼마나 증가했는지를 평가하는 지표로 기업의 미래 경쟁력과 수익창출능력을 나타냄
- **활동성 비율** 수입 증대를 위하여 투입한 자본과 영업활동의 성과인 매출액을 비교하여 매출액으로 활동성의 정도를 평가하는 지표

참고문헌

CHAPTER 1

국회미래연구원(2025). 인구위기와 축소사회 대응 Ⅳ. 1인 가구 증가 대응 방안.

농림축산식품부, 한국농수산식품유통공사 보고서(2024).

대한상공회의소 보도자료(2025. 3. 7.). 10년간 K - 푸드 수출 동향과 시사점.

미국레스토랑협회(2025). State of the Restaurant Industry 2025.

양일선(2012). 기관탐방 - 한식재단. 한국콘텐츠학회지, 10(3):61 - 64.

유로모니터 인구통계(2017).

2025년 3분기 외식산업경기동향지수 보고서.

이해영·정라나·양일선(2005). 델파이 기법을 이용한 한국에서의 Home Meal Replacement(HMR) 개념 정립 및 국내 HMR 산업 전망 예측. 한국영양학회지, 38(3):251 - 258.

정라나·이해영·양일선(2007). 가정식사 대용식 제품 유형별 재구매 의도와 소비자 태도 구성개념간의 구조적 관련성 검증. 대한지역사회영양학회지, 12(3):344 - 351.

정유선·함선옥·양일선·김하영(2014). 외식 영양표시에 대한 소비자의 인지도 및 만족도 조사. 호텔경영학연구, 23(5):221 - 237.

정진이·김어지나·양일선·함선옥(2015). 외식업체의 영양표시제도 시행동기 및 장애요인. 호텔경영학연구, 24(1):227 - 243.

통계청(2025. 3). 2023년 서비스업조사 보고서.

한국표준산업분류(2024. 7. 1.). 통계청 고시 제2024 - 203호.

Ninemeier (2010). Management of Food and Beverage Operations (5th ed.). American Hotel & Lodging Educational Institute.

Walker, J. (2008). Exploring the hospitality industry. Upper Saddle River, NJ: Prentice Hall.

국가데이터처. www.mods.go.kr
경제신문 이투데이 홈페이지. www.etoday.co.kr
경향신문 홈페이지. www.khan.co.kr
국가법령정보센터 홈페이지. www.law.go.kr
국가통계포털 홈페이지(KOSIS). www.kosis.kr
The외식 홈페이지. www.atfis.or.kr
동아일보 홈페이지. www.donga.com
롯데GRS 홈페이지. www.lottegrs.com
매일경제 홈페이지. www.mk.co.kr
메디쏠라 홈페이지. www.medisola.kr
몰리 홈페이지. moly.com
미국 레스토랑협회 홈페이지. www.restaurant.org
법제처 홈페이지. www.moleg.go.kr
베지푸드 홈페이지. www.vegefood.co.kr
스페셜경제 홈페이지. www.speconomy.com
식품외식경제 홈페이지. www.foodbank.co.kr
식품음료신문 홈페이지. www.thinkfood.co.kr
식품저널 foodnews 홈페이지. www.foodnews.co.kr
월간식당 홈페이지. month.foodbank.co.kr
이코노믹리뷰 홈페이지. www.econovill.com
1코노미뉴스 홈페이지. www.1conomynews.co.kr
일본 통계청 홈페이지. www.stat.go.jp
중국 산업정보 네트워크 홈페이지. www.chyxx.com
KBS뉴스 홈페이지. news.kbs.co.kr
코트라 해외시장뉴스 홈페이지. news.kotra.or.kr
통계청 홈페이지. www.kosis.kr
TV조선 홈페이지. news.tvchosun.com
한국경제 홈페이지. www.hankyung.com
한국외식산업정보 홈페이지. www.atfis.or.kr
한식진흥원 홈페이지. www.hansik.or.kr

고용노동부(2025. 8. 5.). 2026년 적용 최저임금 시간급 10,320원 보도.
국민일보(2025. 5. 12.). 밀키트가 달라졌다… '프리미엄 경험식' 확장 보도.
녹색경제신문(2025. 3. 5.). '제로(Zero)' 열풍 어디까지 보도.
농림축산식품부(2024). 외식산업 실태조사 보고서.
농림축산식품부, 한국농수산식품유통공사(2025). 2025 국내외 외식 트렌드 조사 보고서.
뉴데일리(2024. 4. 24.). CU 겟커피 성장세 관련 보도.
뉴시스(2025. 12. 18.). 판도 바뀌는 간편식 시장 보도.
뉴시스(2025. 2. 27.). GS25·CU PB 매출 비중 변화 관련 보도.
대한상공회의소(2023). MZ세대 소비 트렌드 보고서.
동아일보(2023. 7. 17.). 외식업체 60% "직원 구하기 힘들어"… 3년 후에도 난망 보도.
동아일보(2024. 4. 15.). 저가커피 메가MGC커피 매출 관련 보도.
동아일보(2026. 1. 1.). 소버 큐리어스 트렌드 관련 보도.
땅집GO(2025. 2. 16.). 청담 프라다·셀린느 옆 450억 빌딩에 매장 차린 '뜻밖의 브랜드'.
로봇신문(2025. 8. 26.). 에니아이, 햄버거 조리로봇 리스 상품 출시… "자영업자 자동화 도입 부담 낮춘다" 보도.
매경헬스(2024. 1. 26.). "사람 없으면 로봇 쓰자"… 외식업계 인력난에 '서빙로봇' 주목 보도.
매일경제(2023. 9. 18.). 외식업계, 디지털 전환 관련 보도.
매일경제(2025. 12. 2.). 전 세계가 반한 K베이커리, SPC그룹 파리바게뜨 글로벌 700호점 돌파 보도.
매일경제(2025. 3. 20.). 컴포즈커피 매출·영업이익 관련 보도.
머니투데이(2025. 1. 16.). GS25 카페25 매출 성장 관련 보도.
머니투데이(2025. 12. 1.). "한국 빵집이었어? 너무 맛있어"… '하루 700명 북적' 파리에 뜬 파리바게뜨 [르포] 보도.
메가경제(2024. 12. 26.). 138만 원 덜 주고 일까지 잘하는 이 점원… 자영업자 '만족' 보도.
배스킨라빈스 workshop점, 도슨트 프로그램.
비즈니스포스트(2025. 3. 5.). 오설록, 서울 신세계 강남점 말차 특화 매장 오픈.
비즈니스플러스(2024. 12. 18.). 뉴욕 미쉐린 스타 셰프와 손잡은 CJ제일제당, 프리미엄 한식 밀키트 출시 보도.
비즈니스플러스(2025. 5. 7.). 밀키트도 '프리미엄'… 유명 셰프·전통시장 맛집과 협업 보도.
비즈워치(2025. 2. 27.). 편의점보다 많은 카페… 생존 키워드는 '특화 매장'.

서울경제(2024. 2. 19.). 외식업 인력난 심화… 디지털 기술로 돌파구 모색.

서울경제(2025. 11. 29.). 1,900원 김밥 등 초저가 간편식 관련 보도.

세계일보(2025. 2. 13.). 출국 직전 필수 쇼핑 코스… 외국인 '성지'된 서울역 롯데마트 소테츠호텔즈. BST 레스토랑 런치 뷔페 안내.

시사저널e(2025. 3.6.). AI 마케팅 결합 테이블오더 '큐로', 공급 범위 확장 가속화 보도.

식품외식경제(2022. 8. 24.). 외식업계 인력난, 사람 아닌 '테크'와 협업하라 보도.

식품외식경제(2024. 12. 6.). bhc 치킨, '튀김로봇' 도입 매장 전국 22개로 확대 보도.

식품외식경제(2024. 5. 23.). 음식점 무인주문기 도입 코로나 전보다 5배 상승 보도.

식품외식경제(2024. 6. 27.). "외식비 겁난다"… 고물가에 간편식 시장 성장 보도.

식품음료신문(2025. 6. 25.). 대목 앞둔 여름 HMR 보양식 시장, '편리미엄'과 '이색'으로 격돌 보도.

식품저널(2023. 11. 27.). 음식점업 인력난 숨통 트인다… E-9 비자 외국인 근로자 고용 허용 보도.

아시아경제(2024. 6. 14.). 테이블오더 확산, 외식업 운영 방식 관련 보도.

아시아경제(2025. 5. 29.). 전통 한식이라 더 좋아요… 글로벌 시장 달군 K-간편식 보도.

아시아경제(2025. 6. 16.). 단백질 시장 6배 벌크업. 식품업계 '프로틴' 경쟁 보도.

아주경제(2024. 7. 24.). 노랑통닭, 플래그십 스토어 강남구청점 개점.

SR타임즈(2024. 12. 18.). 인건비 부담에 무인 주문기 확산… 외식업계 디지털 관련 보도.

연합뉴스(2023. 8. 30.). 소상공인 디지털 전환 가속 관련 보도.

우먼타임스(2025. 1. 7.). [르포] 변화 시도한 매드포갈릭, "가장 한국적인 이탈리아 레스토랑 될 것".

월요신문(2025. 12. 29.). '돼지곰탕'으로 뉴욕 휩쓴… '흑백요리사 2' 옥동식 방문기 보도.

이뉴스투데이(2025. 1. 9.). 외식업계, 리뉴얼부터 이색 콘셉트까지… 차별화 매장 전략.

이코노믹리뷰(2025. 9. 12.). 스타벅스, 출점 전략 새 판 짠다… 특화 매장으로 승부.

이투데이(2022. 12. 11.). 온라인 매출, 소상공인 디지털 전환 관련 보도.

인더스트리뉴스(2025. 9. 25.). 샐러드, 이제 '한 끼 식사'로 보도.

전자신문(2025. 5. 22.). 교촌치킨, 4개월간 로봇 특허 4건 취등록… 치킨로봇 개발 '잰걸음' 보도.

조선비즈(2024. 4. 1.). 클로즈런(마감 할인) 확산 관련 보도.

조선일보(2024. 4. 22.). 제육정식 4만 4,000원… 뉴욕 한복판 등장한 K-기사식당 보도.

조선일보(2025. 4. 20.). bhc·BBQ·교촌치킨 매출 각각 5,000억 원 수준서 정체… "올해는 해외가 답" 보도.

조선일보(2025. 7. 11.). 뺄수록 돈 되는 제로 시대. '저당 시장'에 뛰어든 식품 기업들 보도.

주간조선. (2025. 10. 4.). '집밥'된 간편식… 가스불은 꺼져도 전자레인지는 돈다 보도.

중소벤처기업부(2024). 스마트상점 확산 정책자료.

중앙일보(2025. 11. 24.). [2025 대한민국 하이스트 브랜드] 57개국에 진출… K-치킨 세계화 앞장 보도.

Kfood Times(2024. 1. 4.). 대한민국 외식 트렌드 분석과 2024년 외식산업 전망.

코리아포스트 한글판(2025. 12. 30.). [연말기획] 2025 결산… 국내 프랜차이즈 해외진출, "K-푸드 글로벌 주류화 원년" 보도.

핀포인트뉴스(2025. 8. 19.). 일상식으로 확장… 헬시플레저·저속노화 트렌드 맞물려 보도.

한경(2025. 3. 2.). 산골 구석까지 서빙로봇, 구인난 해결 보도.

한국경제(2024. 3. 5.). 외식업 키오스크·테이블오더 관련 보도.

한국경제(2024. 6. 25.). 파이브가이즈 국내 매장 글로벌 매출 Top 10 관련 보도.

한국경제(2025. 10. 28.). 건강지능(HQ) 시대 온다… CU, '더건강 간편식 시리즈' 보도.

한국경제(2025. 11. 25.). 외식업 인력난, 디지털 전환 관련 보도.

한국경제(2025. 10. 4.). CJ제일제당, 해외 식품 생산역량 확대… 'K푸드 글로벌 영토 확장' 가속화 보도.

한국농수산식품유통공사(aT)(2024). 외식 트렌드 분석 리포트.

한국농촌경제연구원(KREI)(2024). 2024 국내외 외식산업 동향 및 외식업체 경영실태 심층 분석.

한국외식산업연구원(2024). 외식산업 트렌드 2025.

한국프랜차이즈산업협회(2024). 외식업 디지털 전환 보고서.

호주 공영방송 SBS(2025. 3. 2.). 컬처인: 뉴요커 사로잡은 K-기사식당 'Kisa'… 한국식 백반 열풍! 보도.

Deloitte (2024). Global Consumer Trends.

Euromonitor International. (2024). Digital Dining: The FinTech revolution in global foodservice industry.

Harvard Business Review Press.

McKinsey & Company (2023). The future of retail and foodservice.

Mintel. (2025. 10. 30.). Foodservice industry trends: Insights for brands & operators.

Mordor Intelligence. (2025). Food service market size, share & 2030 growth trends.

National Restaurant Association. (2024). Restaurant technology trends report 2024.

Pine, B. J., & Gilmore, J. H. (1999). The Experience Economy: Work Is Theatre & Every Business a Stage. Harvard Business School Press.

Pine, B. J., & Gilmore, J. H. (2011). The Experience Economy (Updated Edition).
StartUs Insights. (2025). Top 10 restaurant industry trends in 2026.
Supy. (2025. 9. 12.). Restaurant industry trends shaping 2025: What operators need to know.
Wendys. (2023. 5. 9.). Wendy's Taps Google Cloud to Revolutionize the Drive-Thru Experience with Artificial Intelligence.

농림축산식품부 홈페이지. www.mafra.go.kr
옥동식 공식 인스타그램. www.instagram.com/okdongsik
한국무역협회 홈페이지. www.kita.net

CHAPTER 3

김기석(2012). 신상품 마케팅 전략. 인플로우.
김상률·윤영수(2013). 브랜드개발전략론. 한국지식개발원.
김태욱(2015). 브랜드 스토리텔링. 커뮤니케이션북스.
박문경·김재철(2007). 서비스 품질 속성 IPA 분석을 활용한 테마 레스토랑 입지별 LSM 전략수립. 대한영양사협회 학술지, 13(3), 277-294.
박소현·이민아·차성미·곽창근·양일선·김동훈(2009). 외국인의 한식에 대한 브랜드 이미지 분석. 한국식품조리과학회지(2009), 25(6), 655-662.
박홍수·하영원·우정(2012). 신상품마케팅. 박영사.
서용구·구인경(2015). 브랜드 마케팅. 학현사.
소슬기(2020). 브랜드 경험 디자인 바이블. 유엑스리뷰.
수잔 피스크·크리스 말론 저, 장진영 역(2015). 어떤 브랜드가 마음을 파고 드는가: 브랜드와 심리학의 만남. 전략시티.
앨리나 휠러(2012). 디자이닝 브랜드 아이덴티티. 유승재 역. 비즈앤비즈.
유혜경·신서영·홍완수(2008). 노년소비자의 라이프스타일에 따른 세분시장별 외식업소 선택속성 중요도 차이 분석. 외식경영연구, 11(4), 285-309.
이경태(2017). 살아남는 식당은 1%가 다르다. 천그루숲.
이명강·양일선·이소정·신서영(2006). Take-out 전문점의 고객 세분화 전략: Cafe Amoje 이용 고객을 중심으로. 외식경영연구, 9(1), 153-172.

이민아(2000). 피자 레스토랑의 차별화 전략구축을 위한 브랜드 인식도와 선택속성 분석. 연세대학교 대학원 석사학위논문.
이와나가 요시히로(2013). 브랜드네이밍 개발법칙. 고봉석 역. 이서원.
이준호(2019). 마케팅 컨설테이션. 생각나눔.
이호준(2013). 브랜드디자인. 지구문화사.
임태수(2020). 브랜드, 브랜딩, 브랜디드. 안그라픽스.
장욱선(2014). 실무자가 알아야 할 브랜드 아이덴티티 디자인. 반디모아.
정창윤(2019). 컨셉 있는 공간. 북바이퍼블리.
차성미·양일선·백승희·김윤지·정진이(2012). 계층분석과정(AHP)을 이용한 해외 한식당 브랜드 커뮤니케이션 전략의 우선순위 결정. 한국식생활문화학회지, 27(3), 274-284.
한승연(2013). 브랜드 이미지 통합 전략에 따른 C.I 개발연구: '더 본 코리아'를 중심으로. 이화여자대학교 대학원 석사학위논문.

Bernard D, Lockwood A, Alcott P, Pantelidis L (2012). Food and beverage management. 5th ed. Routledge.
Taschen America (2014). Restaurant & bar design. Taschen Inc.
Walker, J.R. (2013). The restaurant: from concept to operation. 7th ed. John Wiley & Sons Inc.

롯데GRS 홈페이지. www.lottegrs.com
머니투데이 홈페이지. www.mt.co.kr
메가MGC커피 홈페이지. www.mega-mgccoffee.com
스포츠동아 홈페이지. sports.donga.com
CJ 공식 블로그. www.blog.cj.net.
식품외식경제 홈페이지. www.foodbank.co.kr
SPC삼립홈페이지. www.spcsamlip.co.kr
월간 호텔과 식당 홈페이지. www.hotelrestaurant.co.kr
이뉴스투데이 홈페이지. www.enewstoday.co.kr
주간한국 홈페이지. weekly.hankooki.com
투썸플레이스 홈페이지. www.twosome.co.kr
푸라닭 홈페이지. www.puradakchicken.com

김선영(2014). 런던 레스토랑, 카페, 베이커리 공간디자인 스터디. 커뮤니케이션북스.

김현지 외(2009). 상업공간 디자인. 도서출판 신정.

J. 파네로 · M. 젤니크(1996). 인체공학과 실내공간. 미진사.

최수지·남궁영·신서영·양일선(2011). 에스닉 레스토랑의 식공간 연출 구성요소 분석 : 일반 레스토랑과의 비교를 중심으로. 호텔경영학연구, 20(6), 115 - 131.

한국실내디자인학회(1997). 실내디자인각론. 기문당.

황춘기 외(2008). 주방관리론. 지구문화사.

Costas Katsigris & Chris Thomas (2009). Design and Equipment for Restaurants and Food Service. WILEY.

Regina S. Baraban & Joseph F. Durocher (2010). Successful Restaurant Design. WILEY.

구글 홈페이지. www.google.com

뉴스퀘스트 홈페이지. www.newsquest.co.kr

매경헬스 홈페이지. www.mkhealth.co.kr

매일경제 홈페이지. www.mk.co.kr

삼성웰스토리 홈페이지. www.story-w.co.kr

시애틀 리파인드 홈페이지. www.seattlerefined.com

식품외식경영 홈페이지. www.foodnews.news

NBN뉴스 홈페이지. www.nbnews.kr

월간인터뷰 홈페이지. www.interviewm.com

이투데이 홈페이지. www.etoday.co.kr

중앙일보 홈페이지. www.joongang.co.kr

한국경제 홈페이지. www.hankyung.com

한화저널 홈페이지. www.hanwha.co.kr

CHAPTER 5

농림축산식품부, 한국농수산식품유통공사(2024). 2024 국내외 외식트렌드.

동아일보(2024. 11. 14.) 자극 - 건강 함께 추구 '푸드밸런스', 새로운 맛 트렌드.

보건복지포럼(2012). 보건복지포럼 자료집.

식품의약품안전처(2014). 알기 쉬운 HACCP 관리(개정판).

식품의약품안전처(2015). 개방형 주방 음식점 위생관리 매뉴얼(한식, 중식, 일식).

식품의약품안전처(2020). 2020년도 식품안전관리지침.

양일선·이보숙·차진아·한경수·채인숙(2025). 단체급식(제5판). 교문사.

정김경숙(로이스김)(2025). 우리는 다르게 팝니다. 더퀘스트.

주난영·이경미·정현아·나혜진·송태희·이상호(2009). 식품위생과 HACCP 실무. 파워북.

한국급식외식위생학회(2015). 추계학술대회 자료집.

한국미래일보(2026. 2. 4.) 두쫀쿠, 국내 열풍에서 두바이 역수출까지.

한국외식업중앙회(2020). 2020 일반 음식점 영업과 위생교육 교재.

글로벌경제신문 홈페이지. www.getnews.co.kr

농림축산식품부 홈페이지. www.mafra.go.kr

동아닷컴 홈페이지. www.donga.com

디지털타임스 홈페이지. www.dt.co.kr

식품안전나라 홈페이지. www.foodsafetykorea.go.kr

식품의약품안전처 홈페이지. www.mfds.go.kr

월간식당 홈페이지. month.foodbank.co.kr

파이낸셜뉴스 홈페이지. www.fnnews.com

한국경제 홈페이지. www.hankyung.com

한국식품안전관리인증원 홈페이지. www.haccp.or.kr

한국외식산업협회 홈페이지. www.kofsia.or.kr

한국외식업중앙회 홈페이지. www.foodservice.or.kr

CHAPTER 6

농림축산식품부(2020. 6. 22.). 보도자료.
농림축산식품부(2024. 3. 4.). 보도자료.
보건복지포럼(2012). 보건복지포럼 자료집.
서울경제(2025. 2. 12.). "오늘 점심에도 먹었는데" … 마라탕집 5곳 중 1곳이 식품위생법 위반.
식품위생법 시행규칙 제57조.
식품의약품안전처(2014). 알기 쉬운 HACCP 관리(개정판).
식품의약품안전처(2015). 개방형 주방 음식점 위생관리 매뉴얼(한식, 중식, 일식).
식품의약품안전처(2025). 2025년도 식품안전관리지침.
식품의약품안전처(2025. 2. 6.). 식품 유형별 이물 혼입방지 가이드라인 배포 안내.
식품의약품안전처(2026). 음식점 위생등급제를 집단급식소까지 적용 확대. 정책 보도자료(식중독예방과).
식품의약품안전처(2026. 1. 28.). 「음식점 위생등급 지정 및 운영관리규정」 일부개정고시(안) 행정예고. 공고 제2026-45호.
양일선·이보숙·차진아·한경수·채인숙(2025). 단체급식(제5판). 교문사.
NYC Health(2025. 7. 19.). 뉴욕시 식당 위생등급제 시행 15주년 기념 보도자료(Health Department Celebrates 15th Anniversary of the City's Restaurant Grading System). 뉴욕시 보건국.
주난영·이경미·정현아·나혜진·송태희·이상호(2009). 식품위생과 HACCP 실무. 파워북.
한국급식외식위생학회(2015). 추계학술대회 자료집.
한국외식업중앙회(2025). 2025 일반 음식점 영업과 위생교육 교재.

글로벌경제신문 홈페이지. www.getnews.co.kr
농림축산식품부 홈페이지. www.mafra.go.kr
동아닷컴 홈페이지. www.donga.com
디지털타임스 홈페이지. www.dt.co.kr
식품안전나라 홈페이지. www.foodnara.go.kr
식품의약품안전처 홈페이지. www.mfds.go.kr
파이낸셜뉴스 홈페이지. www.fnnews.com
한국경제 홈페이지. www.hankyung.com
한국식품안전관리인증원 홈페이지. www.haccp.or.kr

한국외식산업협회 홈페이지. www.kofsia.or.kr
한국외식업중앙회 홈페이지. www.foodservice.or.kr

CHAPTER 7

고용노동부·한국프랜차이즈산업협회(2018). 프랜차이즈 사업주가 쉽게 이해하는 주요노무관리 가이드북.

고진현(2009). 외식업체 관리자의 서번트 리더십이 종사자의 직무태도에 미치는 영향. 연세대학교 생활환경대학원 석사학위 논문.

노동부(2007). 직무분석 및 직무평가 가이드북. 노동부.

롯데GRS(2024). 롯데GRS Sustainability Report.

명미선(2000). 특급호텔 조리 식음료 종사원의 직무만족도 및 이직의사 견해 분석. 연세대학교 생활환경대학원 석사학위논문.

박기용(2009). 외식산업경영학(제3판). 대왕사.

박성수 외(2010). 디지로그시대의 인적자원관리(제2판). 박영사.

박혜정(2003). 외식업체의 교육 인적자원관리 체계가 서비스 종사원의 업무수행도와 고객만족에 미치는 영향. 연세대학교 생활환경대학원 석사학위논문.

양일선·차진아·신서영·박문경(2022). 급식경영학(제5판). 교문사.

윤기호(2013). 외식 교육훈련 프로그램과 교육만족·직무만족과의 관계. 경기대학교 외식조리관리학과 석사학위논문

이승호(2014). 코칭 리더십이 조직 유효성에 미치는 영향: 부하의 감성지능의 매개효과를 중심으로. 연세대학교 생활환경대학원 석사학위논문.

이학종·양혁승(2010). 전략적 인적자원관리(제2판). 박영사.

장동운·최병우(2011). 인적자원관리. 청람.

최미경(2005). 특급 호텔의 내부 브랜딩 수행 수준이 식음료·조리부서 조직 구성원의 브랜드·조직 동일시에 미치는 영향. 연세대학교 대학원 박사학위논문.

최학수 외(2004). 외식사업경영론. 한올출판사.

최현주·신서영·양일선·차진아(2007). 외식산업 전문인력의 역량 유형별 사용 빈도 및 중요도 인식 분석. 한국식생활문화학회지, 22(2), 201-209.

한경수·채인숙·김경환(2011). 개정판 외식경영학. 교문사.

한국HRD협회 편집부(2012). HRD 9월호. 한국HRD협회.

한국외식업중앙회(2015). 2015 위생교육교재.

한국외식업중앙회(2024). 외식기업의 인적자원관리를 위한 역량모델링과 시사점. 음식서비스·식품가공 인적자원개발위원회(ISC).

황규대(2011). 전략적 인적자원관리(제2판). 박영사.

JR Walker(2008). The restaurant: from concept to operation. Wiley.

SPC(2025). SPC GROUP Sustainability Report.

고용노동부 홈페이지. www.moel.go.kr

국민연금공단 홈페이지. www.nps.or.kr

롯데GRS 홈페이지. www.lottegrs.com

매일경제 홈페이지. www.mk.co.kr

맥도날드 홈페이지. www.mcdonalds.co.kr

삼성경제연구소 홈페이지. www.samsunggsg.com

소비자경제 홈페이지. www.dailycnc.com

스타벅스 홈페이지. www.starbucks.co.kr

CJ푸드빌 홈페이지. www.cjfoodville.co.kr

식품음료신문 홈페이지. www.thinkfood.co.kr

아웃백스테이크하우스 홈페이지. www.outback.co.kr

HR Insight. www.hrinsight.co.kr

SPC 홈페이지. www.spc.co.kr

월간식당 홈페이지. month.foodbank.co.kr

제너시스 BBQ 홈페이지. www.genesiskorea.co.kr

최저임금위원회 홈페이지. www.minimumwage.go.kr

피자헛 홈페이지. www.pizzahut.co.kr

한국 맥도날드 홈페이지. www.mcdonalds.co.kr

한국외식업중앙회 홈페이지. www.edukoreafood.or.kr

한국프랜차이즈산업협회 홈페이지. www.ikfa.or.kr

호텔앤레스토랑 홈페이지. www.hotelrestaurant.co.kr

CHAPTER 8

강여화(2011). 커피전문점의 고객 경험 관리모형 개발. 연세대학교 박사학위논문.

김혜영(2000). 외식 서비스 이용자 충성도 모형의 구성 개념 탐색과 구조적 경로 분석. 연세대학교 대학원 석사학위논문.

김혜영·양일선·신서영(2000). 외식 서비스 제공자의 서비스 품질 인식이 고객충성도에 미치는 영향. 대한지역사회영양학회지, 5(2), 236 - 242.

박강수 외 역(2004). 호텔·외식·관광 마케팅. 석정.

양일선·강여화·신서영·정유선(2014). 고객경험 분석을 통한 커피전문점 서비스 중점관리요인 도출: 고객경험관리(CEM) 기법의 적용. 외식경영연구, 17(5), 157 - 186.

양일선·김혜영·신서영·김성혜(2000). 외식업체 고객의 서비스품질에 대한 기대도/만족도 분석. 한국식생활문화학회지, 15(1), 41 - 49.

양일선·신서영·김혜영(2000). 외식업체 고객의 서비스품질 기대도/만족도가 고객충성도에 미치는 영향. 대한지역사회영양학회지, 5(2), 225 - 235.

오진권(2014). 고객이 이기게 하라. 이상.

와튼연구소(2006). Retail customer dissatisfaction study.

이민아·양일선(2004). 패밀리 레스토랑 신메뉴에 대한 고객의 기대도와 만족도 분석. 대한지역사회영양학회지, 9(6), 734 - 741.

이승연·황미연·김동훈·양일선(2010). 고객경험관리(CEM) 기법을 이용한 한식당 세계 진출 방안에 관한 연구 – 미국, 중국, 일본 고객을 중심으로. 관광학연구, 34(7), 133 - 157.

이유재(2013). 서비스마케팅. 학현사.

이창헌(2005). 패스트푸드산업의 전략적 메뉴관리에 관한 연구. 동명대학교 석사학위논문.

이해영(2002). 패밀리레스토랑 업체의 조직문화와 조직 구성원 특성에 따른 종합적 품질경영전략의 운영수준 분석. 연세대학교 대학원 박사학위논문.

이해영·양일선(2004). 패밀리레스토랑업체에서의 조직 관련 변수에 따른 종합적 품질경영 수행 모형 제안. 한국관광학회, 29(3), 203 - 219.

이훈영·박기용(2012). 외식산업마케팅. 도서출판 청람.

정라나·이해영·양일선(2007). 가정식사대용식(Home Meal Replacement) 제품 유형별 소비자의 선호도, 만족도, 재구매 의사 분석. 한국식품조리과학회지, 23(3), 388 - 400.

조미나(2006). 레스토랑 고객의 서비스 인카운터에 대한 인지적·감정적 반응이 서비스 충성도 형성에 미치는 영향. 연세대학교 박사학위논문.

중앙선데이(2013. 3. 24.). 노쇼(no - show)로 피해 입는 레스토랑.

Christian Gronroos (2000). Service Management and Marketing. Wiley. p. 55.

Fitzsimmons, J. A. & Fitzsimmons, M. J. (2007). Service Management: Operations, Strategy, Information Technology. McGraw Hill Publishers.

Heskett et al. (1994). Service Profit Chain. Harvard Business Review.

Kotler, P., Bowen, J. T., & Baloglu, S. (2025). Marketing for hospitality and tourism (8th ed.). Pearson.

Philip Kotler (2013). Marketing for Hospitality and Tourism. 6th Pearson.

Philip Kotler (2013). Principles of Marketing(15th). Prentice Hall.

Reichheld (1996). Frederick & Teal.

굿푸드 홈페이지. www.goodfood.com.au

레스토랑 오너 홈페이지. www.restaurantowner.com

스타벅스 리저브 홈페이지. www.starbucks.co.kr

슬라이드 셰어 홈페이지. www.slideshare.net

아웃백스테이크하우스 홈페이지. www.outback.co.kr

아이뉴스24 홈페이지. www.inews24.com

AP신문 홈페이지. www.apnews.kr

전자신문 홈페이지. www.etnews.com

조선일보 홈페이지. www.chosun.com

한국능률협회컨설팅 홈페이지. www.kmac.co.kr

한국표준협회 홈페이지. www.ksa.or.kr

CHAPTER 9

강병남·문성식(2017). 외식기업의 온라인 마케팅을 통한 외식메뉴 구매형태 및 신규브랜드 인식에 관한 연구: 바이럴마케팅을 중심으로. 한국조리학회지, 23(8), 173-183.

강선아·신혜원·이수범(2018). 외식기업의 관계마케팅이 관계 품질 및 고객 인게이지먼트에 미치는 영향. 호텔경영학연구, 27(2), 93-109.

강지현·장재협·이충훈(2021). 외식산업의 감각마케팅에 따른 고객의 감정반응과 구전의도에 대한 연구: 5성급 호텔 레스토랑을 중심으로. 호텔경영학연구, 30(3), 115-133.

김귀임·이승익(2025). 외식업체 SNS 정보 특성이 고객만족에 미치는 영향 연구: SNS 유형별 조절효과 중심으로. 외식경영연구, 28(3), 147-168.

김승현·선경아(2023). 외식기업의 소셜미디어 마케팅 활동이 브랜드 자산에 미치는 영향: 프랜차이즈 운영 여부의 조절효과. 호텔경영학연구, 32(2), 88-105.

김승현·선경아(2023). 외식기업의 소셜미디어 마케팅 활동이 브랜드 자산에 미치는 영향: 프랜차이즈 운영 여부의 조절효과를 중심으로. 호텔경영학연구, 32(6), 77-98.

김현정·이희찬(2017). 외식기업 SNS 마케팅 활동이 브랜드 인지도, 소비자 만족, 구매의도에 미치는 영향. 관광연구저널, 31(11), 195-209.

김혜림·김혜영·문혜영·함선옥(2019). SNS를 통한 푸드 콘텐츠의 체험마케팅과 브랜드 만족도, 브랜드 신뢰도, 브랜드 정보공유 의도 간의 영향관계. 외식경영연구, 22(6), 115-136.

남아영·안효빈·윤지영(2020). 이미지 기반 SNS 외식정보 특성, 외식 소비자의 정보 태도 및 구매의도 간의 관계 분석을 통한 마케팅 커뮤니케이션 전략 제안. 한국식품조리과학회지, 36(2), 178-188.

배진희·양일선·박문경(2018). SNS 정보특성과 스낵제품의 소비자태도, 온라인 구전 재전달, 구매의도와의 관계에 관한 연구. 한국식공간학회, 13(3), 83-96.

안대희·임금옥(2023). 외식기업의 SNS 마케팅 활동이 지각된 가치와 지속이용의도에 미치는 영향. 관광레저연구, 35(1), 127-145.

양일선·차진아·신서영·박문경(2022). 급식경영학(제5판). 교문사.

유민지·정규선·김옥현(2018). 외식기업 SNS 마케팅 특성이 구매행동에 미치는 영향. 호텔경영학연구, 27(3), 101-115.

이가희·남궁영(2016). 외식기업의 사회적 책임(CSR) 활동의 동기가 고객 만족도, 행동의도에 미치는 영향. 관광학연구, 40(5), 107-126.

이민아(2010). 외식산업의 친환경 마케팅: 그린 레스토랑 중심으로. 식품기술, 23(3), 345-356.

이수연·김지은(2024). 외식 프랜차이즈의 소셜미디어 콘텐츠 유형이 소비자 참여도에 미치는 영향. 외식경영학회지, 27(2), 112-129.

이유재(2019). 서비스마케팅. 학현사.

이혜성·남궁영(2015). 외식소비자의 소셜네트워크서비스(SNS) 이용에 관한 연구. 한국관광학회지, 39(8), 151-168.

장은지·박현아(2024). 외식기업 SNS 마케팅 특성이 브랜드 이미지와 행동의도에 미치는 영향. 외식경영연구, 27(3), 45-62.

정수림·김형일(2019). 외식기업의 SNS 마케팅이 지역의 음식이미지와 충성도에 미치는 영향: 지역음식이미지의 매개역할을 중심으로. 한국조리학회지, 25(7), 193-204.

조유진·박세나(2025). SNS 인플루언서의 특성이 외식 브랜드 몰입 및 구전의도에 미치는 영향. 마케팅관리연구, 30(1), 77 - 98.

최미경(2018). 2016년 식품소비행태조사 자료를 이용한 외식고객 가치체계 분석. 한국식품영양과학회지, 47(3), 337 - 346.

최현영·김동진(2025). 외식 프랜차이즈 기업의 소셜미디어 마케팅 활동이 욕망, 브랜드 인게이지먼트, 브랜드 러브마크 및 충성도에 미치는 영향. 외식경영연구, 28(2), 125 - 148.

Al - Abdallah, G. M., Al - Azzam, M., & Bataineh, A. (2024). Social media marketing and restaurants' brand equity after COVID - 19: A re - evaluation. Journal of Vacation Marketing, 30(4), 511 – 528.

Belch, G. E. (2015). Advertising and promotion. McGraw - Hill Irwin.

Berge, P. M. (2010). Hospitality and tourism management. Nova Science Publishers.

Bordian, M., Gil - Saura, I., & Šerić, M. (2023). The impact of sustainable marketing communications on consumer responses in the hotel industry. Journal of East European Management Studies, 28(2), 347 – 373.

Bowie, D. (2011). Hospitality marketing. Butterworth - Heinemann.

Clow, K. E. (2014). Integrated advertising, promotion, and marketing communications. Pearson Education.

Eagle, L. (2014). Marketing communications. Routledge.

Gouda, R. M., & Halim, Y. T. (2025). The role of sustainable social media content in enhancing customer loyalty in the hospitality industry. Future Business Journal, 11, Article 130.

Jackson, F. H., Titz, K., & DeFranco, A. L. (2004). Frequency of restaurant advertising and promotion strategies: Exploring an urban market. Journal of Food Products Marketing, 10(2), 17 – 32.

Jackson, F. H., Titz, K., DeFranco, A., & Gu, H. (2008). Restaurant advertising and promotion strategies of two gateway cities: An exploratory study. International Journal of Hospitality and Tourism Administration, 9(1), 36 – 51.

James, M. (2014). Positioning theory and strategic communications. Routledge, Taylor & Francis Group.

Lewis, R. C. (2000). Marketing leadership in hospitality. John Wiley & Sons.

Más Jiménez, A., Pérez-Villalobos, M., & Díaz, J. (2024). Evolution of the impact of social media in hospitality: A systematic literature review. International Journal of Hospitality Management, 117, 103876.

McCabe, S. (2009). Marketing communications in tourism and hospitality. Butterworth-Heinemann / Elsevier.

Mistilis, N., Agnes, P., & Presbury, R. (2004). The strategic use of information and communication technology in marketing and distribution: A preliminary investigation of Sydney hotels. Journal of Hospitality and Tourism Management, 11(1), 42-55.

Mohsin, A. (2007). Hospitality marketing: An introduction (David Bowie and Francis Buttle). Tourism Review International, 11(1), 87-88.

Morrison, A. M. (2010). Hospitality and travel marketing. Delmar Cengage Learning.

Onuoha, C. E., Onu, C. A., & Ajike, E. (2025). The effect of integrated marketing communication dimensions on profitability of selected five-star hotels in Lagos State, Nigeria. International Journal of Advanced Studies in Economics and Public Sector Management, 13(1), 1-15.

Parente, D. E. (2015). Advertising campaign strategy. Cengage Learning.

Šerić, M. (2024). Revising the basic principles of integrated marketing communications in a crisis context. Corporate Communications: An International Journal, 29(3), 355-372.

Sharma, V. (2024). From outreach to outcome: Exploring the impact of market orientation and integrated marketing communication on SME performance. Cogent Business & Management, 11(1), 2371070.

The new era of hotel marketing: Integrating cutting-edge technologies with core marketing principles. (2023). Conference Proceedings of Hospitality Futures Forum 2023, 55-67.

Walker, J. R. (2001). The restaurant: From concept to operation. John Wiley & Sons.

교촌치킨 홈페이지. www.kyochon.com

네슬레 홈페이지. www.nestle.com

Domino's Pizza 홈페이지. www.dominos.com

맥도날드 홈페이지. www.mcdonalds.com

버거킹 홈페이지. www.bk.com

Subway 홈페이지. www.subway.com

스타벅스 홈페이지. www.starbucks.com
식품외식경제 홈페이지. www.foodbank.co.kr
SPC 홈페이지. www.spc.co.kr
Chipotle 홈페이지. www.chipotle.com
한국경제 홈페이지. www.hankyung.com
한솥도시락 홈페이지. www.hsd.co.kr

CHAPTER 10

김영갑·박노진(2016). 성공하는 식당에는 이유가 있다. 교문사.
송수근·백남길(2012). 외식조리 원가관리. 백산출판사.
쇼가키 야스히코(2012). 맛있어서 잘 팔리는 게 아니고 잘 팔리는 것이 맛있는 요리다. 잇북.
식품외식경제(2011). 인건비 무작정 줄인다고 경영개선 되나.
식품외식경제(2018). 경영혁신의 기본, 스마트 소싱(Smart-Sourcing).
식품외식경제(2020). 셰프봇·카페봇·서빙봇… 사람 대신 로봇이 일한다.
아이뉴스24(2020). 그 많던 패밀리 레스토랑 어디로 사라졌나… 외식시장 '휘청'.
RGM 외식경영 (2014). 일본 이탈리안 패밀리 레스토랑 '사이제리야'.
양일선 외(2025). 단체급식(제5판). 교문사.
이권복·고승식(2008) 호텔 외식사업 원가관리론. 동일출판사.
이진미(2014). 외식원가관리. 백산출판사.
장윤정(2024). Restaurant Management Handbook. 바이오사이언스.
진양호(2014). 호텔 & 외식산업 원가관리론. 지구문화사.
최규완·박현정·신서영·양일선(2007). 외식프랜차이즈 기업의 수익성과 영향 요인 분석. 한국식품조리과학회지, 23(2), 270-279.
한경수 외(2005). 외식경영학. 교문사.
한국경제(2015). 외식시장 가격파괴 바람.
한국외식신문(2019). 음식점 성패, 원가관리능력에 달려.
한국일보(2018). 패밀리레스토랑 떠난 자리에 커피점 속속.

Dopson, L.R. & Hayes, D.K. (2011). Food and Beverage Cost Control. Wiley & Sons, Inc. Hoboken, New Jersey.

Hwang, J. (2008). Restaurant table management to reduce customer waiting times, Journal of Foodservice Business Research, 11(4), 334-351.

Kimes, S.E. (1999). Implementing Restaurant Revenue Management Cornell Hotel and Restaurant Administration Quarterly, 40(3), 16-21.

Kimes, S.E. (2004). Restaurant revenue management: Implementation at Chevys Arrowhead, Cornell Hotel and Restaurant Administration Quarterly, 45(1), 52-67.

National Restaurant Association (2013). Controlling Foodservice Costs. Pearson.

National Restaurant Association (2025). Principles of Restaurant Management: Controlling Foodservice Costs. 3rd Edition.

경기신문 홈페이지. www.kgnews.co.kr

금융감독원 홈페이지. www.dart.fss.or.kr.

데일리안 홈페이지. www.dailian.co.kr

매일경제 홈페이지. www.mk.co.kr

신동아 홈페이지. shindonga.donga.com

찾아보기

ㅂ

ㅅ

ㅇ

ㅈ

ㅊ

ㅋ

ㅌ

ㅍ

ㅎ

기타

저자 소개

양일선

연세대학교 생활과학대학 식품영양학과 교수 역임
연세대학교 생활환경대학원 호텔·외식·급식경영 전공 주임교수 역임
연세대학교 알렌관(Guest House) 관장 / 생활관 관장
연세대학교 여학생처장
연세대학교 사회교육원 원장
연세대학교 교무처장
연세대학교 교학부총장
연세대학교 생활과학대학 식품영양학과 명예교수

농림수산식품부, 문화관광부, 외교부 정책자문위원 역임
한식세계화추진단 민간 단장 역임
한식재단 이사장 역임
한국과학기술단체총연합회 부회장 역임
민관합동 글로벌외식기업 협의체 민간위원장
대한영양사협회 회장 역임(현 고문)
대한가정학회 회장 역임(현 고문)
한국식생활문화학회 회장 역임(현 고문)
Asia-Pacific Council of Hotel & Restaurant & Institutional Educators(APacCHRIE) President
한국외식산업경영연구원 이사

주요 저서

식품구매 3판(2026, 공저).
단체급식 5판(2025, 공저).
급식경영학 5판(2022, 공저).
유아를 위한 영양교육(1997, 공저).
The Practice of Graduate Research in Hospitalithy and Tourism(1999, 공저).
Inventory Control Systems in Food Service Organizations(1992).

김혜영

연세대학교 대학원 식품영양학과 급식외식경영전공 석사
연세대학교 대학원 식품영양학과 급식외식경영전공 박사
가톨릭대학교 교육대학원 강의전담교수 역임
연세대학교 생활환경대학원 호텔·외식·급식경영전공 겸임교수 역임
배화여자대학교 식품영양학과 겸임교수

남궁영

연세대학교 생활과학대학 식품영양학과 학사
연세대학교 대학원 식품영양학과 급식외식경영전공 석사
Purdue University, Hospitality and Tourism Management 박사
Research International(현 Kantar) 연구원
삼성에버랜드 푸드컬쳐사업부(현 삼성웰스토리) 신사업추진팀
외식산업정책학회 이사
경희대학교 호텔관광대학 조리&푸드디자인학과 교수

박문경

중앙대학교 가정대학 식품영양학과 학사
연세대학교 대학원 식품영양학과 급식외식경영전공 석사
연세대학교 대학원 식품영양학과 급식외식경영전공 박사
배화여자대학교 식품영양학과 겸임교수 역임
(재)한국영양교육평가원 영양사교육과정평가·인증 위원
성동구 어린이·사회복지급식관리지원센터장
한양여자대학교 평생교육원장
한양여자대학교 식품영양학과 교수

백승희

연세대학교 생활과학대학 식품영양학과 학사
연세대학교 생활환경대학원 호텔·외식·급식경영 전공 석사
연세대학교 대학원 식품영양학과 급식외식경영전공 박사
University of Santo Tomas, Research Fellow 역임
CJ 주식회사 Food Service 사업부 근무
국방부 급양분야 정책자문위원 역임
신구대학교 생명환경학부 식품영양과 교수 역임
신구대학교 생명환경학부 호텔제과제빵과 교수

신서영

연세대학교 생활과학대학 식품영양학과 학사
연세대학교 대학원 식품영양학과 급식외식경영전공 석사
연세대학교 대학원 식품영양학과 급식외식경영전공 박사
The HongKong Polytechnic University, School of Hotel & Tourism Management, Research Fellow 역임
연세대학교 생활환경대학원 호텔·외식·급식경영 전공 객원교수 역임
서일대학교 자연과학대학 식품영양학과 교수

이민아

연세대학교 생활과학대학 식품영양학과 학사
연세대학교 대학원 식품영양학과 급식외식경영전공 석사
연세대학교 대학원 식품영양학과 급식외식경영전공 박사
베니건스(riseON*(주)) R&D Team 주임 근무

한국식품연구원 융합기술연구본부(외식산업연구팀) 선임연구원 근무
한국관광학회 한국호텔외식경영분과학회 산학협력이사 역임
농림수산식품부(현 농림축산식품부) 한식산업회·세계화 전략 T/F위원 역임
농림수산식품부(현 농림축산식품부) 외식산업포럼위원 역임
한국급식외식위생학회 푸드테크취창업위원장
법무부 중앙급식관리위원회 위원
국민대학교 과학기술대학 식품영양학과 교수

장윤정

연세대학교 생활과학대학 식품영양학과 학사
연세대학교 대학원 식품영양학과 급식외식경영전공 석사
연세대학교 대학원 식품영양학과 급식외식경영전공 박사
Iowa State University Hospitality Management 박사
(주)GS 리테일 Food Service 사업부 근무
(주)아워홈 Food Service 사업부 근무
Florida State University, College of Business, Dedman School of Hospitality, Research faculty 역임
Florida State University, College of Business, Dedman School of Hospitality, 겸임교수 역임
연세대학교 생활환경대학원 호텔·외식·급식경영전공 겸임교수 역임
우송대학교 호텔외식조리대학 글로벌외식조리경영전공 조교수

정유선

연세대학교 생활과학대학 식품영양학과 학사
연세대학교 대학원 식품영양학과 급식외식경영전공 석사
연세대학교 대학원 식품영양학과 급식외식경영전공 박사
한국외식정보(주) 월간식당 기자 근무
신촌세브란스 병원 영양팀 영양사 근무
서일대학교 자연과학대학 식품영양학과 겸임교수

조미나

연세대학교 생활과학대학 식품영양학과 학사
연세대학교 대학원 식품영양학과 식품학전공 석사
연세대학교 대학원 식품영양학과 급식외식경영전공 박사
샘표식품 연구소 연구원 근무
CJ제일제당 식품연구소 수석연구원 역임
전주대학교 문화관광대학 외식산업학과 조교수 역임
한국관광학회 호텔외식경영분과학회 학술대회조직위원장 역임
수원대학교 경영공학대학 호텔관광학부 부교수

차성미

연세대학교 생활과학대학 식품영양학과 학사
연세대학교 대학원 식품영양학과 급식외식경영전공 석사
연세대학교 대학원 식품영양학과 급식외식경영전공 박사
농촌진흥청 국립농업과학원 농식품자원부 연구사 역임
NCS(국가직무능력표준) 외식경영-외식운영관리 개발위원
한국외식산업정책학회 이사
한양여자대학교 외식산업과 교수

차진아

서울대학교 생활과학대학 식품영양학과 학사
연세대학교 대학원 식품영양학과 급식외식경영전공 석사
연세대학교 대학원 식품영양학과 급식외식경영전공 박사
대한영양사협회 전라북도 영양사회 회장 역임
전주시 완산구 어린이급식관리지원센터장 역임
전주대학교 문화관광대학장 역임
전주대학교 교무처장 역임
전주대학교 문화관광대학 한식조리학과 교수

한경수

연세대학교 공과대학 식품공학과 학사
연세대학교 대학원 식품영양학과 급식외식경영전공 석사
연세대학교 대학원 식품영양학과 급식외식경영전공 박사
Saint John's University 교환교수 역임
한국관광학회 호텔외식경영분과학회장 역임
한국관광학회 부회장 및 학술대회조직위원장 역임
한국급식외식위생학회 회장 역임
경기대학교 관광문화대학 학장 역임
한국식생활문화학회 부회장
ApaCHRIE(Asia Pacific council on Hotel, Restaurant, Institutional educators) 회장
경기대학교 관광문화대학 호텔외식경영학부 외식조리전공 교수

함선옥

연세대학교 생활과학대학 식품영양학과 학사
연세대학교 대학원 식품영양학과 급식외식경영전공 석사
Purdue University Restaurant, Hotel & Institution Management 급식외식경영전공 박사
University of Kentucky 종신교수(tenured professor) 역임
연세대학교 K-FOOD 정책연구원 원장
한국급식학회 회장
연세대학교 생활환경대학원 호텔·외식·급식경영 전공 주임교수
연세대학교 생활과학대학 식품영양학과 교수